BERNARD GIRAUDEAU

DU MÊME AUTEUR

La Dernière Nuit de Claude François, L'Archipel, 2012.

Delon & Romy, un amour impossible, Éditions du Rocher, 2010 ; Archipoche, 2012.

Belmondo, l'incorrigible, Flammarion, 2008 ; Archipoche, 2010.

Patrick Dewaere, la douleur de vivre, Albin Michel, 2007.

Julien Clerc, à mon âge et à l'heure qu'il est, Albin Michel, 2005.

People, l'abécédaire du paraître, avec Henry-Jean Servat, Hors Collection, 2004.

Les Voix du Québec, Michel Lafon, 2004.

Il s'appelait Claude..., Albin Michel, 2003.

Alfred Hitchcock, Atlas, 2000.

La Fureur de vivre, Lattès, 1993.

www.bertrandtessier.com

BERTRAND TESSIER

BERNARD GIRAUDEAU

le baroudeur romantique

ARCHIPOCHE

www.archipoche.com

Si vous souhaitez recevoir notre catalogue
et être tenu au courant de nos publications,
envoyez vos nom et adresse, en citant ce livre,
aux éditions Archipoche,
34, rue des Bourdonnais 75001 Paris.
Et, pour le Canada, à
Édipresse Inc., 945, avenue Beaumont,
Montréal, Québec, H3N 1W3.

ISBN 978-2-35287-302-0

À mon grand-père Gabriel,
en souvenir de nos promenades
sur le port de Nantes.

À ma grand-mère Agnès,
le regard d'un siècle.

Prologue

Une fin d'après-midi à La Rochelle, au début des années 1960. Après avoir ingurgité le quatre-heures que lui a préparé sa mère, un morceau de baguette beurré avec des copeaux de chocolat, le petit garçon pousse le portillon métallique du 264 avenue Jean-Guiton et enfourche son vélo.

Il pourrait tourner à gauche, vers le vieux port où les deux tours protègent du vent les chalutiers qui viennent à peine de rentrer. Dans les rues, des femmes vendent des sardines fraîches dans des cornets de papier journal. L'une d'elles harangue les passants avec son débit en rafale – ici, tout le monde l'appelle Mitraillette. Les soldats de la base américaine voisine ne vont pas tarder à investir la ville avec leurs Cadillac roses ou vertes aux chromes rutilants dont les autoradios déversent à tue-tête du rock'n'roll. Ils mâchent du chewing-gum, boivent du Coca et fument des Lucky Strike ou des Marlboro. Ils sont furieusement exotiques; ils ne marqueront pourtant pas son imaginaire. Il ne veut pas que l'Amérique vienne à lui, il veut aller vers elle.

Comme tous les jours ou presque, le petit garçon prend à droite, vers l'autre port, celui de La Pallice. Quelques coups de pédale, il pose son vélo contre un mur du boulevard Émile-Delmas qui, la nuit tombée, devient le « boulevard de la Soif ». Les matafs les plus désargentés se contentent des bars enfumés où ils jouent aux cartes jusqu'à plus d'heure, deux chopines pour toutes compagnes. Ceux qui viennent de toucher leur paye exorcisent leur solitude dans des clubs aux vitres opaques et aux néons rouges, où les attendent des femmes trop maquillées.

Le petit garçon s'aventure sur les quais où s'entassent des conteneurs gris, rouges ou bleus qui semblent sortis d'un jeu de construction géant. Il s'invente des courses-poursuites au milieu des troncs d'arbres déchargés des grumiers venus d'Afrique ou d'Amérique du Sud. La Rochelle, latitude 46° 1' nord, longitude 1° 14' ouest, porte ouverte sur l'ailleurs…

Plus il s'approche du quai, où les dockers s'affairent avec leurs grues aux allures de scarabées, plus le saisit l'odeur qui se dégage des bateaux. Un mélange rugueux et entêtant de peinture fraîche, de gas-oil froid, de bouffe grasse et d'humidité tropicale. Un parfum de là-bas.

Le parfum de l'aventure.

Il rêve.

Un jour, il partira. Voir ce qu'il y a de l'autre côté de l'horizon.

Il s'appelle Bernard Giraudeau.

PREMIÈRE PARTIE

JEUNESSE

« Par toutes les merveilles du monde, c'est la mer, je crois, la mer elle-même – ou bien est-ce simplement la jeunesse ? Qui sait ? Mais vous, ici présents – vous avez tous tiré quelque chose de la vie : l'argent, l'amour – tout ce que l'on trouve à terre – et, dites-moi, n'était-ce pas là la meilleure époque, l'époque où nous étions jeunes marins, jeunes et ne possédant rien, sur cette mer qui ne fait pas de cadeaux, si ce n'est de rudes coups – et donne parfois l'occasion d'éprouver sa force – rien que cela – ce que vous regrettez tous. »

Joseph CONRAD, *Jeunesse*

1

L'ennui

Quand, à dix-neuf ans, Bernard Giraudeau annonce à sa famille qu'il a envie d'être acteur, son père soupire en haussant les épaules :

— Pfff !

Il ne laisse même pas son fils s'expliquer. Il veut qu'il ait un vrai métier. Qu'il soit à l'abri du besoin. Quitte à s'ennuyer ferme.

Dans la famille Giraudeau, Bernard n'est pourtant pas le premier à monter sur les planches.

Albert, son grand-père paternel, a fait du théâtre en amateur, avec une troupe du Marais poitevin. Une photo le montre, l'allure altière, en redingote et lavallière, le bras tendu vers sa partenaire, prêt à lancer sa réplique. La légende indique qu'il joue le père d'Armand Duval. La jeune femme incarne Marguerite Gautier. C'est une adaptation théâtrale de *La Dame aux camélias*.

Curieusement, Bernard n'a connu que très tard le passé de comédien de son grand-père. Bien après avoir décidé d'être lui-même acteur, et bien après être devenu l'une des stars de sa génération. Chez les Giraudeau, on ne parlait jamais du goût d'Albert pour les planches. Ce n'était pas tabou, mais cela paraissait tellement exotique, pour ne pas dire farfelu, qu'on ne s'appesantissait pas sur le sujet.

De toute manière, Albert a vécu mille vies. À sa façon, il a été un pionnier : après un apprentissage d'ébéniste, il s'est engagé dans la Marine en 1902, avant de devenir l'un des premiers sous-mariniers français. On vient juste d'inventer les périscopes et les ballasts externes, les submersibles comptent quinze hommes d'équipage en tout et pour tout, l'armée commence à peine à s'équiper. Quand on plonge, on n'est jamais sûr de remonter à la surface : il faut du courage pour s'enfermer dans cet amas de ferraille et se laisser engloutir par la mer. Une sorte d'esprit pionnier, comme aux premiers temps de la conquête spatiale. Albert n'en manque pas. C'est un dur qui ne se pose pas de questions : il fait ce qu'il doit faire. Il n'a pas l'impression d'être un héros ; d'ailleurs, il ne parlera jamais de cet épisode de sa vie.

Démobilisé, il devient contremaître à l'usine à gaz de Gennevilliers, en région parisienne, avant de monter une scierie à Saint-Martin-de-Villeneuve, qui ne s'appelle pas encore La Grève-sur-Mignon, une petite commune du Marais poitevin où il ne va pas tarder à devenir un notable : il est le premier du village à s'acheter une voiture. Mais l'entreprise ne tarde pas à péricliter. M. Albert, le « patron », se reconvertit comme garde champêtre. Il a toujours aimé se promener dans le marais ; désormais, il sera payé pour.

L'homme est rude et son fils René, né au lendemain de la Première Guerre mondiale, va en faire l'expérience le jour de ses quatorze ans. Il vient d'avoir son certificat d'études quand son père l'envoie travailler chez un boulanger du coin, particulièrement acariâtre. Ce n'est qu'un gamin, il n'a pas connu une enfance ouatée, n'a pas été dorloté par ses parents, mais le choc est rude. Quelques jours plus tard, il est de retour à la maison.

— Tu ne reviendras que lorsque tu auras trouvé du travail.

Le lendemain, son père le réveille à 5 heures, lui donne un quignon de pain et lui montre la porte. René reprend ses sabots et part travailler, cette fois dans une fabrique de boîtes à camembert. Un père, ça décide ; un fils, ça obtempère : à l'époque, les principes d'éducation sont simples, la communication entre les parents et les enfants réduite au minimum. Avec les siens, René reproduira le schéma. On n'échappe pas à son enfance. Mais l'époque aura changé. Malaise, incompréhension. C'est une autre histoire.

René, qui a besoin d'air, s'engage en 1937 dans l'armée de Terre. Il rejoint le 46e régiment d'infanterie et est nommé sergent en juin 1939, au moment où la France vient d'annoncer qu'elle soutiendra militairement la Pologne en cas d'invasion allemande. Une nouvelle guerre mondiale menace. Le 10 mai, Hitler envahit la Belgique. Les Français sont débordés par les armées nazies. Le 11 juin 1940, René est fait prisonnier et transféré au stalag XXB, un camp situé entre Dantzig et Marienburg, dans le nord de la Pologne. Il a vingt ans et quelques mois.

Comme la plupart des autres détenus, René ne tarde pas à être placé dans une ferme avec son frère Raymond. Quand celui-ci est rapatrié en France pour raison de santé, René parvient à s'échapper, mais il est repris. Au total, il s'évadera quatre fois. Plus tard, quand ses enfants le presseront de questions, il éludera. Il n'est guère homme à se vanter de ses exploits ni à se lamenter. Tout juste consentira-t-il, un jour, à dire qu'il a séduit la femme d'un gradé allemand pour s'évader. De sa part, c'est beaucoup – même si, pour ses enfants, ce sera trop peu…

Rapatrié le 12 mai 1945, il aura donc passé toute la guerre en captivité. Cinq ans à dormir sur des paillasses gelées dans des baraquements vétustes, loin de ses parents. De retour à La Rochelle, il travaille aux services de la Reconstruction. Plutôt petit, mais musclé et mince, le physique d'un acteur américain de l'époque – il aurait pu jouer dans *Casablanca* –, il rencontre Claudie Le Goff. Elle a six ans de moins que lui et est issue d'une famille de marins : son père est expert sur les bateaux de pêche et son grand-père Michel-Ange a été cap-hornier à la fin du XIXe siècle. Un personnage légendaire, dont la figure alimente les conversations lors des longues soirées d'hiver. Dans les ports, on connaît mieux qu'ailleurs les dangers de la mer : ceux qui avaient franchi le cap Horn étaient considérés comme des seigneurs. Partir affronter les courants, la houle, les déferlantes et les icebergs à l'autre bout du globe, au sud de l'Amérique latine, à bord d'un trois-mâts, c'était l'aventure à l'état pur. À côté, les romans de Conrad, c'est de la roupie de sansonnet. On savait quand on partait, on ne savait jamais quand on reviendrait…

Bernard, le premier enfant de René et Claudie, naît le 18 juin 1947. Il a les yeux bleus de sa mère, des yeux azur qui semblent découpés dans le ciel. Il hurle beaucoup, c'est un de ces bébés qu'on ne sait jamais comment calmer. Cris ou douceurs, rien n'y fait. Il a la rage. Il est déjà en colère.

En 1948, René se réengage. Les Alliés veillant à la reconstruction de l'Allemagne, il est muté à Berlin dans les décombres d'une ville rasée par les bombardements aériens. Claudie le rejoint avec Bernard dans son couffin. La famille Giraudeau dispose d'un bel appartement et d'une bonne fournie par l'armée. Lors d'un Noël outre-Rhin, on voit, sur une photo, Bernard, les cheveux coupés en brosse, devant un sapin décoré de jolies guirlandes, entouré de nombreux jouets. Alors que la France vit encore à l'heure des tickets de rationnement, il échappe aux privations de l'immédiat après-guerre. Déjà, il n'en fait qu'à sa tête. Un jour, il s'échappe de la maison pour se rendre à la caserne toute proche et demander au planton, en allemand :

— *Wo ist mein Vater?* (Où est mon père ?)

En 1951, une petite sœur vient le rejoindre : Elizabeth, avec un *z*. Elle tient à cette fantaisie, probable reflet d'un Berlin cosmopolite. Depuis la fin de la guerre, en effet, la ville est divisée en quatre secteurs : français, anglais, américain et soviétique. René en profite pour passer un brevet de comptable. L'armée est alors un vecteur d'élévation sociale, mais, un mois plus tard, fin de cette vie somme toute confortable : René est envoyé en Indochine. Il embarque à Marseille pour Saigon. Cette fois, pas question que sa famille l'accompagne. Les Américains sont embourbés dans la guerre de Corée. Les Français s'apprêtent à vivre le même cauchemar.

René envoie des cartes postales à sa famille : on y voit des palmiers, des bâtiments coloniaux, des hommes et des femmes coiffés de chapeaux coniques. Il se veut rassurant. Quel vie mène-t-il là-bas? se demande Bernard. Il ne le saura jamais. Il imagine son père, l'invente, le fantasme. Un jour, plus tard, dans une nouvelle, il lui inventera une idylle locale…

— Il aurait aimé que notre père soit plus aventurier qu'il ne l'était réellement, se souvient son frère Philippe. Il voulait toujours que les gens soient « plus » que ce qu'ils étaient.

Deux ans et demi après son départ, René est de retour à La Rochelle. Il achète une épicerie rue Émile-Normandin, dans le quartier de Tasdon. Sa famille emménage à l'étage, mais René et Claudie passent leurs journées dans la boutique à vendre des fruits, des légumes et toutes sortes de victuailles.

Quand ils ne sont pas à l'école, Bernard et Elizabeth sont gardés par la voisine d'en face, Mme Koroski. Bernard regimbe à aller chez elle. Souvent, son père doit sortir le martinet pour qu'il consente à traverser la rue. Il est toujours aussi coléreux et difficile à calmer : les mots glissent sur lui comme la pluie sur un imperméable. Parfois, excédée, sa mère lui jette l'égouttoir ou le panier à salade. Alors il se roule par terre et hurle de plus belle. L'âme du comédien, déjà ?

Dans la France des années 1950, chaque famille veut sa maison individuelle : c'est le début des « Trente Glorieuses », le boom de la construction. Les Giraudeau font construire au 264 de l'avenue Jean-Guiton, juste à côté de l'arrière-grand-mère maternelle qui avait gagné son logement à la Loterie nationale, entre les deux guerres. La maison, simple, fonctionnelle, trois chambres, est située sur la route qui relie le centre historique de La Rochelle au port de La Palice. Des poids-lourds chargés de troncs d'arbre passent devant les fenêtres tout au long de la journée ; côté jardin, le mur débouche sur la voie ferrée. Décidément, d'un côté comme de l'autre, tout incite Bernard au départ...

René n'est pas père à jouer aux Dinky Toys ou à faire des pâtés de sable avec ses enfants. Il conserve toujours une certaine distance avec sa progéniture. Comme son mari, Claudie a de l'amour pour ses enfants mais ne le montre pas.

— Maman était quelqu'un d'un peu absent, qui a toujours vécu dans son monde, se souvient Elizabeth. Elle ne posait pas de questions. À partir du moment où on avait tout ce dont on avait besoin, pour elle, tout allait bien. Elle savait qu'on l'aimait. Pour elle, c'était comme un acquis qu'elle n'avait pas à entretenir.

Claudie n'a pas de vraie passion. Quand on lui propose une sortie ou une occupation, elle répond invariablement :

— Ça nous passera le temps.

Par peur du vide, elle s'est comme résolue à l'ennui. Bernard enrage de plus belle : on n'est pas là pour subir la vie, mais pour en profiter ! On se construit parfois contre ses parents – ce qui n'empêche pas de les adorer.

Ce n'est pas à l'école Réaumur, où il effectue sa scolarité primaire, qu'il va jouir de son enfance.

— J'essayais de bien faire. Je faisais des efforts. J'étais laborieux. J'apprenais tout par cœur, mais je ne retenais rien[1].

Pour lui, le meilleur moment, c'est quand la cloche sonne : de retour à la maison, il s'amuse avec le chien, un corniaud qu'il a rebaptisé « Bref » car il est court sur pattes, puis il file sur le port où il s'invente des poursuites imaginaires au milieu des billes de bois.

En fait, il étouffe dans sa petite vie solitaire. Peu de gamins passent lui rendre visite. Il s'englue dans la boue de l'ennui.

---

1. « Le Divan » d'Henry Chapier, France 3, 9 décembre 1990.

2

Scout toujours !

Tout s'illumine lorsque les parents de Bernard l'inscrivent aux Éclaireurs unionistes, d'obédience protestante. Claudie, en effet, descend d'une famille de huguenots. L'édit de Nantes a fait de La Rochelle un haut lieu de l'Église réformée, provoquant le siège de la ville par Richelieu au XVIIe siècle.

Le scoutisme sera la grande aventure de ses jeunes années. Une manière de vivre par lui-même les récits qu'il commence à dévorer. Ses parents l'ont toujours laissé plutôt libre de ses mouvements, mais il a un besoin viscéral de s'évader.

Un jour, avec d'autres louveteaux, il prend le bac pour l'île de Ré. Quinze minutes de traversée à peine, mais c'est la première fois qu'il monte sur un bateau. Magnifique sensation du navire qui largue ses amarres et s'éloigne lentement du quai au son d'un diesel lancinant, volupté des embruns qui viennent fouetter le pont d'où il découvre, d'un point de vue inédit, le phare de la pointe des Minimes et la tour de la Lanterne.

Ré lui apparaît comme l'île aux trésors : il est un aventurier en quête de nouveaux espaces. Tel Christophe Colomb découvrant l'Amérique, Bernard a l'impression d'ouvrir une voie. Il veut aller au bout du bout de l'île, jusqu'au bois de Trousse-Chemise, non loin de ces Portes où, plus tard, il fera construire une maison. Au fond de lui, il sait déjà qu'un jour il partira pour un plus grand voyage, sur un plus grand bateau…

Désormais, tous les week-ends, il est de sortie avec les Éclaireurs.

— On inventait des jeux. Quand on allait bivouaquer sur des plages, on nous disait, comme dans les scénarios : « Tiens, il y a des contrebandiers, là, derrière la dune. » On jouait, mais parfois ça devenait la réalité dans nos têtes de mômes. Je vous jure qu'à l'époque j'y croyais vraiment. Et ça ne m'a pas lâché. Où était la réalité ? Où était la fiction ? J'ai été nourri par ça[1].

Son meilleur ami est alors Ellis Robinson, excellent violoncelliste, fils d'un Américain et d'une Française, qui choisira la nationalité américaine – ce qui lui vaudra d'être tué quelques années plus tard au Viêtnam. Quand il fait beau, ils partent camper dans le Marais poitevin, chez les demoiselles Pozzi, deux sœurs protestantes qui mettent l'immense jardin de leur propriété fortifiée à la disposition des scouts. Il faut monter les tentes, allumer des feux de camp, affronter la nuit, dominer la nature, se laver à l'eau froide, comme dans un roman de Jack London dont on lui a offert *Construire un feu*.

Plus il y a d'inconnu, plus il est heureux. Le conseil des chefs lui attribue le totem de « Taurillon furieux » qui correspond alors à son caractère : « bouillant et révolté ».

Un jour, le chef de patrouille rassemble les plus motivés :

— Voilà une boussole, une carte et un morceau de pain. Rendez-vous demain à tel endroit.

Bernard accepte aussitôt de relever le défi. Il met du roman dans son enfance.

---

1. *Première*, juillet 2003.

*

Est-ce l'épicerie qui ne rapporte pas assez? La volonté de s'assurer une meilleure retraite, histoire d'envisager l'avenir sans crainte? Ou la vie militaire qui lui manque? En 1958, René se réengage pour trois ans. Nouvelle absence d'un père qui n'aura été présent qu'en pointillé – et qui, lorsqu'il est là, reste lointain.

Quand il est muté au Maroc, Claudie est radieuse car elle doit l'accompagner avec ses enfants, Bernard, Elizabeth mais aussi les petits derniers Philippe, né en 1955, et François, né en 1957 – les « fanfans », comme les surnomme Bernard. Elle espère y retrouver la vie facile de Berlin, dont elle a gardé la nostalgie. Elle met la maison en location et prépare les affaires. Mais un jour de permission, un facteur sonne pour remettre un télégramme à René : il doit dare-dare rappliquer en Algérie où les « indigènes », comme on les appelle avec mépris, réclament leur indépendance. Cette fois, pas question de partir en famille : trop dangereux. Claudie défait les malles.

— Je me souviens de notre déception à tous de ne pas partir, raconte Elizabeth.

De nouveau l'absence. De nouveau les cartes postales. René glisse toujours un petit mot personnalisé à chacun de ses enfants. Mais, cette fois, il y a l'angoisse en plus : si la radio ne parle que d'« événements », nul besoin d'être grand clerc pour comprendre qu'il s'agit d'une sale guerre, avec son lot d'embuscades, d'attentats et d'opérations commando.

Un jour, Bernard et Elizabeth jouent sur le petit balcon de la maison. Une Ariane verte s'arrête, comme celle de Tonton Robert. Ce n'est pas la sienne, mais un taxi qui dépose un homme en uniforme d'apparat, képi sur le crâne, décorations sur la poitrine, fourragères à l'épaule gauche. Leur père, héros d'un film en costumes ! Bernard gardera toujours le souvenir de cette apparition quasi cinématographique. Ce jour-là, personne ne l'attendait : venu en France chercher des « bleus » pour l'Algérie, on lui a donné l'autorisation d'aller embrasser sa famille, sans qu'il ait eu le temps de la prévenir.

Fin 1960, René revient finir son temps à Saint-Maixant. Il peut passer les week-ends en famille et repart chaque lundi au volant de sa 4CV couleur amande. En mars 1961, il est démobilisé. Pour lui, c'est plus que la fin d'une époque : les guerres qu'il a traversées lui ont donné l'occasion de se dépasser et de vivre des situations insoupçonnées. À proprement parler, il n'a pas aimé l'armée, mais il a aimé la vie qu'elle lui a offerte.

> *Là où il y a eu la guerre, il a été heureux. C'est dégueulasse de dire ça. Non, c'est dégueulasse que ce soit comme ça. Non, ce n'est pas la guerre qu'il aime, c'est la vie*[1].

L'homme qui revient à La Rochelle sait qu'il a vécu ses années les plus intenses. Il va devoir s'accommoder du quotidien, des plaisirs simples mais monotones de l'existence. Se résigner à la routine. Il devient vendeur chez le concessionnaire Renault, avant de se mettre à son compte : il ouvre un commerce de voitures d'occasion en face de chez lui. Ses affaires tournant mal, il reviendra travailler chez son ancien patron jusqu'à sa retraite.

Parfois, il emmène Bernard dans le Marais poitevin, la « Venise verte », avec ses quatre mille kilomètres de voies d'eau creusées par les hommes, recouvertes d'un tapis vert de lentilles d'eau. Ils pêchent l'anguille et chassent la perdrix. La plupart du temps, René rate sa

1. Bernard Giraudeau, *Les Hommes à terre*, Métailié, 2004.

cible, sans doute volontairement car le but n'est pas de tuer. Dans ces instants où il a son père pour lui seul, les silences comptent plus que les mots : les deux hommes se rapprochent.

> [...] *mon père n'avait rien à offrir qu'un gros cœur dont il avait perdu la clef. Un cœur qui s'est toujours caché dans le noir pour pleurer. Toutes ses fenêtres étaient closes sur la pudeur. Communiquer était impudique*[1].

Depuis la sixième, Bernard est inscrit au collège technique Léonce-Vieljeux, section industrielle. Il se demande bien pourquoi il est là : ce qu'il préfère, ce sont les cours de français, les rédactions, les récitations, les explications de texte. En revanche, le théâtre ne l'intéresse pas le moins du monde : il se souviendra d'une représentation de *L'Avare* en matinée scolaire comme d'un moment particulièrement assommant. Les maths, la physique, la chimie ? Il dira qu'il était nul. En fait, ses notes oscillent entre 12 et 17 de moyenne, mais il déteste ces matières.

Ses parents ont décidé qu'il serait un « manuel » : chaudronnier, ou ajusteur. Chez les Giraudeau, on est modeste, au sens premier du terme : simple, sans éclat, sans excès. On ne rêve pas, on assure l'avenir avec prudence. Elizabeth sera dirigée vers des cours de dactylo. L'important, c'est d'avoir une vraie formation : à cette époque, il n'y a qu'à pousser les portes des usines qui se développent alentour pour trouver du travail.

Mais Bernard veut mettre du piment dans sa vie. Quitte à avoir les dix doigts dans le cambouis, autant naviguer. Son grand-père maternel, Paul, expert sur les bateaux de pêche, suggère qu'il suive une formation militaire. En

---

1. Bernard Giraudeau, *Le Marin à l'ancre*, Métailié, 2001.

raison d'un léger daltonisme, il ne peut entrer à l'École de maistrance, à Brest, qui forme les officiers mariniers. Il se rabat sur l'École des apprentis mécaniciens de la Marine de Saint-Mandrier, dans le Var.

Avant tout, il doit s'engager pour cinq ans.

Il signe.

Fils de militaire il est. Militaire il sera.

Peut-être une manière de se rapprocher de ce père qu'il admire et craint à la fois…

3

Premier de la classe

— Tout cela est une regrettable erreur que je ne regrette pas du tout.

C'est ainsi qu'en 1990 Bernard Giraudeau résumait son passage dans la Marine nationale.

5 mars 1963. Il n'a pas seize ans quand il arrive à Saint-Mandrier, accompagné de Mme Koroski. L'ancienne voisine de Tasdon, dont le mari travaille à la SNCF, bénéficie de tarifs privilégiés. Chez les Giraudeau, on n'est pas à court d'argent, mais on a le sens de l'économie.

Bernard n'est pas encore un adolescent : à l'époque, surtout en province, cette période commence plus tard. C'est un enfant qui se trouve projeté dans un autre monde, aux antipodes du cocon familial qu'il a toujours connu. Un passage obligé pour, un jour, embarquer à bord d'un bâtiment de la Royale, mais le choc est rude.

— Quand on entrait, on avait le cafard, se souvient Marc Torchon, arrivé en même temps que Bernard.

Jean-Luc Godard tournera *Pierrot le fou* et Robert Dhéry *Le Petit Baigneur* sur la presqu'île de Saint-Mandrier, à l'extrémité sud de la petite rade de Toulon, mais ils se garderont de franchir les portes de l'école des arpettes, comme on appelle communément les apprentis mécaniciens de la flotte. Une caserne plus qu'un pensionnat, où règne une discipline de fer : les instructeurs sont des anciens de la guerre d'Algérie pour les plus jeunes, de l'Indochine pour les plus âgés. À l'époque, un tiers des quinze cents élèves sont des férus de mer, en quête d'aventure et d'indépendance ; un autre tiers est composé de pupilles de la nation ; le troisième est constitué de « prédélinquants », comme on n'appelait pas encore les fortes têtes, placés là pour être remis dans le droit chemin.

Dès l'arrivée, c'est coiffeur et remise du « sac » : brodequins en cuir brut non ciré, treillis bleu, vareuse portée à l'intérieur du pantalon et manches boutonnées, bonnet de chauffe et tenue de sortie bleue avec bachi – la fameuse coiffe à pompon rouge.

Chaque compagnie compte une centaine d'élèves, répartis en deux bordées : quand l'une est en cours, l'autre est à l'atelier ou fait du sport. Bernard intègre la 2C, réservée aux meilleurs éléments, qui ne resteront que dix-huit mois. Lever à 6 heures au son du clairon, corvée de propreté, lessivage des vêtements (il n'y a pas de blanchisserie), douche froide deux fois par semaine, cérémonie des couleurs à 8 heures, déplacements au pas, au son de *Sambre-et-Meuse*, extinction des feux à 22 heures. Dans les dortoirs, les lits sont attribués par ordre alphabétique et non par affinités. Les fusiliers marins – les « sacos » – veillent à la discipline : au moindre chahut, c'est marche en canard dans la cour et lits au carré pour tout le monde.

Chaque élève reçoit une cartouche de Gauloises troupe tous les quinze jours – fumer est alors un signe de virilité. Les clopes servent de monnaie d'échange – les plus aventureux les jouent au poker – car l'argent de poche est strictement réglementé : dix francs tous les quinze jours, autant dire pas grand-chose. Tous les parents ont reçu la même injonction dans le formulaire d'inscription :

Il est interdit aux élèves de recevoir directement des envois d'argent. Vous voudrez bien en faire part aux différents membres de votre famille en leur précisant d'adresser leurs mandats à l'adresse suivante :

École des apprentis mécaniciens de la flotte

Toulon (Var) – Compte de chèque postal : 9600.17 Marseille.

— Tous nos courriers étaient ouverts et, s'il y avait de l'argent, il était confisqué et on était punis, se souvient Marc Torchon.

*

En dehors des vacances scolaires, pour lesquelles ils peuvent rentrer chez eux, les élèves n'ont le droit de sortir que le dimanche, de midi à 17 heures. Deux vieilles canonnières, l'une découverte, la *Cavalas*, l'autre couverte, le *Pipady*, leur permettent de rejoindre le quai Cronstadt, à Toulon. Ils peuvent alors se balader dans Chicago – « Chicag' », comme on appelait alors le quartier chaud –, avec ses rues grouillantes de filles de joie, ses bars à hôtesses, ses trafics divers, ses macs à chaussures bicolores, ses truands à borsalino et costume à rayures. Un monde inaccessible, à la fois fascinant et effrayant, qui ferait passer le boulevard de la Soif de La Rochelle pour une banale artère de village…

Le reste de la semaine, les seuls moments de détente sont les parties de baby-foot au foyer, les séances de cinéma et les longues discussions dans la cour où les élèves, toutes compagnies réunies, se regroupent par région d'origine autour des bancs : les anciens sont assis, les derniers arrivés restent par terre à les écouter, les yeux grands ouverts.

— Bernard était un garçon peu expansif, calme, pondéré, qui ne se faisait jamais remarquer, se souvient Jean-Louis Jullia, son quasi-voisin de chambrée, originaire de Bordeaux. Pour moi, c'était un grand timide. Jamais je n'aurais pu imaginer qu'il devienne comédien !

En fait, Bernard travaille. Et bien. Son carnet scolaire en atteste. À l'issue de son premier semestre, son carnet d'appréciations est éloquent :

> *Excellents résultats. Élève consciencieux et travailleur. Doit cependant s'améliorer en rédaction et arithmétique. Conduite excellente. Tenue très bonne.*

La deuxième année, une sortie en mer sur l'escorteur d'escadre *D'Estrées*, en guise de travaux pratiques, lui permet de prendre ses premiers quarts. Désormais, il ne pense qu'à ça : le moment où il pourra enfin embarquer.

— Notre principal sujet de préoccupation, poursuit Jean-Louis Jullia, c'était de savoir sur quel bateau on partirait quand on aurait fini notre apprentissage. On parlait de destinations lointaines. Il voulait découvrir d'autres pays.

Bernard n'a qu'une idée en tête : rejoindre la *Jeanne d'Arc*, le navire-école des officiers de marine, qui effectue chaque année un tour du monde. À une époque où le transport aérien ne s'est pas encore démocratisé – le premier vol transatlantique du Boeing 707 n'a eu lieu que cinq ans plus tôt –, c'est une opportunité extraordinaire pour un gamin en quête d'ailleurs et d'exotisme. Seule la *Jeanne* peut permettre de découvrir autant de pays en si peu de temps.

Les arpettes pouvant choisir leur affectation en fonction de leur rang de sortie, Bernard redouble d'efforts. Le directeur des cours se fend même d'une lettre à sa famille pour louer son parcours.

Le 1er septembre 1964, lorsqu'il quitte Saint-Mandrier, il est premier de son contingent – sur deux cent treize – avec 16,69 de moyenne. Son carnet d'appréciations indique :

> *Excellent élément – doué – à suivre. Doit rendre d'excellents services à la Marine. Conduite et tenue excellentes.*

Le voilà matelot de première classe, titulaire d'un brevet élémentaire de mécanicien, mention ajusteur, spécialiste diesel-turbine – l'équivalent d'un CAP dans le civil –, avec en prime un certificat de dessinateur.

Il va pouvoir embarquer sur la *Jeanne d'Arc*.

4

Une croisière pas comme les autres

Depuis 1912, la Marine nationale a son navire-école : un bâtiment dédié à la formation des midships, les officiers fraîchement sortis de l'École navale, traditionnellement baptisé *Jeanne d'Arc*. Le premier n'a fait qu'une brève carrière, avant d'être remplacé en 1931. Depuis, chaque année, il effectue le tour du monde car sa mission est aussi de symboliser la France à l'étranger. Mais une *Jeanne* peut en cacher une autre : en cette année 1964, la Royale a décidé de remplacer le vieux croiseur construit aux Chantiers de Penhoët, près de Saint-Nazaire, par un autre navire, numéro de coque R97, qui a navigué sous l'appellation *La Résolue* pendant sa phase d'essais à la mer. Un bateau d'un genre nouveau : c'est le premier porte-hélicoptères jamais construit au monde, capable d'accueillir huit Super Frelon. En pleine guerre froide, la Marine se veut à la pointe de la modernité.

Jeudi 5 novembre 1964. Bernard Giraudeau s'apprête à quitter Brest à bord de ce navire de 12 000 tonnes, long de 182 mètres, capable de filer à vingt nœuds. C'est la première « croisière » autour du monde de la nouvelle *Jeanne d'Arc* – un terme bien balnéaire pour la Marine nationale qui ne tardera pas à le remplacer par celui, nettement plus sérieux, de « campagne », puis de « mission ».

Ses parents sont venus lui faire une dernière bise. Mélange d'excitation et de tristesse, d'allégresse et de mélancolie. Peut-être ont-ils esquissé une larme et sorti leur mouchoir, comme les autres familles : ils ne reverront pas avant cinq mois leur fils de dix-sept ans et demi. Cinq mois au cours desquels ils ne pourront communiquer que par voie postale : à l'époque, pas question d'utiliser le téléphone, vu le prix des communications internationales.

Le départ est un événement national : le ministre des Armées, Pierre Messmer, s'est déplacé, accueilli à la coupée par les traditionnels sifflets, et l'ORTF a dépêché l'un de ses ténors, Pierre Sabbagh, pour commenter l'appareillage sur la première chaîne, en direct de la passerelle, au côté du pacha, le capitaine de vaisseau Alfred Postec :

« Commandant, est-ce pour vous émouvant d'avoir des jeunes à former ?

— Je suis d'une race assez insensible. Émouvant, non, mais attachant sûrement. Ces jeunes gens, c'est de la bonne pâte au total… »

Pour le départ du bâtiment, placé sur des coffres d'amarrage dans la rade militaire, toute la ville de Brest s'est mobilisée dès le petit matin. Les familles ont embarqué sur des remorqueurs et des hélicos virevoltent pour saluer la *Jeanne* comme ce qu'elle est : un symbole de technologie. Pour la première fois dans la Marine, le bateau ne se dirige pas avec une grande barre en bois verni, mais avec un joystick qu'il suffit d'effleurer du doigt.

— Mais qu'est-ce que c'est moderne ! s'exclame, à l'instar des huit cents autres marins embarqués, le jeune Giraudeau en découvrant le bateau.

Son statut de mécanicien – « bouchon gras », comme on dit – le confine dans la cale, où il n'y a aucun hublot : on ne sait jamais si l'on a décollé du quai. Mais aucun navire n'est plus confortable pour son équipage. Plus de gamelle pour aller chercher sa nourriture à la cambuse, mais des cafétérias spécifiques pour chaque catégorie de personnel. On mange sur des plateaux en inox. Dans les postes d'équipage – on ne parle pas de chambrées dans la Marine –, plus de hamacs (les fameux « branles », à l'origine de l'expression « branle-bas de combat »), mais des bannettes superposées avec éclairage réglable, buse de climatisation et « caisson » fermé par un cadenas où chacun enferme ses affaires personnelles. Au poste K010, Bernard dort dans la première travée, à droite, sur la couchette supérieure.

Sitôt franchie la pointe des Espagnols, cap sur le large, à quinze nœuds de moyenne. Un rai de soleil vient percer le ciel brumeux. Bernard ne va pas tarder à découvrir les désagréments de la vie en mer : pour rejoindre Fort-de-France, sa première escale, la *Jeanne* doit traverser le golfe de Gascogne en pleine tempête. Pierre Sabbagh, dans une nouvelle émission en direct, précise :

« Le temps s'est un peu gâté, nous connaissons maintenant un vent de force 9 et une mer de force 6, la mer présente des creux de sept mètres... »

Dans les coursives, Bernard remonte le rabat de sa vareuse pour se protéger du vent et du froid. La situation se dégrade, l'écume transforme l'océan en œufs à la neige, le navire roule, s'incline jusqu'à 20° au milieu des vagues – c'est son point faible, les stabilisateurs n'ont pas encore été inventés. On se croirait dans *Typhon* de Joseph Conrad :

> *Le vent pesait de tout son poids sur le navire, comme s'il eût voulu l'immobiliser dans les vagues...*

*

Sur le bateau, on prend ses habitudes. Réveil à 7 heures au son du clairon, petit déjeuner, douche quotidienne et poste de propreté. Chacun a sa place définie pour l'année. Bernard se retrouve en charge des toilettes. Mauvaise pioche quand on rêve d'exotisme. Un jour, il découvre un livre de Proust coincé derrière le tuyau de la chasse d'eau. Il ne parviendra pas à le lire jusqu'au bout. Il n'a pas embarqué à la recherche du temps perdu. Pour lui, ce qui compte, c'est le temps qui reste.

Il a été affecté à la machine arrière. Un parmi d'autres sur la rue de chauffe, il surveille les manomètres de pression d'eau, d'huile, de vapeur et de mazout dans un bruit assourdissant, une odeur âcre de graisse et une chaleur étouffante, oppressante, avoisinant les 60 °C. Pour éviter la déshydratation, il suce des cachets de sel et boit des litres d'eau fraîche additionnée de Viandox ou de menthe. Parfois, un klaxon résonne, tonitruant : c'est le commandant, l'officier de manœuvre ou le chef de quart qui veut changer la vitesse du navire. Il faut alors augmenter le nombre de brûleurs, ouvrir ou fermer les vannes, enlever ou remettre de la pression.

— Il fallait toujours être attentif, on n'avait pas une minute pour rêvasser, se souvient Jean Galliou, un matelot breton du même poste. Je me souviens de l'avoir vu s'énerver contre un thermomètre cassé : il enrageait de ne pas savoir la température.

La vie quotidienne s'organise au rythme des quarts. Celui de minuit est le plus rude : coucher à 4 heures, lever trois heures plus tard. Dans leurs moments de repos, les marins font du sport sur le pont avant, fument sur les passavants, écoutent la radio ou font leurs courses à la coopérative, la boutique du bord, bien approvisionnée, où l'on peut acheter enveloppes, timbres, savons, shampooings, friandises, mais aussi des parfums dédouanés pour faire des cadeaux aux escales. Le bateau a sa monnaie propre, comme au Club Med aujourd'hui.

Dix jours après le départ, c'est la première escale : Fort-de-France, en Martinique. Bernard découvre le soleil en hiver – le monde à l'envers. Les palmiers, la mer turquoise, les plages de sable fin, les femmes en douillette et coiffe créole en madras. Un kaléidoscope de couleurs : on imagine le choc pour un gamin rochelais qui n'a jamais vu le monde qu'à travers le noir et blanc des cartes postales.

Pour l'occasion, Bernard a sorti la tenue de sortie blanche, n° 24. Peut-être, au cours des cinq jours d'escale, ose-t-il la 26, dite « joueur de boules », en short blanc. Il profite des us et coutumes de la *Jeanne* : les bleus ne paient rien, ils se font inviter par les anciens. Les plus délurés filent chez « ma cousine » – en d'autres termes, ils cherchent une femme d'un soir. Bernard, qui n'a pas encore connu l'amour, fait sagement du tourisme.

— Je n'étais pas en avance sur ce plan-là, commentera-t-il[1].

Il ne va pas tarder à rattraper son retard.

*

Traversée du canal de Panamá, puis direction les Marquises, terre d'adoption de Gauguin, qui inspirèrent plusieurs romans à Herman Melville, l'un des auteurs de chevet de Bernard. Mais avant, le « passage de la ligne » : le franchissement de l'équateur. Un moment que tous les néophytes redoutent car il s'accompagne d'un rite

1. *Première*, juillet 2003.

initiatique – un bizutage, comme on dit dans les universités. Le jour dit, ils sont rassemblés sur la plage avant, barbouillés d'une mixture de restes de nourriture et de mazout, roulés dans de la farine et douchés avec une lance à incendie. Impossible d'y échapper, que l'on soit officier ou matelot : cette année-là, même l'aumônier du bord, l'abbé Roquais, que tout le monde évite d'appeler « mon père », y passera !

Épisode peu glorieux, strictement contrôlé par la hiérarchie, qui perdure aujourd'hui encore sur tous les navires de la Marine nationale. Mais les hommes sont parfois rudes, violents, incontrôlables. Bernard connaîtra une expérience autrement traumatisante.

— Une fois, racontera-t-il, j'ai été pendu. Un moment de folie. Les types ivres morts qui veulent se payer le plus jeune quartier-maître de France. Heureusement, ils m'ont mal pendu, ils étaient trop bourrés[1].

Unique évocation de cet événement, impossible à dater, mais son statut de « plus jeune quartier-maître de France » laisse à penser qu'il s'est déroulé au début de sa première « croisière » sur la *Jeanne*. Quarante ans plus tard, il en fera néanmoins un moment clé de *R97*, la bande dessinée qu'illustrera Christian Cailleaux. Le jeune héros est suspendu à un tuyau par une ceinture. Il ne doit la vie qu'à l'arrivée impromptue d'un officier : « Bon, remettez-moi tout ça en ordre et retournez à vos postes. » Le héros clôt la séquence en disant : « Je n'ai pas porté plainte. Ça ne se fait pas chez les hommes. »

Son frère Philippe n'a appris que fort tard que Bernard avait vécu cet épisode.

— Bernard a toujours eu besoin de respirer, commente-t-il. Je l'ai toujours connu avec la peur de manquer

1. *Ibid.*

d'air, l'angoisse d'asphyxier. Finalement, il est mort de cela...

Comme si le corps avait inconsciemment gardé mémoire de cette agression.

*

Papeete, Nouméa, Sydney... La nouvelle *Jeanne d'Arc* poursuit son premier tour du monde.

Bernard, comme les autres membres de l'équipage, guette les escales : il est là pour découvrir la planète. Le navire représentant la France à l'étranger, chacune commence de la même manière : réceptions à bord ou à l'ambassade de France où tout l'équipage est représenté, matelots, officiers mariniers et officiers. Le reste du temps, les hommes se dispersent selon leurs affinités. Ils peuvent partir trois jours en excursion, suffisamment pour découvrir le pays, pas assez pour lier des relations durables – le tout est de rentrer à l'heure, et pas trop ivre, pour ne pas se retrouver consigné à l'étape suivante.

À Wellington, en Nouvelle-Zélande, le mataf découvre enfin l'amour.

— Ma première expérience a été formidable, avec une femme plus âgée[1].

Dans *Les Dames de nage*, il parlera d'une initiation aux choses de l'amour et du sexe avec une femme « fraîche, vive, la trentaine souriante, une chevelure feu et des boucles en flammes » rencontrée dans un... salon de thé. De mère maorie, de père irlandais, elle était institutrice, donnait des cours de français et faisait partie d'une troupe de danse folklorique. Elle s'appelait Eileen mais, pour les marins de la *Jeanne*, les femmes portaient

1. *Ibid.*

le nom de l'escale : pour Bernard, elle restera à jamais Miss Wellington.

Après Fremantle et la Réunion, l'escale de Diégo-Suarez[1], à Madagascar, laissera un goût amer à tout l'équipage. Un chef machine est tué d'un coup de couteau : il avait séduit la femme d'un gars de l'arsenal. Quand la *Jeanne* appareille, l'atmosphère est plombée. Personne ne parle. Face à un coup dur, les marins préfèrent le silence, fût-il pesant, aux longues palabres.

Déjà arrive Durban. Découverte de l'Apartheid. Courageusement, le pacha Alfred Postec désigne un Guadeloupéen pour porter le fanion lors des cérémonies d'arrivée, manière de bien se démarquer d'un régime qui a institué le racisme en idéologie.

Sur le bateau, Bernard a trouvé ses marques.

— Un garçon travailleur et compétent, toujours impeccable, excellente tenue, se souvient le premier maître Émile Genin.

Aux escales, Bernard et Jean Galliou ne se quittent plus.

— Il aimait rire, il était toujours gai, se souvient ce dernier. Il avait toujours une histoire à raconter. Il ne restait jamais en place. Quand on allait en boîte, au bout d'une demi-heure, il fallait aller dans une autre, jusque tard dans la nuit. À terre, il avait du succès auprès des filles. Il trouvait toujours les plus belles… Il est vrai que c'était un bel homme.

Quand la *Jeanne* quitte un port, Bernard et Jean s'assoient sur un passavant. Ils jettent des serpentins à leurs conquêtes qui les attrapent à bout de bras.

— Quand le bateau reculait, le serpentin se cassait, elles se mettaient à pleurer. Quand il faisait chaud, on

1. L'ancien nom d'Antsiranana.

était en short, on mettait le pied sur la rambarde et, comme on n'avait pas de slip, elles pouvaient se rincer l'œil une dernière fois ! Certaines venaient nous rejoindre à l'étape suivante mais, au bout d'un moment, elles ne pouvaient plus suivre.

Tristan da Cunha, Rio de Janeiro, Dakar, Lisbonne... Après sept mois et quinze jours, la *Jeanne d'Arc* est de retour à Brest, le 8 avril 1965.

— On était l'un à côté de l'autre, sur le pont d'envol, se souvient Jean Galliou. Bernard a pris une pièce de 5 francs dans sa poche et l'a jetée dans le passage du goulet, dans la rade, en jurant : « On ne remettra plus les pieds en mer. » Il avait été dégoûté par tout ce qu'on nous demandait de faire : la machine chaufferie en mer, la chaudière auxiliaire à quai quand on était de quart, plus les corvées. On en avait ras le bol.

Marre de la Marine nationale, déjà ? Oui. Mais l'appel du large est le plus fort. Le gamin de La Rochelle a découvert plus que des pays inconnus : d'autres manières de vivre. De toute façon, il a signé pour cinq ans en entrant à Saint-Mandrier.

Il n'y a aucune porte de sortie.

5

Deuxième tour du monde

Après les vacances d'été à La Rochelle, Bernard est de retour à Brest à l'automne 1965.

Le week-end, il participe à des régates dans la rade. Le premier dimanche d'octobre, il remporte la coupe – et une grippe qui lui vaut de se retrouver à l'infirmerie. Il y restera plusieurs jours, le temps de subir des examens médicaux approfondis. Les migraines qui lui broient le crâne depuis toujours sont renforcées par les néons omniprésents dans la *Jeanne.* Loin de « l'ambiance bruyante et énervante des postes d'équipage », il fait le point sur lui-même dans une longue lettre à ses parents. Il leur laisse comprendre sa décision de ne pas rempiler dans la Marine au terme de son engagement de cinq ans :

> *Je réfléchis beaucoup et fais des projets pour plus tard. J'essaie d'éclaircir mes idées et de comprendre la vie, c'est dur mais il faut lutter. Je cherche actuellement un idéal, une profession passionnante s'accordant parfaitement à mon tempérament et à mes idées. Je pense l'avoir trouvée, c'est une idée qui me travaillait l'esprit depuis déjà bien longtemps mais dont je n'étais point sûr. Je ne peux pas vous le dévoiler actuellement car par lettre c'est très difficile, mais à ma prochaine permission je vous expliquerai tout ça. Je veux absolument*

arriver à une liberté de travail et d'esprit, une occupation passionnante dans la vie et j'espère y arriver. Mon désir est de ne point sombrer dans une vie ordinaire, dans la médiocrité, mais au contraire d'essayer de m'élever seul dans la vie. Je sais, c'est très dur, mais rien n'est facile et c'est à l'homme de se créer une vie comme il la conçoit. Sinon, quel but aurait-on de vivre? Aussi je me battrai jusqu'au bout pour réussir. Je veux une personnalité, ce qui actuellement est impossible à obtenir.

À quel métier pense-t-il? Dans une lettre ultérieure, il parle d'aller rendre visite, lors de sa prochaine permission, à « Tonton Georges », qui habite Lyon, pour en discuter de vive voix. Son oncle est éducateur spécialisé et s'occupe de « fortes têtes ». Bernard pense s'orienter dans cette direction, une fois sorti de la Marine.

Ses plans ne vont pas tarder à changer.

*

Le 8 novembre 1965, la *Jeanne* repart pour sa deuxième « croisière ».

Cette fois, il est affecté à la sécurité : il est une sorte de pompier du bord, dont la mission principale consiste à faire des rondes pour détecter les départs de feu et les voies d'eau. Il dort au poste K010 – le plus grand, soixante-douze hommes. Le matin, l'odeur de sueur se mêle à celle du bateau. La *Jeanne d'Arc*, c'est l'appel du large, l'attrait de l'exotisme, le plaisir de la découverte, mais c'est aussi la promiscuité, les parties de cartes pour tromper le temps, les plaisanteries un peu grasses, une certaine rudesse où chacun doit trouver ses marques. Un moule de virilité où Bernard doit jouer les durs, à défaut de l'être vraiment.

Après Fort-de-France et les Saintes, la *Jeanne* file vers Veracruz au Mexique, Balboa au Panamá, l'île Clipperton et San Francisco.

Comme de tradition sur la *Jeanne*, Noël se passe en mer. Chaque poste confectionne une crèche de fortune. Charge au commandant de désigner la plus belle. Le soir du 24, avant la rituelle messe de minuit, l'équipage se retrouve dans le hangar : l'ascenseur des hélicos a été bloqué à un mètre et demi du sol pour faire office de scène. C'est la « séance récréative de Noël ». Les plus téméraires se donnent en spectacle et Bernard a décidé d'y participer. Avec le quartier-maître Ancelin, un Parigot déconneur, il interprète un sketch intitulé « Cours de séduction dans un bal d'enfants ». Un dialogue entre un jeune homme et une jeune fille où il s'est réservé le rôle féminin : quitte à jouer un personnage, autant qu'il soit l'opposé de lui-même.

> *J'étais Marie-Béatrice, la séduite, et mon costume se composait d'une jupe de plage, d'une perruque très réussie et de chaussettes blanches yé-yé. Le tout d'une extraordinaire ressemblance. Le numéro était court mais très apprécié car tout le monde riait à en avoir mal au ventre*[1].

Il reviendra en deuxième partie, cette fois pour un concert de flûte et guitares avec trois autres quartiers-maîtres.

À l'époque, il n'imagine pas un instant devenir comédien. Il lit beaucoup, dévore les romans d'Herman Melville, Pierre Loti, Robert Stevenson et Joseph Conrad. Tout récit de voyage le transporte. Étonnante mise en abyme : il est ailleurs, mais veut s'échapper encore plus loin. Un mataf lui fait découvrir *La Nuit indochinoise*, la vaste

1. Correspondance privée.

fresque de Jean Hougron, qui lui permet d'approcher le grand mystère de son enfance : la vie de son père à Saigon.

Conscient que son niveau d'études lui interdit d'évoluer réellement, ce qui nourrit chez lui une forme de complexe, il suit des cours par correspondance à l'École universelle et n'hésite pas à assister aux enseignements dispensés par les officiers du bord.

— Ils avaient une vraie culture. Ils m'ont appris la littérature. J'ai même pris des cours de maths. Je n'étais pas matheux, mais j'envisageais vaguement un jour de commander un bateau. C'est aussi dans la Marine que j'ai appris des rudiments de philosophie[1].

Bernard ne veut plus seulement découvrir le monde : il veut apprendre. La connaissance comme moyen de s'élever.

Avant l'embarquement, il a envoyé plusieurs courriers à ses parents où il évoque ses projets pédagogiques :

> *Je vais prendre des cours par correspondance de français et de culture générale, y compris l'anglais, de façon à ne pas perdre de temps pendant ces longs mois et ainsi acquérir un niveau intellectuel plus élevé.*

Quelques jours plus tard, il corrige :

> *Je ne prendrai pas de cours de français car Larousse vient de sortir un nouveau livre de grammaire française qui est vraiment très complet et me permettra de travailler seul. Pour ce qui est des dissertations, je travaillerai avec des midships.*

Dans ces mêmes lettres, il raconte avoir acheté pour 50 francs de livres et passe plusieurs commandes à sa mère qui fait tout pour l'aider, lui envoyant notamment *L'Express* et *Jardin des arts* à chaque escale.

1. *Première*, juillet 2003.

Maman, je voudrais te demander s'il serait possible de voir s'il existe la collection d'Élie Faure comprenant L'Art moderne I, L'Art moderne II, L'Art renaissant, L'Art antique *et* L'Art médiéval. *La collection des livres vaut 30,00 F et théoriquement existe au format de poche. Je ne l'ai point trouvée à Brest mais ce sont des bouquins vraiment très intéressants sur le plan « culture », aussi j'aimerais les posséder.*

Parallèlement, tout au long de son tour du monde, il veille de loin à la scolarité de ses frères et sœurs, assumant son statut d'« aîné » protecteur. En témoigne ce courrier à Elizabeth :

Quant à toi, je suis heureux que tes études soient satisfaisantes. L'instruction est un bonheur qui rapporte à tous points de vue. Lis beaucoup; Voltaire disait que « l'on acquiert son instruction dans les livres, qu'en outre il n'était pas plus difficile de lire un bon auteur qu'un mauvais ».

Parle-moi un peu de ton programme en français, en maths, en anglais, je pourrai peut-être te donner quelques conseils.

Ton frère est tout disposé pour cela.

Tu fais quelques fautes dans tes lettres, aussi relis bien.

Note que moi aussi j'en fais, mais je présume un peu moins que toi.

Philippe et François ont également de bonnes notes, ce qui doit rendre heureux papa et maman.

Cette année-là, le jeune Giraudeau est moins discipliné. Le 23 novembre 1965, il est même sanctionné pour s'être absenté de son poste de quart sans autorisation. Résultat : deux jours consignés à bord lors de la prochaine escale.

En somme, il a pris de l'assurance.

— Il était causant, farceur, il aimait faire le pitre, même s'il pouvait parfois se replier et devenir taciturne, témoigne Jean-Jacques Dujardin, affecté au même poste que lui. Il participait vraiment à la vie du bord, notamment quand il y avait des attractions, comme lors de la Sainte-Barbe, la fête des mécaniciens. Il avait un petit plus que les autres n'avaient pas.

Au fil des étapes, il se lie d'amitié avec Patrick Drouard, un quartier-maître d'origine parisienne, chef secrétaire machine, plutôt catalogué grande gueule. Aux escales, ils sortent ensemble.

— Il plaisait beaucoup aux filles, mais ce n'était pas, comme certains, un « baiseur ». C'était un charmeur, un amoureux, un sentimental, un affectif.

Question femmes, les escales peuvent réserver le pire comme le meilleur. Le désir effréné de tendresse peut mener au nirvana comme au sordide.

> *Il y eut des jouissances précipitées, des corps sans caresses, des regards morts, mais parfois aussi des petits bonheurs avec les rires, l'insouciance, l'abandon et une éternité de l'instant. J'ai oublié les beuveries, les coups rapides, debout contre les containers, la frénésie des éjaculations pour se libérer des obsessions, des cauchemars, des fantasmes, pour s'épuiser, se vider et oublier plus vite. J'ai seulement gardé les visages de celles qui étaient venues à moi comme des cadeaux, des messages de vie. Il y eut des trésors et des fausses perles, des mirages d'amour et des corps glacés*[1].

Au départ de Kobe, Bernard assiste à une scène d'un romantisme effréné. Sur le quai recouvert d'un tapis de neige, une jeune femme s'approche de la *Jeanne* qui s'apprête à appareiller. Plus elle avance, plus on ne voit

1. *Les Dames de nage, op. cit.*

que le bouquet de fleurs qu'elle porte à bout de bras, lui cachant le visage. Arrivée devant la coupée, elle s'adresse à l'officier de permanence. Un mécanicien à la tenue noircie de mazout finit par sortir. Il a le nez de travers et les oreilles en éventail, c'est loin d'être le plus beau, mais c'est lui qui a été le plus heureux. Les deux tourtereaux s'embrassent longuement, au ralenti, comme dans un film d'amour et d'eau fraîche. C'est le lot des histoires réussies : on se jure fidélité, mais, sitôt le bateau en haute mer, les embruns ne tardent pas à brouiller les images.

Pour Bernard, l'escale gardera néanmoins un goût amer. Un soir où Patrick était retenu à bord, il a choisi de sortir avec d'autres.

— Ça s'est mal passé, lui lâche-t-il en rentrant.

En fait, ça s'est très mal passé.

— J'ai failli étrangler une pute, racontera-t-il. Cette fille se foutait de ma gueule. J'avais gardé mon bonnet de marin, elle me l'avait demandé. Et quand j'étais sur elle, à un moment elle s'est retournée pour prendre une clope. Je n'ai pas supporté l'image. J'ai balancé la clope, je l'ai étranglée. J'avais un copain de l'autre côté du rideau de plastique qui était avec une autre pute. Il est arrivé au bon moment pour m'arracher de là. Vous voyez le rapport à la vie… Ça explique beaucoup sur la suite de mon parcours[1].

Après Hong Kong, la *Jeanne* fait escale à Manille, aux Philippines. Vie de pacha : les deux copains délaissent les excursions organisées par le bord et louent une grosse américaine avec chauffeur, lequel les fait assister à un combat de coqs. De retour au bateau, ils remarquent des Philippins autour d'un brasero. Bernard s'approche et entame la conversation. Manifestement, il dérange.

---

1. *Première*, juillet 2003.

— L'un des types a sorti une arme. Mais c'était ça, Bernard : toujours curieux de tout. Il avait une vraie envie de découvrir le monde, de communiquer avec les habitants. On fuyait les coins à touristes.

À chaque escale, il écrit à ses parents et raconte ses découvertes. Sa plume, un peu scolaire au début, s'affermit, devient plus recherchée, plus littéraire. De Grèce, il raconte sa découverte d'Athènes à la troisième personne :

> *Le voyageur qui arrive au Pirée découvre une sensible beauté. Une multitude de petites maisons blanches au toit rouge s'accrochent sur les collines et semblent dormir dans l'oubli d'un passé tumultueux.* [...] *Enfin cette voie sacrée tant attendue qui le mène aux Propylées, entrée magnifique vers le Parthénon. Du haut de ce petit monde antique, c'est la Grèce tout entière que l'on peut voir, vision inoubliable, on se sent devenir Dieu.*

À la fin de la même lettre, il avoue :

> *Je commence à en avoir assez.*

Sur le bateau, l'ennui le gagne. Il étouffe dans son « trou », comme il appelle le poste K010. Patrick et lui rivalisent pourtant de facéties.

— On avait un copain qui était maître d'hôtel au carré des officiers supérieurs. Quand on prenait le quart à 4 heures du matin, il nous permettait d'y prendre notre petit déjeuner. La confiture était meilleure, mais c'était surtout pour le plaisir de l'interdit. Un sacré défi car, si l'on s'était fait pincer, on aurait passé un sale quart d'heure...

La discipline l'étouffe, mais il s'en accommode :

— À l'époque, il n'était pas en rébellion, mais il avait une certaine indépendance, poursuit Patrick Drouard. On sentait qu'il avait envie de mener une vie différente. L'autorité militaire commençait à lui peser. Il y avait quand même quelques brêles qui jouaient au petit chef : il n'était pas prêt à suivre aveuglément les ordres de quelqu'un sous le seul prétexte qu'il avait des galons.

Sur les passavants, il discute de plus en plus souvent avec un matelot un peu marginal, esprit hippie avant l'heure, malgré la coupe réglementaire.

— Lui, c'est la clé de tout ce qui va arriver par la suite, se souvient Éric Colmon, également au poste K010. Il l'a fortement influencé : il lui a mis dans la tête des idées antimilitaristes.

C'est probablement à cette époque qu'il entreprend d'écrire un texte qu'il reprendra à plusieurs reprises et finira par dactylographier sous le titre « Pensées » :

> *Dans l'enclos de l'armée vivent des âmes qui peu à peu se dessèchent. Certains y ont trouvé là un refuge, d'autres une voie, véritable raison de leur vocation. Ils le pensaient avant de vivre au sein de cette mauvaise société et maintenant le regrettent mais s'adaptent malgré tout dans ce milieu impersonnel où toute moralité s'exclut du monde réel de la vie. Toute personnalité s'efface dans la masse.*
>
> *Quelques-uns, et je fais mon possible pour être de ceux-là, tentent de sortir de ce sommeil malfaisant. Nous luttons contre ce sommeil troublé par des règles absurdes qui abaissent l'être. Il est prisonnier de quiconque lui est supérieur en grade et, là, je pèse mes mots.*
>
> *Non ! Ce n'est pas la vie et la place d'un homme. Son instruction, son niveau social, son idéale morale disparaissent et sont réduits au néant*[1].

1. Coll. Philippe Giraudeau.

6

RDSF

Deux cent vingt et un jours après son départ, la *Jeanne* rentre à Brest. Bernard n'a pas atteint le point de rupture.

Le 13 août 1966, après un mois de vacances à La Rochelle, il est de retour dans la préfecture du Finistère. Après deux tours du monde sur la *Jeanne*, il sait qu'il mènera désormais une vie moins aventureuse. Sa nouvelle affectation l'est en effet : c'est la frégate antiaérienne *Duquesne*, en construction dans une des cales de l'arsenal.

Jusque-là, la Marine lui a permis de découvrir de nouveaux horizons. La frégate *Duquesne*, c'est la *Jeanne* sans les voyages, autant dire rien. La vie lui semble terne. Vide. Sans intérêt. Il ne s'est pas engagé pour se retrouver enfermé à la caserne de la Grande Rivière.

Éric Colmon, qu'il a connu sur la *Jeanne*, lui propose de l'héberger dans l'appartement qu'il loue près de la mairie avec un autre copain, Armand Cronis. Le soir, il pourra désormais sortir en civil et rentrer dormir à l'heure qu'il souhaite. Et il ne s'en prive pas. Ce n'est pas « les gaîtés de l'escadron » mais « les quatre cents coups à Brest ». Avec Éric, beau gosse lui aussi, c'est à qui séduira le plus de filles. Quand ils ne vont pas au Siam, un bar où se retrouvent les matafs, ils sont à la rhumerie juste en face.

Ils fréquentent une boîte au Relecq-Kerhuon et, parfois, se font inviter dans des mariages locaux pour faire le coup du « canapé breton ».

Le week-end, Bernard retrouve Patrick Drouard pour faire de la voile. À bord d'un Corsaire Jog du Club nautique des équipages, ils font le tour de l'île Longue, qui n'est pas encore la base des sous-marins nucléaires.

Un soir, Bernard assiste à une représentation de *L'Aigle à deux têtes* de Cocteau, avec Edwige Feuillère.

— Je n'ai pas écouté la pièce jusqu'au bout car je n'en étais pas capable. J'ai découvert un univers à part. Mon envie d'être comédien ne s'est pas déclarée tout de suite, mais tout a commencé là[1].

À l'arsenal, Bernard est affecté sur le *Clemenceau*, porte-avions emblématique de la Marine, alors au carénage. Un boulot toujours aussi sinistre, à l'opposé de ses rêves d'aventure. Il lui reste un an à tirer. À vingt ans, c'est une éternité.

— Je veux me barrer, je vais me faire réformer, lâche-t-il un soir à Éric Colmon.

— Comment tu vas faire ?

— Je vais me faire passer pour fou.

Et il tient parole.

— Le soir, il s'entraînait devant la glace de la chambre. Il tournait la tête dans tous les sens, il se mettait à baver. Parfois, je lui disais : « Ça va faire trop. » Mais, dans l'ensemble, ça faisait vrai.

Tous les matins, il se rend à l'hôpital maritime. Les médecins le prennent tellement au sérieux qu'ils décident de l'interner et de prévenir sa famille. Prévenue par les autorités, Claudie, sa mère, accourt de La Rochelle, affolée. Il l'accueille d'un tonitruant :

---

1. « Le Divan », 9 décembre 1990.

— Mais qu'est-ce que tu fous là ?

A-t-il entièrement simulé ? Dans *Les Dames de nage*, Bernard évoquera « une feinte dépression dont je doute aujourd'hui qu'elle fut feinte ». On ne joue pas impunément avec le feu quand on est chauffé à blanc : de toute évidence, il s'est laissé rattraper et même dépasser par cette folie qu'il ne voulait que jouer. Vis-à-vis de sa sœur Elizabeth, inquiète, il joue ouvertement la carte de la crise de nerfs. Le 14 novembre, il lui adresse une longue lettre précédée de la mention « à conserver », comme s'il voulait prendre date :

> *Je te remercie vivement de tes conseils, c'est très gentil de vouloir me raisonner. Crise de nerfs ou dépression nerveuse est difficilement raisonnable. Quand cela arrive, l'être qui subit le choc n'est plus maître de lui-même mais uniquement commandé par ses nerfs. Du fait que cela est dû à l'armée, les médecins ne peuvent m'y renvoyer car ce serait un échec.* [...]
>
> *Les nerfs sont des organes plus ou moins sensibles, suivant l'individu, et pour ma part, ils ont lâché.*
>
> *Je ne supporte pas les contraintes (ou plus exactement mes nerfs ne supportent pas).* [...]
>
> *Papa et maman fondaient des espoirs sur mon compte, mais qu'ils se disent que je n'ai que dix-neuf ans. Je travaille et moi aussi j'espère réussir.*
>
> *Il ne faut pas être pressé et surtout me faire confiance.*
>
> *Je connais mes possibilités et si les résultats ne sont pas présents, ils le seront plus tard.*
>
> *Il faut guérir mon instabilité par l'instabilité (j'espère que tu me comprends) comme l'on combat le mal par le mal.*
>
> *Elizabeth, tu me parles de regrets, je n'ai jamais regretté mes actes, ni ma façon d'agir. C'est idiot de regretter car cela ne sert à rien et on ne doit pas vivre dans le souvenir, mais dans le présent et pour l'avenir.*

Il est nécessaire de faire ce qui nous semble le mieux adapté à notre personnalité. [...]

Depuis bientôt quatre années, j'ai quitté la maison et je crois pouvoir dire que je ne suis pas un « petit chien perdu sans collier ».

Pardonne aussi mon écriture qui est un peu nerveuse.

Je t'embrasse.

Ton petit frère.

Bernard.

Le 24 novembre 1966, Bernard quitte Brest définitivement.

« RDSF », précise sa fiche matriculaire.

Renvoyé dans ses foyers.

7

À la recherche de soi

Son père ne comprend pas. Comment son fils peut-il à ce point hypothéquer son avenir?

Bernard n'est pas en conflit avec son père, c'est son père qui va entrer en conflit avec lui. Dans ses courriers, il n'apparaît jamais en rébellion contre ses parents – au contraire.

Seulement, à cette époque-là, surtout dans une ville moyenne de province, les jeunes n'ont pas la parole. Mai 68 n'a pas encore fait éclater les coutures du vieux monde et Giscard n'a pas encore abaissé la majorité à dix-huit ans. Il écrit alors à sa sœur Elizabeth :

> *Tu me dis qu'à mes vingt et un ans je serai libre et n'aurai à m'occuper de personne.*
>
> *Tes conceptions là-dessus sont totalement différentes des miennes. Vingt et un ans, la majorité, c'est bien beau, mais c'est uniquement une loi et je ne m'en occupe guère. Je devrai toute ma vie quelque chose à mes parents, comme toi d'ailleurs.*
>
> *Il ne faut pas oublier qu'ils sont gentils avec nous et qu'ils font le maximum pour que nous réussissions. Mais, me diras-tu, tout ce qu'ils ont fait pour toi ne sert à rien? Comment, Elizabeth? Bien au contraire, je n'oublie pas l'éducation, durant mon plus jeune âge, les*

scouts, les études, les cadeaux, l'argent et bien d'autres choses que j'oublie sur le moment, la tendresse, le bonheur qu'ils nous apportent. Il ne faut donc pas dire cela. On n'empêche pas l'idéal dans la vie puisque c'est le domaine de l'intouchable. Nous pouvons avoir nos désirs, nos conceptions, nos idées, tout en n'oubliant pas les parents qui en sont un peu les artisans. Je sais très bien que tu voulais me dire par là qu'à vingt et un ans je serai responsable de mes actes. Personnellement, j'estime qu'à mon âge, l'on est déjà responsable de ses actes.

Pour René, ancien adjudant-chef, la réforme de Bernard est un désaveu personnel : n'a-t-il pas voué sa vie à l'armée, au risque de s'éloigner de sa propre famille ? Il recommande son fils à l'usine Simca de Périgny, juste à côté de La Rochelle. Bernard sera contrôleur en bout de chaîne : son travail consiste à vérifier les poulies pour courroies de ventilateur de la nouvelle Simca 1100. Tous les jours, sa mère lui prépare sa gamelle. Comme à l'arsenal de Brest, Bernard étouffe dans ce navire immobile où les « quarts » s'appellent désormais « trois-huit ». Sur son établi, il écrit à la craie : « Simca, le royaume de l'aventure pour une jeunesse avide de grands espaces. »

Travailler pour gagner sa vie ? Oui, bien sûr, mais il ne s'est pas fait réformer pour mener cette vie-là. La même qu'à l'armée, l'uniforme en moins. Pour se réinsérer dans la vie civile, il a besoin de temps. Alors il passe ses journées à errer dans La Rochelle. Quand il n'est pas au bistrot, il fréquente la cinémathèque de la rue Chef-de-Ville. Découverte des chefs-d'œuvre d'Hawks, Welles, Becker et – son chouchou – Kurosawa, dont il revoit *Barberousse* en boucle.

— À la fin du mois, raconte Elizabeth, le pot aux roses a été découvert : il n'y a pas eu de paye.

Grosse colère de son père qui lui lâche alors :

— Tu reviendras à la maison quand tu auras trouvé du travail.

Exactement comme son propre père, lorsque lui-même traînait des pieds pour aller travailler à la boulangerie !

Rupture. Bernard fait ses affaires et va dormir dans la buanderie de sa grand-mère – qui habite la maison d'à côté – puis, à droite ou à gauche, chez des copains.

Pour gagner sa vie, il travaille à l'encan, sur le port. De 2 à 8 heures du matin, il porte des caisses de poisson. Il se lève en milieu d'après-midi et commence ses journées par un verre de whisky, à la Robert Mitchum. L'aventure au fond de la bouteille, pour oublier qu'il est revenu au point de départ. S'en aller? Ou rester à La Rochelle? Il ne sait pas encore, mais il aime l'idée d'être prêt à repartir. Il se perd pour se trouver.

Un jour, il apprend que la Maison de la culture de La Rochelle recherche un machino pour monter les décors et régler les éclairages. Il se présente. Entretien d'embauche avec Marie-Claire Valène, chargée des mises en scène.

— Il faut qu'il reste avec nous, lâche-t-elle à Guy Épaud, l'attaché de direction, qui voit débarquer Bernard avec son gros sac de marin pour tout bagage.

— Si vous voulez de moi, c'est tout de suite, réplique Bernard.

Guy Épaud l'invite à déjeuner. Il comprend qu'il ne sait pas où habiter.

— Va à la Cafeteria (un café sur le Vieux-Port, ouvert tard le soir, où la troupe a ses habitudes). Il y a un double des clés de chez moi, tu les prends et tu t'installes.

Chez Guy Épaud, 24 rue du Duc, Bernard rapporte les souvenirs achetés durant son tour du monde : un chapeau chinois, un gant de base-ball, etc. Il y restera près d'un an. Car, à la Maison de la culture, il s'est trouvé plus qu'une autre famille : une vocation.

— Je m'attendais à subir des clowns et j'ai rencontré des gens passionnants, très proches de mon univers, de ce que j'avais envie de dire et de faire. J'ai tout de suite eu l'intuition que je pouvais avoir des contacts très enrichissants. Cela aurait été stupide et suicidaire d'aller chercher plus loin[1].

1. Mara Villiers, Gilles Gressard, *Stars d'aujourd'hui*, Ramsay, 1988.

8

La maison de Colette

Très vite, à la Maison de la culture de La Rochelle, on lui confie des petits rôles. Des « panouilles ». Bernard n'a aucun rêve de gloire ou de vedettariat. Mais il se sent « bien » au milieu de ces gens, il aime leur manière de se remettre perpétuellement en question, de se chercher pour composer leurs personnages. Jouer, c'est aussi voyager à l'intérieur de soi-même.

Marie-Claire Valène, qui perçoit son potentiel d'acteur, le trouve un peu encombré de son corps. Elle lui conseille de prendre des cours de danse.

Née à Grenade, en Espagne, abandonnée dans un orphelinat puis adoptée par le médecin de Nuaillé-d'Aunis, près de La Rochelle, Colette Milner étudie la danse avec Lioubov Egorova, à Paris, dans la même classe que Maurice Béjart. Entrée dans la troupe du marquis de Cuevas, elle devient prof à La Rochelle où elle crée l'un des premiers cours ouverts aux hommes, après Paris et Lyon. C'est chez elle que débarque le jeune Giraudeau.

— Il ne marchait pas, il chaloupait, se souvient-elle. Il se déplaçait jambes écartées, en dodelinant.

Bernard a vingt ans, l'âge où les élèves de Colette raccrochent en général les chaussons.

— Je n'ai jamais vu quelqu'un travailler autant. Il assistait à tous mes cours, trois heures par jour!

Perfectionniste, déjà. Et colérique, toujours.

— Quand on commence les pirouettes, forcément, on les rate. Lui aussi les ratait. Je le voyais donner des coups de pied dans l'armoire ou casser une chaise. Après, il revenait et... réussissait!

Cette hargne ne le quittera plus.

*

Parallèlement à la danse, il commence à faire du cheval dans une propriété proche d'Aytré, toujours pour apprendre à se tenir droit.

— Le soir même, on avait l'impression qu'il en avait fait toute sa vie, se souvient Guy Épaud.

Il apprend également l'escrime pour les duels à fleuret moucheté.

Pour mettre un peu de beurre dans ses épinards, Guy Épaud lui propose de vendre des placards publicitaires dans le journal de la Maison de la culture: il reçoit une commission sur les budgets qu'il apporte. Il confectionne également des bracelets et des colliers en cuivre, qu'il revend à une boutique du centre de La Rochelle. Déjà sûr de ses opinions de gauche, il colle des affiches pour le futur maire de La Rochelle, Michel Crépeau.

Guy et Bernard finissent par emménager dans un appartement plus grand, rue des Dames. Entre eux, ils ont un code: à la porte, la disposition d'une paire de sabots indique si Bernard est seul ou accompagné.

— À l'époque, il ne se fixait pas, se souvient Guy Épaud.

Dans les boîtes de La Rochelle, au Tropicana comme à La Boucane, Bernard fait des ravages. Il danse le rock à la perfection.

— J'aimais les filles et elles me le rendaient bien, se souvient Jean-Louis Foulquier, qui l'a connu à cette époque. Mais à côté de lui, j'avais du boulot ! Pour elles, c'était un dieu. Toutes fantasmaient sur lui, certaines s'inventaient même des histoires…

Lorsque Guy Épaud rencontre celle qui deviendra sa femme, Bernard emménage rue Albert-Ier avec Jacques Denis, un autre employé de la Maison de la culture, et Patrick Drouard, ancien de la *Jeanne d'Arc*, à qui Bernard a trouvé un boulot à l'école de voile de La Rochelle après sa démobilisation. Le week-end, ils pêchent le bar au phare des Baleines, sur l'île de Ré. Un jour, faute de poêle, Bernard fait cuire un œuf sur un caillou dans un feu de bois : un reste de sa période scout. Une autre fois, ils convoieront un Alizio jusqu'à La Trinité.

— Ce n'était pas un voileux comme moi, mais il aimait bien, se souvient Patrick Drouard.

Mais l'essentiel de son temps, Bernard le consacre à sa nouvelle passion : le spectacle. Pas une journée sans qu'il ne perfectionne ses entrechats. Il pousse même ses frères à s'y mettre : François préférera les sports collectifs, Philippe deviendra l'un des plus talentueux danseurs de sa génération.

Fasciné par Colette Milner, qui incarne à ses yeux l'expérience, le savoir, l'élégance, l'initiation, il habite de plus en plus souvent chez elle et son mari, vétérinaire, à Nuaillé-d'Aunis, au milieu des canaux peuplés de carpes, de brochets et d'anguilles. Il aime cette vaste propriété vieille de deux siècles, pleine d'animaux, où il a sa chambre. C'est son deuxième chez-lui. Il coupe le bois pour la cheminée, plante une haie de troènes, transforme en cabane une ruine au fond du jardin, concocte de bons petits plats, un gigot à la ficelle ou un lapin aux oignons – il est déjà excellent cuisinier. Parfois, il se sert de la poignée du four comme d'une barre pour travailler ses pointes. L'été, des jeunes filles viennent en stage chez Colette. Elles campent dans son jardin. Bernard passe d'une tente à l'autre…

Il règne dans cette « maison de papier », pour reprendre le titre du roman générationnel de Françoise Mallet-Joris, une légèreté qu'il n'a jamais connue et qui le ravit. C'est une sorte de « communauté » familiale où souffle l'esprit de Mai 68. En un mot, pour la première fois de sa vie, Bernard se sent libre.

— Pour nous, c'était une bouffée d'air frais, se souvient son frère Philippe, qui a lui aussi beaucoup fréquenté Nuaillé-d'Aunis. Colette est une belle femme, ouverte, gaie, généreuse, énergique, excentrique, débordante d'imagination. *Free spirit.* Il y avait toujours du monde, on était toujours les bienvenus, on n'avait pas besoin de prévenir avant d'arriver. Et quand on lui disait qu'on ne venait pas, elle répondait : « Dommage ! » Bernard avait le droit de tout faire, il était le roi.

Il est plus blagueur et farceur que jamais. Un jour où Colette et son mari partent chercher un ami à la gare, soudain, plus de Bernard. Il s'est couché les bras en croix sur la voie ferrée, vociférant : « Paix au Viêtnam ! » Déjà revendicateur. Un autre jour, Colette s'arrête prendre de l'essence. Le temps de payer, Bernard a disparu. Elle reprend la route : cinq kilomètres plus loin, elle le retrouve en train de faire du stop : il était monté dans une autre voiture à la station-service.

A-t-il un moment envisagé de se consacrer entièrement à la danse ?

— C'était un très bon danseur, très expressif avec ses bras, il sautait haut et bien, se souvient Colette. En revanche, il n'avait pas de coup de pied : le sien était un peu raide et ne se tendait pas complètement. À mon avis, il aurait pu s'en sortir, surtout s'il avait opté pour la danse contemporaine, mais ça le perturbait profondément. Il était très perfectionniste, ce qui le rendait difficile à vivre : souvent, il m'en voulait de ne pas être assez sévère avec lui. À ses yeux, j'étais trop cool.

De son côté, il assure :

— J'ai toujours su que je ne serais pas un grand danseur. Il faut toujours que j'aie le sentiment d'avancer, d'aller vers un épanouissement plus grand. J'ai choisi la comédie[1]...

Côté théâtre, Bernard enchaîne les petits rôles, dans *Les Mouches* de Sartre, *Le Malade imaginaire* de Molière ou *La Mégère apprivoisée* de Shakespeare – une petite dizaine de pièces au total.

Jean Mauroy, le directeur de la Maison de la culture, est enthousiaste :

— Il était très inventif et très créatif. Il avait toujours quelque chose de nouveau à apporter. Je me souviens de *Knock*, que j'avais mis en scène : il n'avait rien à dire, mais, tout d'un coup, il a su créer un personnage. Il en a fait un « rôle »[2].

Il aime jouer mais, de toute évidence, préfère danser. Le vrai déclic a lieu avec *Le Baladin du monde occidental*, de l'Irlandais John M. Synge. Dans cette fable populaire, un jeune homme débarque dans une auberge, prétendant avoir tué son père d'un coup de bêche. Il est célébré comme un héros jusqu'au jour où réapparaît son père...

Tous les rôles n'ont pas encore été distribués lorsque, pendant une séance de travail, Marie-Claire Valène demande à Bernard de lire la dernière partie de la pièce.

1. *Studio*, mars 1987.

2. « Vivement dimanche », France 2, 12 octobre 2003.

Il s'acquitte de sa tâche si brillamment qu'elle lui confie le rôle principal.

— C'est dans ce rôle que je me suis éclaté, que j'ai découvert que je pouvais être acteur. Tout d'un coup, j'ai ressenti ce contact avec le public. Sans doute y avait-il encore beaucoup de travail à faire, mais c'est certainement à partir de ce moment-là que j'ai décidé de vraiment faire ce métier, d'en vivre[1].

*

Début 1970. Guillaume Kergourlay, qui dirige le département théâtre de la Maison de la culture de Grenoble, a programmé sa nouvelle pièce, *Tard dans la nuit*, montée par la Comédie des Alpes, dans une mise en scène de l'Argentin Alberto Rody. Il a proposé à Bernard l'un des rôles – son premier vrai contrat d'acteur.

Bernard rejoint Grenoble à moto, une BMW 250cc qu'il vient de s'offrir, et se met au travail. Le soir de la première répétition, les autres comédiens se tournent vers Guillaume Kergourlay :

— Mais où l'as-tu trouvé ?

Guillaume Kergourlay n'a pas à regretter son choix :

— Pour nous tous, c'était une vraie révélation. Il n'avait rien à apprendre et il était mûr pour résister au succès.

À l'issue des représentations, René Lesage, directeur de la Comédie des Alpes, lui propose un contrat. Mais Bernard refuse : il a déjà prévu de s'installer dans la capitale.

— Il ne rêvait pas de Paris, mais d'être le meilleur.

---

1. *Première*, janvier 1984.

DEUXIÈME PARTIE

LE CONQUÉRANT

« Il n'avait pas trouvé d'endroit où se fixer définitivement. Il s'était adapté partout, avait plu partout et à tout le monde à cause de facilité au travail et au jeu... Mais jamais il n'avait pris racine. Il s'était adapté suffisamment pour satisfaire les autres, mais non pour se satisfaire lui-même. »

Jack LONDON, *Martin Eden*

9

Paris est une fête

En ce début des années 1970, le monde du théâtre est en pleine transformation. Mai 68 a bousculé les repères. Un nouveau genre est en pleine expansion : le café-théâtre. On s'affranchit des codes pour présenter des spectacles ébouriffants, diablement libres. Pas besoin de formation pour se lancer, il suffit de retrousser ses manches : dès 1969, une bande de joyeux drilles, agrégés autour de Romain Bouteille, met les mains dans le plâtre pour bâtir le Café de la Gare : Gérard Lanvin, ancien vendeur de fripes des puces, Michel Colucci, futur Coluche, fleuriste, Sylvette Héry, qui ne s'appelle pas encore Miou-Miou, apprentie tapissière.

Bernard Giraudeau, qui a déjà une vie derrière lui, pourrait les rejoindre. Mais ses débuts à La Rochelle l'ont inscrit dans le circuit culturel classique et lui ont donné le goût des grands rôles du répertoire. Et puis, l'ancien mécanicien de la Marine connaît la valeur de l'apprentissage.

Il commence donc par s'inscrire chez Jean-Laurent Cochet, qui dirige un cours d'art dramatique parmi les plus courus de la capitale.

Qu'est-ce qui fait que deux êtres deviennent copains ? Pourquoi Bernard Giraudeau va-t-il se lier avec Daniel

Russo plutôt qu'avec Richard Berry ou André Dussollier, qui fréquentent tous deux la même école de théâtre que lui?

— Cela s'est fait comme ça, se souvient Daniel Russo. On est allés boire un coup après un cours et on est restés inséparables.

À l'époque, Bernard n'a pas de logement dans la capitale. Daniel habite un petit deux pièces, rue Marjolin, à Levallois, où il a l'habitude d'accueillir ses copains. Bernard dort sur le canapé.

Ancien pensionnaire de la Comédie-Française formé par Maurice Escande et Béatrix Dussane, Jean-Laurent Cochet est un professeur dans la grande tradition. Ses élèves l'appellent « maître » et il croit plus que tout au travail, à une époque où l'on ne jure que par l'inspiration. Chaque matin de 10 heures à 13 heures, dimanche compris, dans la grande salle de répétition du théâtre Édouard-VII, il pousse ses élèves à puiser au fond d'eux leurs émotions, tout en peaufinant leur technique. L'après-midi, Odette Laure leur fait travailler la respiration ou l'improvisation.

Cet apprentissage laborieux, au sens premier, motive Bernard. Il a été le premier à Saint-Mandrier, il veut être le meilleur chez Cochet.

— Je l'ai tout de suite remarqué car il travaillait presque avec violence, se souvient Jean-Laurent Cochet. Il en voulait. Il avait une volonté incroyable, une vraie ténacité. Il manquait un peu de spontanéité, mais il avait un grand besoin de précision et de rigueur.

Le professeur est séduit par « sa voix bien timbrée et sa belle accentuation ». Il aime aussi son maintien, toujours impeccable. Un jour où il a fait venir Arletty, un élève lance à l'interprète des *Enfants du paradis*:

— Un dernier mot?

— De la tenue !

De la tenue, Bernard en a. La danse lui a donné du maintien qu'apprécie Jean-Laurent Cochet.

— Il avait une élégance naturelle. Il était très racé.

Un jour, le professeur trouve en arrivant la majorité de ses élèves affalés. Bernard est roide comme un *i*.

— Regardez-le ! Prenez exemple sur lui !

À la fin du cours, tout le monde le charrie. Pourtant, Bernard n'est pas ce qu'on peut appeler le prototype du bon élève. Bosseur, oui, mais pas docile. Il a du caractère.

— Il avait une beauté juvénile, mais il n'était pas jeune dans sa tête, analyse Jean-Laurent Cochet. C'était un personnage sinon complexe, du moins disparate. Comme les timides qui se forcent à avoir l'air dur, il avait un côté glacé, l'œil gris, couleur silex, comme s'il était toujours en train de vous juger. Il avait un côté perpétuellement sur le qui-vive. Il pouvait se montrer buté, donnant l'impression qu'il avait du mal à admettre ce qu'on lui disait.

Quand Jean-Laurent Cochet lui demande de travailler une scène, il n'est pas rare qu'il en présente… une autre. Il ne veut pas se laisser enfermer dans un registre : il veut jouer les premiers romantiques comme les valets de comédie.

— Il n'était pas à proprement parler rebelle, se souvient Daniel Russo. Plutôt du genre à penser : le prof a raison, mais je n'ai pas forcément tort. Quand il avait envie de faire quelque chose, il le faisait. Pas par désobéissance, mais pour aller plus loin.

*

Daniel Russo et Bernard Giraudeau partagent tout : les copains, les rêves, les gros plats de pâtes et les virées avec les filles.

— Quand on était avec lui, c'était plus facile. Beau comme il était, il les attirait toutes. C'était une époque sans argent, mais on était riches dans la tête. On ne pensait pas au haut de l'affiche, on ne voulait pas être des vedettes, on voulait vivre de notre passion.

Bernard et Daniel finissent par s'acheter chacun un Solex, « la bicyclette qui roule toute seule » aux dires du slogan publicitaire, même s'il faut souvent pédaler pour l'aider à monter les côtes les plus ardues. Le soir, ils courent les pièces, les fêtes, les anniversaires, les bistrots après le dernier métro, sans avoir de quoi se payer un taxi, bien au-dessus de leurs moyens.

Très vite, le duo devient trio : les deux larrons prennent sous leur coupe un jeune Anglais venu tenter sa chance à Paris, Benjamin Feitelson. Ils finissent souvent la soirée au Sherwood, un piano-bar de la rue Daunou, non loin du mythique Harry's Bar, ouvert toute la nuit. La salle du sous-sol est alors le QG de toute la nouvelle génération de comédiens. On y croise Jacques Weber, Jacques Spiesser, Jean-François Balmer, Jacques Villeret. Unis par la même passion des planches et des grands textes, ils dînent, boivent, discutent, rêvent jusqu'à l'aube. Ils font à la fois la fermeture et la réouverture de l'établissement. Le patron, Georges, a un faible pour eux. Il leur fait crédit jusqu'à leur prochain contrat. Parfois, il efface l'ardoise…

Richard Bohringer, Philippe Léotard et Roland Blanche sont aussi des piliers de l'établissement. Ils boivent plus que les autres…

— On était les gardiens de nuit, se souvient Richard Bohringer. Bernard faisait rarement la fête avec nous mais, quand il la faisait, il était redoutable comme un marin ! Il avait déjà une patate incroyable. Une appétence formidable. Il était enfiévré de ce qu'il avait vécu, de ce qu'il vivait et de ce qu'il allait vivre. C'était « l'homme pressé »...

Paris est une fête.

10

Le Conservatoire

Un soir, Bernard assiste à *Un chapeau de paille d'Italie* au Théâtre de la Ville. Dans les coulisses, Jacques Fabbri remarque le jeune homme :

— Dis donc, toi, tu ne jouerais pas mon fils dans le spectacle que je prépare ?

Le comédien, que son physique a toujours encombré, voit en Bernard le jeune premier qu'il aurait aimé être. Le fils idéal. Il prépare pour la rentrée de septembre *Pauvre France*, de Ron Clark et Sam Bobrick, adapté en français par Jean Cau. L'histoire d'un teinturier de Limoges, quitté par sa femme, qui débarque chez son fils et découvre qu'il vit avec un homme. Pour le remettre dans le droit chemin, le père fait venir une prostituée en porte-jarretelles et jupe de vinyle blanc. Mais, à la fin, c'est le père qui finit dans les bras du fiancé du fiston…

Rendez-vous est pris au théâtre Fontaine pour une audition. Le producteur Arthur Lesser, mari de Patachou, et Michel Roux, le metteur en scène, sont conquis. Bernard repart avec son premier engagement à Paris. Désormais, il y aura de la sauce tomate avec les pâtes. Dès la première, tous les regards sont tournés vers lui.

— C'était une bombe, personne ne pouvait lui résister, se souvient Bernard Alane, qui joue le rôle de son amant. Il avait un physique solaire. Je me disais : il va avoir le monde à ses pieds. On avait le même âge, moi, j'étais déjà démodé…

Durant les répétitions, Bernard ne se laisse pas démonter par le metteur en scène, Michel Roux, surnommé « Marrant glacé », qui arrive aux répétitions avec son attaché-case et repart à 18 heures pile.

— Il avait une expérience de la vie qu'on n'avait pas, poursuit Bernard Alane. Il respectait les gens qui méritaient de l'être ; les autres, il s'en fichait. Il n'était pas embarrassé par ce qu'on nous avait appris : les adultes parlent, les jeunes se taisent.

Chaque soir, la salle est pleine. En pleine mutation des mœurs, cette comédie sur la tolérance fait mouche. Les parents de Bernard « montent » à Paris applaudir leur enfant prodige, non sans fierté. Parfois, une jeune femme au visage constellé de taches de rousseur vient le chercher à la sortie des artistes. Elle porte une frange et s'appelle Isabelle Huppert. Ils se sont rencontrés au cours de Jean-Laurent Cochet…

Au total, la pièce connaîtra cinq cent trente représentations. Mais Bernard n'aime pas les voyages au long cours : dès la fin de la première saison, il déclare son intention de débarquer. Pas envie de se laisser enfermer dans un rôle dont il a fait le tour, et moins encore dans le théâtre de boulevard. Jacques Fabbri et Arthur Lesser comprennent ses envies d'ailleurs et le remplacent par Jean-Pierre Bouvier.

Pauvre France lui a valu de nombreuses propositions. Le soir, il joue au côté de Jacques Fabbri ; l'après-midi, il tourne *La Porteuse de pain* où il retrouve son partenaire de la pièce, Bernard Alane. En cours d'année, il a participé aux premières répétitions du Big Bazar : en fait d'« Autoroute des vacances », le premier tube de la troupe de Michel Fugain, il fait le tour des plateaux télé. Il a même entraîné Daniel Russo et Benjamin dans l'aventure.

Pour la rentrée 1972, il a déjà un contrat : *La Camisole*, de Joe Orton, au côté de Jacques Mauclair. Un personnage de travesti. Mais il ne se laisse pas griser par une carrière parisienne qui commence sur les chapeaux de roues. Fort de ses premiers cachets, il négocie un prêt au Crédit agricole et achète un studio au dernier étage du 46 de la rue Volta. Il le retape lui-même. Il a ce bon sens provincial qui lui rappelle que rien n'est jamais gagné et qu'il faut se mettre à l'abri pour avoir l'esprit libre. Un toit pour mieux papillonner – le port auquel on revient toujours.

Surtout, il n'a pas la forfanterie de considérer que son apprentissage est achevé.

*

Fils d'un décorateur destiné à reprendre l'entreprise familiale, Daniel Russo veut prouver à son père qu'il est plus doué pour l'art dramatique que pour les pinceaux et les clous de tapissier. Il est persuadé d'être fait pour le théâtre. Son père lui a dit : « Prouve-le-moi. » Il passe les concours comme d'autres passent les examens d'entrée aux grandes écoles : pour montrer à ses parents qu'il vaut quelque chose. Après l'école de la rue Blanche, il est reçu au Conservatoire. Dès lors, il n'arrête pas de tanner Bernard :

— Viens au Conservatoire !

— C'est trois ans coupés du monde, lui rétorque Bernard.

— Mais non. Si tu as un engagement, tu peux jouer le soir !

Devant l'insistance de son ami, Bernard finit par passer le concours d'entrée.

Il est reçu, bien sûr.

Benjamin suivra les cours en auditeur libre. Le trio, toujours…

*

Situé dans le IXe arrondissement, le Conservatoire de Paris est la cathédrale du théâtre. L'église Sainte-Cécile, qui le jouxte, est la seule de la capitale à ne pas avoir de cloche, afin de ne pas gêner le travail des élèves durant les répétitions et les représentations. Drôle de retournement, quand on sait qu'au temps de Molière les comédiens étaient excommuniés et enterrés en cachette dans la fosse commune.

Antoine Vitez et Pierre Debauche, qui donnent déjà des cours, considèrent les anciens du Conservatoire comme des acteurs bourgeois de sous-préfecture, mais ils n'ont pas encore pris le pouvoir. C'est dans la classe de Robert Manuel que débarque Bernard Giraudeau. Très vite, il se lie avec la fille d'un chanteur d'opérette et petite-fille d'un chanteur d'opéra, Frédérique Tirmont.

— C'était difficile, en tant que femme, de ne pas craquer devant lui. Il n'était pas séducteur, c'était au-delà. Il dégageait une aura incroyable, et pas seulement à cause de ses beaux yeux bleus. C'était un ange tellement il était lumineux.

Ils ont la passion du théâtre. Ils partagent aussi le goût de la danse – Frédérique Tirmont a longtemps caressé le rêve de se consacrer aux entrechats. De là vient sûrement leur même posture : droite, un peu altière. Ils s'imposent une discipline de vie. Rue Volta, le menu est presque toujours le même : steak de cheval – censé donner de la vitalité – et haricots verts. Mais quelque chose, irrémédiablement, éloigne Frédérique de Bernard.

— Ce n'était pas quelqu'un avec qui on pouvait rester. On n'arrivait pas à le cerner. On ne savait pas si on comptait. Il n'était pas câlin. On était là et puis voilà… Il ne disait rien. Il était bloqué. Insaisissable. Ailleurs. Sa communication avec les autres passait par le théâtre. En dehors, il était renfermé. On sentait un monde intérieur douloureux. Ça ne devait pas être facile pour lui. Il avait une vraie dichotomie : généreux sur les planches, mais silencieux dans la vie. À la maison, il pouvait rester une journée sans rien dire. Si j'avais tenu le coup, peut-être que ça aurait duré plus longtemps.

La dernière fois qu'ils se sont vus, c'était chez leur agent commun, Danielle Gain, deux ans avant sa mort.

— C'était la première fois qu'il me parlait *vraiment*, qu'il me regardait *vraiment*, qu'il me demandait comment j'allais *vraiment*.

Impression d'un gâchis. Regret d'avoir été trop pressée, de ne pas lui avoir laissé sa chance. Conscience, aussi, que cet homme a finalement bien plus compté dans sa vie qu'elle ne veut (se) le dire.

— J'avais vingt ans. J'étais une petite fille. Notre histoire reste une énigme pour moi, conclut-elle.

11

Premier prix

Début 1973, Jean-Laurent Cochet met en scène *La Reine de Césarée* de Robert Brasillach au Théâtre Moderne, qui deviendra le Petit Théâtre de Paris. Jacqueline Gauthier joue la reine et Pierre Vaneck, Titus. Pour le rôle du conseiller de l'empereur, il pense tout de suite à Bernard Giraudeau.

— C'est un personnage très ambitieux et très froid, un rôle d'une grande autorité, dans lequel il a été excellent.

Dans la pièce, c'est Bernard qui lance la première réplique :

La guerre est une belle chose…

D'emblée, il irradie. Dans un petit rôle, Béatrice Agenin, elle aussi élève du Conservatoire, mais dans la classe de Lise Delamare, se révèle tout aussi excellente. « En une soirée, on découvre en Bernard Giraudeau et Béatrice Agenin, deux des meilleurs comédiens de l'avenir », jugera l'un des critiques les plus estimés du moment, Matthieu Galey.

Dans les coulisses, Bernard et Béatrice apprennent à se découvrir. Coïncidence : elle est la meilleure amie de Frédérique Tirmont. Elles se sont connues sur les bancs du lycée Pasteur, à Neuilly. Elle tâtonne dans la vie et en amour. Timide, timorée, mal assurée, elle est fascinée par la puissance, la volonté, l'énergie de Bernard. Ses parents viennent de lui acheter un appartement boulevard de Clichy ; quelques jours plus tard, elle s'installe rue Volta.

— Cela s'est imposé, comme une évidence, se souvient Béatrice Agenin. Il n'était pas démonstratif. La situation lui a convenu et, dans un certain sens, à moi aussi. C'était la première fois que je vivais en couple. J'attendais les grandes envolées romantiques, mais il était secret et pudique.

Envoûtée par cet homme qui est un peu son contraire, Béatrice suit. Il l'entraîne au Sherwood. Ils traversent la France à moto. Quand Béatrice lui fait découvrir la montagne, il s'y jette à fond. À 10 heures, il s'essaie au chasse-neige sur la piste bleue. À 14 heures, il est sur la piste rouge.

— Cela faisait partie de sa façon de voir la vie : quand on est avec quelqu'un, on fait tout ensemble. Avec lui, il fallait toujours avancer. Ne pas s'endormir. Il était impatient. Il avait quelque chose en lui – dont il pouvait aussi souffrir – qui faisait qu'il ne tolérait pas l'attente. Il y avait toujours mieux à faire que de parler. Il fallait franchir des obstacles. C'était une sorte de guerrier. Il ne faisait pas le coup de poing, mais il livrait un perpétuel combat contre lui-même.

Entre deux virées, Bernard et Béatrice travaillent main dans la main, cœur contre cœur, les scènes qu'ils doivent présenter au Conservatoire. Ils se préparent pour le redouté concours de sortie. On parle déjà de le sacrifier sur l'autel de l'égalitarisme qui caractérise l'enseignement de ces années post-68, mais il reste un précieux passeport pour l'avenir, même s'il crée d'amères désillusions.

Pour quantité d'impétrants, « entrée des artistes » se traduit par « sortie du rêve »...

Si les élèves peuvent concourir dès leur deuxième année, en général seuls les troisième année parviennent à s'imposer. Bernard se lance quand même. Il a choisi le monologue du cinquième acte du *Mariage de Figaro* de Beaumarchais. Des nuits et des nuits, il l'a répété devant Béatrice qui ne lui passe rien. Elle le pousse à y mettre toutes ses tripes, à chercher les failles du personnage derrière sa superbe. Mais, avant de concourir, il doit affronter l'épreuve préliminaire de mai. Jouer devant les seuls professeurs...

> *Oh femme ! femme ! femme ! créature faible et décevante !... nul animal créé ne peut manquer à son instinct : le tien est-il donc de tromper ?*

Difficile de trouver plus « mauvais public » que ces vieux maîtres qui ont vu passer des générations de comédiens : ils prennent des notes, jouent avec leur crayon, bavardent. Ils disposent d'une « sonnette » qu'ils agitent si la prestation n'est pas à leur goût, renvoyant l'élève à ses chères études sans le laisser finir. Mais plus Bernard avance dans son texte, plus leurs regards se fixent sur lui. À la fin, ils se lèvent de concert et l'applaudissent. Une première ou quasiment.

Quelques semaines plus tard, tout le métier s'est donné rendez-vous pour le concours proprement dit : acteurs, mais aussi agents, metteurs en scène et réalisateurs, à l'affût de nouveaux talents. Avant de dire son monologue, Bernard donne la réplique à Martine Chevallier qui joue Chimène dans une scène du *Cid*. Le temps pour Béatrice Agenin de découvrir, sous le masque de l'acteur, un homme qu'elle ne connaissait pas.

— Je voyais un héros démuni, blessé, abandonné, il était absolument magnifique. Je le voyais comme j'aurais voulu qu'il soit avec moi dans la vie…

Arrive enfin sa prestation dans *Le Mariage de Figaro*. Il fait sien cet homme à part, petit révolutionnaire brillant et taciturne :

> *Encore je dis ma gaieté, sans savoir si elle est à moi plus que le reste, ni même quel est ce moi dont je m'occupe : un assemblage informe de parties inconnues ; puis un chétif être imbécile ; un petit animal folâtre ; un jeune homme ardent au plaisir, ayant tous les goûts pour jouir, faisant tous les métiers pour vivre ; maître ici, valet là, selon qu'il plaît à la fortune ! ambitieux par vanité, laborieux par nécessité ; mais paresseux… avec délices ! orateur selon le danger ; poète par délassement ; musicien par occasion ; amoureux par folles bouffées ; j'ai tout vu, tout fait, tout usé. Puis l'illusion s'est détruite, et trop désabusé… Désabusé !… Suzon, Suzon, Suzon ! que tu me donnes de tourments !…*

Le monologue de Figaro dure habituellement sept minutes. Il l'étire sur une dizaine : il a travaillé les silences car, pour lui, les déliés comptent autant que les pleins.

— Pour moi, le théâtre, c'est jouer avec les pulsations du public. C'est comme une harpe, chaque spectateur est une corde. Si la salle était silencieuse, ça me semblait bien de jouer là-dessus[1].

Silencieuse, l'assistance l'est. Muette, le souffle coupé.

— En apnée, résume Philippe, venu soutenir son frère.

Quand elle finit par oublier qu'on est au théâtre et non dans la vraie vie, les bravos fusent à tout rompre.

Le jury se retire pour délibérer, mais il n'y a guère de suspense :

---

1. *Première*, juillet 2003.

— Premier prix de comédie… Bernard Giraudeau.

En bras de chemise dans les coulisses, Bernard enfile en vitesse la veste de Daniel Russo. Lequel, quelques instants plus tard, est appelé sur scène pour le second prix !

— Le regard qu'il m'a adressé à ce moment-là, je ne l'oublierai jamais. Il concentrait tous nos rêves. On se sentait invulnérables. Pourtant, si je ne l'avais pas poussé à entrer au Conservatoire, j'aurais eu le premier prix. Jusqu'à la fin de sa vie, il n'a pas cessé de plaisanter sur le sujet : « Tu n'avais qu'à pas me faire entrer ! »

12

Éducation sentimentale

Pour Bernard Giraudeau, la voie semble toute tracée : depuis des années, un premier prix au Conservatoire ouvre les portes de la Comédie-Française, avec la certitude d'avoir les meilleurs rôles. À l'époque, on y entre comme au carmel : pour la vie. Mais, en cet automne 1974, le jeune homme décide de ne pas rejoindre la maison de Molière, alors administrée par Pierre Dux.

— J'avais peur des contraintes et des engagements à long terme. Peut-être à cause de ma formation de marin, j'aime découvrir des ports et des horizons nouveaux. J'avais besoin de changement et d'être mon propre maître[1].

La dernière fois qu'il a signé un contrat longue durée, c'était pour entrer dans la Marine : il en a pris pour cinq ans. Il a dû se taper la tête contre les murs pour le rompre et en a gardé plus de séquelles qu'il ne veut se l'avouer.

— Il ne supportait pas le moindre bruit, se souvient Béatrice Agenin.

Ce n'est donc pas pour recommencer, même si le Français est autrement plus ouaté que les navires de la Royale, avec ses tentures de velours rouge. L'homme

1. *Stars d'aujourd'hui, op. cit.*

aux semelles de vent ne veut pas s'accrocher de boulets aux pieds.

— À la Comédie-Française, il aurait perdu son temps, analyse Béatrice. Et puis, à l'époque, on remettait en cause tout ce qui avait existé avant. On était en révolte. Il a d'ailleurs bataillé pour qu'on supprime le concours de fin d'année du Conservatoire…

De toute manière, il n'a aucun souci à se faire pour son avenir. Coup sur coup, il joue *Pourquoi la robe d'Anna ne veut pas redescendre* de Tom Eyen au Carré Thorigny, Jorge Lavelli l'engage pour *Sur le fil* d'Arrabal au théâtre de l'Atelier, et Jean Negroni pour *Le Prince de Hombourg* de Kleist à la Maison des arts de Créteil où il reprend, vingt-cinq ans après, un rôle marqué à jamais par Gérard Philipe – raison pour laquelle la pièce n'a jamais été redonnée, mais ce n'est pas un défi propre à le rebuter. Chaque fois, des metteurs en scène pointus et des textes de qualité, afin d'échapper au théâtre de boulevard qui l'a vu triompher dans *Pauvre France*. Ne jamais être là où on l'attend. Choisir pour exister…

La télévision le réclame : il tourne deux épisodes d'*Arsène Lupin*. Même le cinéma lui fait les yeux doux. Après une participation dans *La Poursuite implacable*, un *poliziotto* – polar italien – devenu culte de Sergio Sollima, c'est José Giovanni qui le contacte pour *Deux hommes dans la ville* : Alain Delon, star et producteur du film, l'a repéré au théâtre et souhaite le voir interpréter le fils de Jean Gabin.

Les essais sont concluants, le contrat est signé, mais Jean Gabin a besoin de se sentir en confiance. Le premier jour de tournage, le patriarche rôde dans le hall de l'hôtel.

— Alors, môme, je t'emmène ?

— Pas de problème !

Entre la compagnie de Gabin et une anonyme voiture de production, Bernard n'hésite pas un instant, même s'il est quelque peu déconcerté de le voir se rendre sur le plateau, alors qu'il n'est pas prévu au plan de travail. Gabin s'installe à l'avant de sa DS, à côté de son chauffeur, tandis que Bernard s'engouffre à l'arrière, sur la banquette de cuir avec accoudoir. Sur le chemin, l'atmosphère est conviviale, chaleureuse même.

À peine arrivés, Gabin descend de sa voiture et ouvre le coffre pour en sortir un pliant. Giraudeau se rend à la salle de maquillage. Quand il débarque sur le plateau, il découvre Gabin assis sur son siège, bras croisés, au pied de la caméra. Avant de lui donner la réplique, Gabin a voulu le humer.

Le soir même, Jacques Monod, un vieux comédien rencontré sur le tournage des *Maîtres du pain*, le rassure :

— Le vieux, il t'a à la bonne.

Un jour, alors qu'il doit lui donner la réplique en contrechamp, Bernard se trompe dans son texte. Gabin continue comme si de rien n'était.

— Excusez-moi, monsieur Gabin.

— T'inquiète pas, môme. J'imagine…

Entre deux prises, Gabin lui dit :

— Est-ce que tu crois que lorsque j'ai fait *Le jour se lève*, je pensais que ça serait un chef-d'œuvre ?

Une phrase que Giraudeau n'oubliera pas. Mieux vaut faire – et parfois se tromper – que ne rien faire.

Les deux hommes ont plus que le goût du métier d'acteur en commun. Gabin connaît bien La Rochelle, pour y avoir joué un débardeur devenu riche armateur dans *Le Sang à la tête* de Gilles Grangier. Ils ont les mêmes yeux bleus et, surtout, la même passion de la mer. Gabin a été fusilier marin dans la 2e DB du maréchal Leclerc pendant la Seconde Guerre mondiale. Bernard lui raconte ses « croisières » sur la *Jeanne d'Arc*. Deux ans plus tard, Gabin montera sur le porte-hélicoptères lors d'une émission spéciale présentée par Yves Mourousi : il est venu accompagner son fils Mathias, embarqué à bord.

*

Bernard Giraudeau et Béatrice Agenin continuent de ne pas se quitter. Quand il part pour le Japon, elle l'accompagne ; quand elle joue dans les pays de l'Est, c'est lui qui la rejoint. D'origine berrichonne, elle lui fait découvrir la Creuse. Bernard calcule que la région est à égale distance de Paris et de La Rochelle. Il décide d'y acheter une maison.

— Un jour, nous sommes partis avec Bernard sillonner les routes creusoises, se souvient son frère Philippe. Nous avons découvert une petite bâtisse paumée à vendre, à Chatelus-Malvaleix, où habitaient le fermier et sa mère, Robert et Berthe. Il y avait des poules sur la table de la cuisine, il pleuvait à torrent. Il en est tout de suite tombé amoureux. Un moment heureux et complice…

En fait, une seule pièce est habitable – encore est-elle en terre battue. La chambre sert aussi de cuisine, de salle à manger et de salle de bains. Mais la grange ne demande qu'à être aménagée. Ça ne fait pas peur à Bernard, qui aime travailler de ses mains. Tous ses proches viendront l'aider à tour de rôle – même son père, avec qui il s'est réconcilié avant de quitter La Rochelle. Sa mère a fait tampon :

— Je veux que mon fils puisse revenir à la maison, a-t-elle lâché un jour.

Le père a aussitôt acquiescé.

— En fait, il n'attendait que cela, se souvient Elizabeth.

René, austère et soupe au lait? Oui mais, au fond de lui, un vrai tendre.

*

Parfois, Bernard et Béatrice se disputent.

— C'était difficile d'avoir raison sur lui. Il pouvait y avoir des disputes, mais il ne faisait pas la gueule après. Il ne connaissait pas le ressentiment.

Béatrice est toujours aussi amoureuse :

— Je l'admirais. J'avais confiance en ce qu'il était. Quelqu'un qui ne pouvait pas vous mettre en danger. Il ne prenait pas son temps, mais il n'avançait pas de manière désordonnée. Il aurait simplement fallu qu'il baisse les armes pour qu'on se repose. Lui aimait, je crois, ma résistance passive. Je ne pleurnichais pas pour rien. J'étais solide. Intrépide aussi. On était complémentaires.

Comment Bernard vit-il cette relation, la première qui dure véritablement? De toute évidence, si la *Jeanne d'Arc* a été une formidable école de vie, elle n'a pas été l'« éducation sentimentale » idéale. Il en est sorti affectivement fracassé. Les amours sans lendemain l'ont habitué à se caparaçonner. Le romantisme le déstabilise : il réagit à contretemps. Quand il ne maîtrise pas une situation, il se met en colère et écrit :

> *J'ai peur de l'inexplicable et de l'inexpliqué. J'ai peur un jour de perdre la raison, totalement, irrémédiablement. J'ai peur de ces moments où je ne me contrôle plus, où j'échappe à moi-même*[1].

— Pour lui, faire était plus important que dire, poursuit Béatrice. On parlait de tout, sauf de nous. Le mot

1. Coll. Philippe Giraudeau.

« amour », je ne l'ai jamais entendu. Il n'y avait ni « tu me fais chier » ni « je t'aime », mais il était là. Il pouvait aussi être charmant et déconneur. Il aimait faire le pitre. Sous couvert de rigolade, il faisait passer des petits messages. S'il avait commencé à enlever des bouts de sa coquille, peut-être serait-il devenu incapable d'agir. Je crois que je suis restée pour trouver sa faille : il y avait chez lui quelque chose de shakespearien.

Mais, au fil du temps, le mutisme de Bernard pèse à Béatrice qui, par caractère, est plus portée à la contemplation et au questionnement qu'à l'action.

— On allait dans la maison de la Creuse, mais je n'y laissais pas mon ombre. On parlait d'un enfant, mais j'avais l'impression qu'on allait vers rien. Je ne pouvais pas m'engager davantage sans avoir tout mis à plat.

Pour faire le point, être enfin sûre des sentiments de cet homme qui ne lui dit jamais rien, elle joue le tout pour le tout : elle quitte la rue Volta. Physiquement. Mais, dans sa tête, elle est toujours avec lui.

Quelques jours plus tard, ils se retrouvent devant la Comédie-Française. Béatrice n'a qu'une envie : qu'il lui demande de revenir. Mais il ne répond pas à ses interrogations – ou, du moins, il répond à côté.

— Si tu tiens à moi, prends-moi comme je suis, lui lance-t-il.

Elle ne répond pas.

— J'attendais qu'il me prenne par la main et m'emmène.

Bernard finit par s'éloigner, sans lui tourner le dos.

— S'il m'avait dit quelque chose, je me serais accrochée. Plus on allait dans le temps, plus il s'attendrissait. On n'a pas vraiment rompu : on a vécu la rupture sans la nommer. Avec plus de courage, j'aurais tenu. Je suis partie car j'avais peur de moi. Sans doute n'était-ce pas avec lui que ça devait se faire, mais il a beaucoup compté pour moi. Il a été la très belle personne qui m'a permis de me construire…

13

Le couple idéal

Rien ne retient Bernard Giraudeau à Paris. Quand le metteur en scène Jean Mercure lui propose de remplacer Dominique Maurin pour la tournée nord-américaine de *La guerre de Troie n'aura pas lieu*, il saute sur l'occasion. Il ne connaît pas Big Apple : sa connaissance du monde se limite aux escales de la *Jeanne d'Arc*.

Voilà quatre ans que ce spectacle est joué et rejoué, du Théâtre de la Ville au Festival d'Avignon. Anny Duperey, qui n'a pas encore fait virevolter sa robe rouge dans le parking d'*Un éléphant ça trompe énormément*, interprète Hélène de Troie. Elle n'a jamais entendu parler de Bernard Giraudeau lorsqu'il rejoint la troupe.

À New York, entre deux représentations à l'Alliance française et deux virées pour découvrir l'Amérique dans sa quintessence, ils apprennent à se connaître et davantage. Simple romance d'acteurs en tournée? Dès leur retour à Paris, Bernard s'accroche.

— Au départ, c'est lui qui insistait pour venir chez moi. Je sortais d'une période assez légère, très fille des années 1970. Notre histoire s'est construite sur son insistance. Son impatience – déjà. Moi, je trouvais que ça allait trop vite…

Moins cérébrale que Béatrice, Anny est, comme Bernard, assez mutique. Elle garde pour elle ses blessures d'enfance : la mort, à huit ans, de ses parents, asphyxiés dans leur salle de bains, et la séparation imposée avec sa jeune sœur. Elle est dans l'action plus que dans les mots, ce qui lui correspond bien.

— J'étais terriblement indépendante, lui aussi. Je n'avais aucun exemple de couple sous les yeux. Je ne cherchais aucune réponse. Donc, je l'allégeais de ce côté-là. Même s'il a probablement fini par m'en vouloir de ne pas lui demander de réponse. Je n'attendais rien d'autre de l'homme qu'un partenaire, d'égal à égal, une fraternité amoureuse, presque incestueuse.

— Quand je les voyais ensemble, confirme Béatrice Agenin, je me disais : ils sont comme frère et sœur. Une association parfaite. La même allure, la même manière de se présenter au public. Pile poil ce qu'il lui fallait.

Bernard s'installe chez Anny, un atelier d'artiste rue Froidevaux, dans le XIVe, derrière le cimetière du Montparnasse. Il lui fait découvrir sa maison de la Creuse où, d'emblée, elle retrouve le parfum rassurant de son enfance en Normandie. Elle vient de publier son premier roman, *L'Admiroir*[1], salué par un prix de l'Académie française. Elle est cultivée. Elle va lui faire découvrir la peinture – qu'il abandonnera rapidement, malgré un don évident, comme en témoigne le tableau toujours visible dans son atelier de la Creuse. Ensemble, ils font de la photo, elle l'incite à soigner ses cadrages, à leur donner une valeur artistique. Ils passent des soirées dans leur labo, entre l'agrandisseur et les bacs à développement. C'est une initiatrice et, d'une certaine manière, elle l'impressionne. Elle est son

1. Seuil, 1976.

Pygmalion – ce qui ne manquera pas, plus tard, de se retourner contre elle.

Mais le véritable ciment de leur union est l'amour qu'ils portent tous deux à leur métier.

— On avait beaucoup de points communs, y compris notre côté autodidacte. Tous les deux, nous nous étions inventés nous-mêmes. On avait un côté gémellaire.

Ils ne vont pas tarder à entremêler vie personnelle et vie professionnelle. Un jour, Anny lui montre *Attention fragile*, un projet de comédie musicale d'André Ernotte et Elliot Tiber resté dans un tiroir. Une série de sketchs sur la vie de couple, de l'enfance à la vieillesse. À peine a-t-il fini de le lire qu'il s'exclame :

— Il faut le faire !

Mais la comédie musicale n'est pas dans l'air du temps. Personne n'en veut. Les deux acteurs ont beau être prometteurs, tous les rendez-vous s'achèvent par un refus.

Qu'importe : Bernard ne lâche pas. Il réécrit l'adaptation avec Anny et suggère d'ajouter de la danse aux chansons. À son idée, ce doit être un spectacle total.

Une année durant, ils font de la barre, inventent des pas, prennent des cours de chant. Anny conçoit et coud les costumes. Finalement, le théâtre Saint-Georges accepte de les accueillir. Le Belge André Ernotte peaufine la mise en scène et Gianin Loringette la chorégraphie. Bernard se montre d'une exigence folle – d'abord envers lui-même. Un jour, pour une broutille, il part en vrille et se tape la tête contre les murs. Il faut toute la force physique d'André Ernotte pour l'empêcher de se fracasser le crâne.

— Reste pas avec moi, je suis malade, je suis fou ! lâche-t-il à Anny après avoir retrouvé son calme, effaré par sa propre violence. Tu sais, quand j'ai quitté la Marine, je ne faisais pas semblant…

Avec ses accents de revue de music-hall, *Attention fragile* dégage une gaieté jubilatoire et emballe la critique et le public. Après le triomphe parisien, Bernard et Anny veulent poursuivre l'aventure : ils reprennent la production pour faire une tournée en province, en Belgique et en Suisse.

Mieux, le spectacle impose dans l'imaginaire collectif l'image d'un couple parfait : ils sont beaux, ils ont un charme ravageur, ils savent tout faire – chanter, danser, jouer.

En plus, ils s'aiment.

Que demander de plus ?

14

Z'yeux bleus, dents blanches

Durant ces années-là, Bernard poursuit son apprentissage du cinéma. S'il est libre, il accepte : toute expérience est bonne à prendre. José Giovanni le rappelle pour interpréter un jeune inspecteur de police fougueux dans *Le Gitan*, toujours au côté d'Alain Delon. Puis Yannick Bellon en fait le partenaire de Marianne Épin dans *Jamais plus jamais*. Yves Boisset lui confie le rôle d'un magistrat dans *Le Juge Fayard dit « le Sheriff »*. Flairant son impatience d'emplois importants, le metteur en scène lui ajoute même quelques répliques.

Patrick Dewaere, qui joue le rôle-titre, est alors le jeune acteur que tout le monde s'arrache. Entre Giraudeau et lui, il y a un monde.

— Patrick était passionnel ; Bernard était plus posé et plus calme. Patrick le trouvait trop propre sur lui, trop sage, trop « Conservatoire ». Bernard était un peu choqué du comportement irrationnel de Patrick qui ne composait pas ses personnages mais les vivait. C'était vraiment deux manières d'appréhender le métier de comédien. Ils n'étaient pas de la même église.

Yves Boisset se souvient d'un soir, à Saint-Étienne, où se déroulaient les prises de vue. Toute l'équipe se retrouve dans un bar-restaurant. Patrick Dewaere remarque deux jeunes en train de fumer un joint.

— Qu'est-ce que vous foutez là ? Vous ne savez pas que c'est interdit ? les admoneste-t-il, avant de les obliger à éteindre leur pétard.

Même dans la vie, Dewaere était resté le juge Fayard. Giraudeau est sidéré. Plus tard, il ne manquera jamais de raconter une anecdote survenue sur le tournage de *Marathon Man*. Dustin Hoffman et Laurence Olivier devaient avoir l'air essoufflé. Hoffman courut comme un dératé jusqu'au moment de la prise. Laurence Olivier, lui, se contenta de jouer un homme essoufflé.

— Ce que je cherche, c'est faire travailler l'imagination. J'ai une fascination pour les acteurs shakespeariens. Pour leur capacité à jouer l'ombre et la lumière, la mort et la vie. J'aime leur profondeur et leur distance. Cette distance, c'est ce que je recherche[1].

Une ambition qu'il n'aura pas l'occasion d'assouvir avec son film suivant : *Bilitis*, album photo sur celluloïd, qui marque les débuts de réalisateur de David Hamilton, photographe alors très en vogue pour ses images éthérées de jeunes filles en fleur, érotiques et poético-désuètes. En réalité, Hamilton n'a que faire du cinéma. Il ne s'intéresse pas à la psychologie des personnages et ne connaît rien à la technique. Henri Colpi, vieux routier de la mise en scène, engagé comme monteur, fait ce qu'il peut pour limiter les dégâts. Un jour, Hamilton disparaît même toute la journée du plateau : il avait une séance photo ailleurs !

N'empêche : porté par les synthés de Francis Lai, le film connaît un certain succès : 1,4 million d'entrées. Entre deux flous artistiques, Bernard s'impose dans son

1. *Studio*, mars 1987.

rôle de photographe dont s'éprend l'héroïne, tel un jeune premier parfait – un peu trop parfait. Une image doucereuse qui ne va pas tarder à lui coller à la peau. Désormais, c'est son sourire dents blanches haleine fraîche que voient en lui les metteurs en scène. Éric Le Hung en fait un détective poète qui s'amourache d'une cover-girl dans *Moi, fleur bleue.* Patrick Schulmann, un débutant que rien n'arrête, se bat pour l'engager dans son premier film, dont le titre résonne alors comme une provocation : *Et la tendresse?... bordel!*

— Je n'ai pas d'argent, mais je suis le prochain Woody Allen et mon film va dépasser le million d'entrées ! lance-t-il à Bernard.

Giraudeau n'est pas chaud, mais Anny Duperey le pousse :

— Ça peut marcher, lui souffle-t-elle.

Ce sera son premier vrai succès cinématographique. À son corps défendant, car ses rapports avec Patrick Schulmann ne vont pas tarder à devenir électriques. Non pas faute d'argent – les acteurs doivent se maquiller eux-mêmes et porter leurs propres habits –, mais parce qu'il a l'impression que le film part à vau-l'eau. En guise de scénario, Patrick Schulmann a imaginé un patchwork où s'entrecroisent les destins de trois couples : un « phallo », un « romantique » et un « tendre » – celui où Bernard donne la réplique à Évelyne Dress. La singularité du film est de mélanger envolées poétiques et grossièretés mais, dans sa volonté de bousculer les codes établis, le réalisateur ne sait pas s'arrêter : son imagination le pousse, parfois, au n'importe quoi.

— Dans le film, nous avions un chat qui s'appelait Clito, se souvient Évelyne Dress. Bernard devait découper les poils de mon pubis en forme de cœur avant de me verser quelques gouttes de lait sur la cuisse. À ce moment-là, il devait dire au chat : « Lèche, Clito. » Bernard a refusé de tourner la scène. Il était très virulent, je m'en servais comme bouclier car, moi non plus, je ne voulais pas la tourner. Finalement, il a obtenu gain de cause.

Un autre jour, Schulmann demande à Bernard de regarder les fesses d'Évelyne Dress avec une paire de jumelles pendant qu'elle prend sa douche. Nouveau refus du comédien. Nouvelle interruption du tournage.

— Il a obtenu qu'on signe un avenant à notre contrat, nous laissant la possibilité de supprimer la scène au montage si la séquence ne nous plaisait pas. Finalement, Schulmann l'a coupée de lui-même.

Bernard est persuadé que le film n'aura aucun succès. C'est l'inverse qui se produit : chaque semaine, le nombre d'entrées augmente. Le film finit par dépasser les 3,3 millions d'entrées. Le quatrième meilleur score de l'année, après *Le Gendarme et les Extraterrestres*, *Apocalypse Now* et *Flic ou Voyou*. Un mini-phénomène de société, l'émergence d'une nouvelle manière de parler des choses du sexe et de l'amour, qui donnera naissance à certaines séquences cultes : celle, par exemple, où Bernard offre un sombrero à deux places à Évelyne Dress, qui lui rétorque : « *Je crois que ce que j'aime chez toi, c'est que tes cadeaux ne servent qu'à être des cadeaux.* » Dans une autre scène, il repeint une porte, mais ne recouvre pas toute la surface. « *Pourquoi ?* lui demande Évelyne Dress. — *Pour garder un souvenir de l'ancienne porte.* »

Le film s'installe pour longtemps dans l'inconscient collectif, mais il restera un souvenir difficile pour Giraudeau qui « n'en était pas très fier » selon Guy Bonnet.

— Il y a des films que j'ai totalement occultés, dira-t-il un jour[1].

1. « La Traversée du miroir », France 5, 24 mai 2009.

Manière polie de dire : ne m'en parlez pas !

*

La carrière de Bernard vient de s'emballer. On commence à le reconnaître dans la rue, il croule sous les lettres d'admiratrices. Il se prend un peu au jeu : son image ne lui est pas indifférente. Anny Duperey se souvient qu'il lui demande un matin, comme s'il allait aux Césars :

— Quelle chemise je mets ?

— Mais on va juste acheter de la viande et du fromage dans le quartier !

Il ne se laisse pas griser longtemps. Très vite, il comprend qu'on est en train de l'enfermer, au cinéma, dans son rôle de gentil séducteur propre sur lui. Il piaffe de faire autre chose, mais il n'est pas en mesure d'imposer ses désirs.

15

Bankable!

Alain Delon le rappelle pour jouer un médecin militaire dans *Le Toubib* de Pierre Granier-Deferre, une histoire d'amour sur fond de guerre. C'est la troisième fois en moins de cinq ans que les deux hommes se retrouvent. Ils s'épient comme deux lions. En fait, ces deux-là ont plus que des yeux bleus, un corps de rêve et une aura immédiatement palpable en commun. Leur parcours de vie est étrangement similaire : un engagement précoce dans l'armée, un passage dans la Marine, la découverte, très jeune, d'un ailleurs lointain, Delon en Indochine, Giraudeau lors des campagnes de la *Jeanne*, une difficile réinsertion dans la vie civile après la « quille ». D'une certaine manière, Delon voit en lui le jeune homme qu'il a été.

— C'étaient deux fauves aux racines similaires, se souvient le producteur du film, Alain Terzian. Bernard était très admiratif et Delon jouait les grands frères. Ensemble, ils évoquaient souvent leur passage dans l'armée. Ils parlaient de Gabin comme du « patron ». Leurs affrontements dans le film sont fabuleux : ils ont des regards inouïs, incandescents, c'est à qui va pénétrer l'autre. Ils se défient avec l'air de dire : « J'attends l'excellence de toi. »

Sur le tournage, Bernard observe Delon au travail, professionnel à l'extrême. Une exigence vis-à-vis de lui-même, mais aussi des autres, qu'il fera désormais sienne : comme Delon, il ne supportera pas l'approximation. La filiation est évidente, et pas seulement sur le plan physique : ses trois films avec Delon, en somme, lui auront servi d'humanités.

— Le film de Granier-Deferre m'a permis de vraiment jouer avec lui. J'ai trouvé quelqu'un qui a le sens de l'amitié et de l'humour : sur le tournage, il n'était pas le dernier à faire des blagues. Il n'y a rien de plus extraordinaire qu'un partenaire qui t'amène, par le regard et par le jeu, une réaction inattendue ou au-delà de ce qu'on avait prévu[1].

Malmené par la critique, le film rassemble quand même plus d'un million de spectateurs. Il vaut surtout à Bernard une nomination pour le César du meilleur second rôle. Il ne l'aura pas, mais c'est la preuve qu'il compte désormais dans la grande famille du cinéma.

*

Claude Pinoteau lui propose un petit rôle dans *La Boum*. Le réalisateur l'a remarqué au Conservatoire : il avait failli lui confier le personnage finalement tenu par Jacques Spiesser dans *La Gifle*.

— J'ai toujours regretté, non d'avoir pris Spiesser, mais de ne pas l'avoir engagé, se souvient-il.

Dans *La Boum*, Bernard interprète un professeur d'allemand qui devient l'amant de Brigitte Fossey. Quatre petites scènes bien troussées par la scénariste Danièle

1. *Stars d'aujourd'hui, op. cit.*

Thompson, dont une réjouissante où Claude Brasseur lui tombe dessus :

« *Qu'est-ce que je peux faire pour vous?* demande Giraudeau.

— *Foutez la paix à ma femme*, répond Brasseur. »

Bing : coup de poing dans la figure ! Au lieu de le prendre mal, Bernard réagit en souriant, comme s'il s'amusait de la situation.

— Il fallait un acteur qui ait du caractère et de l'humour, du charme et du courage pour jouer son personnage. Il avait un vrai sens de la comédie. Pour un metteur en scène, c'est de l'or en barre.

Bernard trouve que son rôle a un goût de « trop peu ».

— Si tu te penches pour ramasser ton mouchoir, tu ne me verras pas ! ironise-t-il.

— Détrompe-toi, le rassure Danielle Gain. Cet après-midi, j'étais dans le bus. Il y avait des minettes qui disaient : « Comment s'appelle le mec qui a des yeux bleus et se prend un pain dans la gueule ? »

Quoique dans un rôle mineur, Bernard est entré dans l'inconscient collectif de toute une génération.

Dans les années 1990, lorsque Claude Pinoteau travaillera à l'adaptation de *La Bicyclette bleue*, c'est vers Bernard qu'il se tournera pour interpréter le Rhett Butler de cette version hexagonale d'*Autant en emporte le vent*. Hélas, englué dans des difficultés juridiques liées au procès intenté à Régine Deforges, auteur du roman original, par les héritiers de Margaret Mitchell, le film ne se fera pas. Rencontre sans lendemain, donc…

*

Sur le plateau de *La Boum*, Bernard a fait une rencontre déterminante pour la suite de sa carrière : Patrice

Leconte, auréolé du succès des *Bronzés*, est venu lui proposer de partager avec Michel Blanc la vedette de *Viens chez moi, j'habite chez une copine.* Au départ, pourtant, il ne voulait pas entendre parler de lui pour interpréter Daniel, le déménageur qui se fait squatter son appartement, son boulot, sa vie par Guy, le roi des plans foireux :

« T'as pas l'impression d'avoir foutu la merde dans ma vie ? Avec tes combines à la con, je me retrouve au chômage, je passe pour un voleur et je me fais virer de ma maison par ma femme. T'es au courant de ça ?

— C'est quand même pas de ma faute si t'as couché avec Cécile !

— Si, justement. T'amènes vingt-sept mille gonzesses, comment tu veux que je tienne le coup ?

— Moi, j'ai fait ça pour te rendre service…

— Il paraît que celui qui a inventé la bombe atomique aimait vachement les gens, alors arrête de me rendre service ! »

— Quand Christian Fechner m'a proposé son nom, j'ai pensé que c'était l'idée la plus navrante qui soit. Son côté gendre idéal, lisse et creux, n'était pas ce que je détestais le plus, mais disons que c'était ce qui m'attirait le moins…

Mais Fechner ne démord pas de son idée.

— Il était tombé en pâmoison devant Bernard, se souvient Guy Bonnet, son nouvel agent, principal collaborateur d'Olga Horstig, la star des imprésarios, que Brigitte Bardot appelait « Mama Olga ». Christian avait décidé de lui fabriquer une grande carrière. Il aurait adoré l'avoir sous contrat d'exclusivité.

Fechner n'est pas du genre à imposer frontalement un choix à un metteur en scène. Plus subtilement, il fait en sorte qu'il se range à sa conviction. Il suggère donc à Leconte de faire des essais avec d'autres acteurs : Roger

Mirmont, Jean-Jacques Moreau, Richard Berry. Bof, bof… Leconte n'est pas emballé.

— Allez voir Giraudeau, faites connaissance, lui lance Fechner.

Rendez-vous est pris sur le plateau de *La Boum*. Patrice Leconte découvre un Bernard Giraudeau chaleureux, enthousiaste, ouvert, qui sait que Fechner est de son côté mais a le bon goût de ne pas s'en prévaloir. D'un coup, les réticences du metteur en scène tombent.

Durant le tournage, l'atmosphère est au beau fixe entre Bernard et Michel Blanc, covedette et auteur du script.

— Michel est un matou frileux qui ne donne pas sa confiance tout de suite mais, dès les premiers essayages de costumes, ça a tout de suite bien collé entre eux. Bernard a eu l'intelligence de comprendre que son personnage était celui du clown blanc : il ne devait pas chercher à faire rire, sinon tout se cassait la gueule. Le tournage a été harmonieux. On s'est régalés.

Seule ombre au tableau : Bernard Zimmermann, le chef opérateur, ne l'apprécie guère.

— Y a bien assez de lumière pour ce mec-là, lâche-t-il un jour, mi-figue mi-raisin, sa cellule sur la joue.

Giraudeau se dirige illico vers Leconte :

— Si ce type a encore une phrase comme ça, je lui éclate la gueule.

Sorti début 1981, *Viens chez moi, j'habite chez une copine* connaît un bon démarrage. Mieux : un excellent bouche à oreille permet au film de frôler les 3 millions de spectateurs. Bernard est devenu un acteur qui rapporte et, cette fois, le film lui plaît vraiment. Il a trente-quatre ans, dix ans de carrière derrière lui, son travail commence à payer. Mais il n'a pas oublié les premières réticences de Leconte, dues à l'image de beau gosse sympathique, dents blanches et z'yeux bleus, qu'on lui a collée au visage et qu'il déteste plus que tout. Il voit bien qu'on le tient à l'écart des grands rôles qui sont alors l'apanage de Gérard Depardieu – pour le versant baroque et luxuriant – ou Patrick Dewaere – pour le versant sombre et tragique.

— Giraudeau était un acteur classique, dans la lignée de Gérard Philipe ou Alain Delon, analyse le réalisateur Marc Esposito, qui fut le créateur de *Première*, premier magazine à le mettre en couverture. Il n'avait pas le côté noir, sombre et voyou de Depardieu et Dewaere, qui avaient les ongles sales et semblaient toujours prêts à vous mettre un pain dans la figure. Ils étaient beaucoup plus rock'n'roll, ne serait-ce que dans leur rapport à l'alcool et à la drogue. Giraudeau était propre sur lui, bien coiffé, beaucoup plus clean. De plus, quand un acteur est trop beau, ça le féminise. Ça lui a sûrement fait perdre du temps.

Loin de rassurer Bernard, ses atouts physiques sont devenus, à ses yeux, un handicap. Il finit par ne plus s'y retrouver : il se sent aimé pour ce qu'il paraît et non pour ce qu'il est. Il veut qu'on lui dise « tu es bon » plutôt que « tu es beau ».

— Quand j'étais marin, lorsqu'on disait : « Il est mignon », ça ne me dérangeait pas, expliquera-t-il. Mais une fois dans le métier de comédien, cela n'a fait qu'augmenter mes doutes. Je me demandais : est-ce que l'on m'engage car j'ai du talent ou une belle gueule ? Est-ce que le comédien d'à côté n'est pas, finalement, meilleur que moi[1] ?

Bien sûr, il aurait pu refuser certains films. Mais comme un peintre doit peindre, comme un sculpteur doit

---

1. « Le Divan », 9 décembre 1990.

sculpter, comme un musicien doit faire de la musique, lui doit jouer la comédie.

Devenir *bankable* offre un avantage : le droit de choisir. Il ne va pas s'en priver.

16

Premier virage

Les années 1970 ont mis l'Italie au premier plan du cinéma européen. À côté des grands maîtres que demeurent Fellini et Visconti, on raffole des comédies à l'italienne de Dino Risi, Luigi Comencini, Mario Monicelli. Ettore Scola vient d'enchaîner trois chefs-d'œuvre : *Nous nous sommes tant aimés*, *Affreux, sales et méchants* et *Une journée particulière*. Il n'a pas son pareil pour ajouter des accents de mélancolie, de désenchantement, de désespoir à ses comédies. Son nouveau projet, *Passion d'amour*, est plus ouvertement sombre : Giorgio, un fringant officier de cavalerie, loin de sa belle maîtresse, tombe amoureux d'une femme mortifiée par sa laideur. Un amour romantique qui débouche sur l'autodestruction et la mort.

Ettore Scola a auditionné plus d'une cinquantaine de comédiens quand il rencontre Bernard Giraudeau. Immédiatement, le courant passe entre les deux hommes : le scénario renvoie Bernard à ses propres interrogations sur la beauté.

— Scola, très psychologue, a dû comprendre qu'intérieurement j'étais plus angoissé, plus fragile et plus violent que je ne le laissais paraître[1].

---

1. *Stars d'aujourd'hui, op. cit.*

N'empêche : l'acteur n'en revient pas d'avoir été choisi par l'un des réalisateurs les plus en vue. Même Patrick Dewaere et Gérard Depardieu ont été retoqués !

— Au départ, je n'y ai pas cru ! J'ai mis longtemps à le croire ! Même lorsque je suis arrivé à Rome, je craignais qu'on me dise : « Oh, pardon, excusez-nous, on s'est trompé de numéro, c'est un autre qu'on voulait, voici votre billet de retour. » Mais non, c'était bien moi que M. Scola avait choisi[1].

Bernard travaille sans relâche son personnage.

— Le cheminement de Giorgio a été, pour moi, une expérience extrêmement douloureuse, racontera-t-il. C'était très difficile d'accepter cette évolution, Giorgio est passif, il ne dit rien, il ne fait rien, il subit l'autre…

— Il était plein de sensibilité, de pudeur et de doutes et j'aimais ça, raconte Ettore Scola. Les séducteurs ont toujours une part importante de féminité en eux. Je m'amusais à l'appeler « mon actrice préférée ».

Au passage, Bernard observe un maître au travail : atmosphère feutrée, doucement ironique.

— C'est une leçon de cinéma que m'avait donnée Vittorio De Sica, se souvient Scola. Sur le plateau, il chuchotait. Je lui avais demandé pourquoi il parlait si bas. « C'est la seule façon de se faire écouter », m'avait-il répondu. Crier ne sert à rien. Bernard était très attentif. Quand il ne jouait pas, il était toujours à côté de moi, derrière la caméra, à m'espionner !

— Cette rencontre a été déterminante dans ma carrière de metteur en scène, reconnaîtra Bernard. Même avec Scola, j'ai dû être chiant. Il m'a dit : « Tu dois faire ton film très vite[2]. »

---

1. *Première*, septembre 1981.

2. « On n'est pas couché », France 2, 12 mai 2007.

Il ne pouvait recevoir meilleur encouragement. Bernard se le tiendra pour dit.

En attendant, le film est présenté au Festival de Cannes 1981. Alors que la gauche vient d'accéder au pouvoir – au grand plaisir de Bernard –, le jury récompense *L'Homme de fer* d'Andrzej Wajda, dédié au mouvement ouvrier Solidarność qui est en train de recomposer le paysage politique à l'Est. Bernard, lui, se fait souffler d'un poil le prix d'interprétation masculine par Ugo Tognazzi pour *Tragédie d'un homme ridicule*, de Bernardo Bertolucci. Qu'importe, il ne court pas après les prix. Monter les marches de l'ancien Palais – à une époque où c'était une véritable reconnaissance et pas une foire aux vanités –, être invité à loger dans une suite du Carlton, donner des interviews toute la journée à des journalistes venus du monde entier lui permet de mesurer tout le chemin parcouru.

Il n'a pas oublié son premier Festival de Cannes. Cinq ans plus tôt, Danielle Gain, qu'il venait de rencontrer, partait y défendre *Un divorce heureux* d'Henning Carlsen, en tant qu'attachée de presse.

— Je n'y suis jamais allé, lui avait-il lâché avec des yeux d'enfant.

Danielle lui avait proposé de le loger dans l'appartement qu'elle avait loué. Pendant la quinzaine, il avait dormi sur un lit pliant.

Cette année-là, Ettore Scola avait décroché le prix de la mise en scène pour *Affreux, sales et méchants*...

*

Une nouvelle aventure s'offre à lui : une adaptation d'*Hécate et ses chiens*, le chef-d'œuvre de Paul Morand, réalisée par un Suisse à la réputation d'intello,

Daniel Schmid. Pour la première fois, un auteur radical s'intéresse à lui.

Bernard incarne un jeune attaché d'ambassade, dans l'Afrique coloniale des années 1920, qui s'éprend d'une femme séduisante dont le mari est absent. Leur liaison se transforme bientôt en aventure passionnée qui finit par mener Julien au bord de la démence. Un film sur l'amour fou qui lui fait explorer de nouveaux territoires.

— Schmid est un metteur en scène poète, pas un technicien. C'est un homme qui vit par passion, même avec ses comédiens. Il y a donc une espèce de tourmente sur le plateau, un vent de folie, de haine et de tendresse mêlées. Est-ce que je vais dire que j'ai eu du plaisir à tourner *Hécate*? Eh bien, oui, parce que j'ai découvert des choses, parce que je suis allé très loin et que c'est assez enivrant d'aller aussi loin que l'on n'ira jamais dans la vie. Les destins forts te marquent toujours. Tu y laisses toujours des plumes. Il y a une porte qui s'ouvre que l'on ne soupçonnait pas. Ce qu'il y a de passionnant, c'est ce que les personnages t'apprennent. Pas seulement sur toi, mais aussi sur le monde, sur les autres[1].

Le film ne connaîtra pas un grand succès mais couvrira ses frais. Pour lui permettre d'exister, Guy Bonnet a négocié un salaire fixe extrêmement bas, augmenté d'un pourcentage à partir d'un certain seuil. Quand le film arrive à la « jauge », Guy Bonnet appelle Bernard :

— Si on réclame la somme qu'on nous doit, ils vont nous la donner, mais on va les mettre en difficulté.

— Alors on ne demande rien, réplique aussitôt Bernard.

— Il n'était pas du tout intéressé par l'argent, témoigne aujourd'hui Guy Bonnet. On n'a jamais refusé un film pour une histoire de cachet.

---

1. *Première*, janvier 1983.

17

La phrase

Le cinéma commercial n'oublie pas Bernard. Jean-Charles Tacchella, l'auteur de *Cousin, cousine*, lui propose une chronique générationnelle, *Croque la vie*, qui pourrait s'appeler *Copains, copines*. Un puzzle d'espoirs et de désillusions où un trio se désagrège, se retrouve, se sépare, se ressoude et finit par comprendre qu'il n'a plus grand-chose en commun.

Bernard incarne un homme dont l'ambition est d'être peintre, mais qui a du mal à assumer son échec face à ses deux amies de jeunesse, incarnées par Brigitte Fossey et Carole Laure.

— L'atmosphère du film a complètement déteint sur nos rapports. On a eu des petits heurts, des petites luttes, l'un ne pouvait dire un mot sans que l'autre le contredise. Mais quand le film a été fini, tout s'est évanoui[1]...

Quelques semaines plus tard, Bernard rejoint la distribution du *Grand Pardon*, une sorte de *Parrain* pied-noir, réalisé par Alexandre Arcady. Les Bettoun règnent sans partage sur la gestion des casinos, les jeux clandestins et

1. *Stars d'aujourd'hui, op. cit.*

le proxénétisme. Bernard incarne l'électron libre qui va précipiter le clan dans sa chute : une petite frappe sournoise, une ordure souriante mais machiavélique. Son premier rôle de « méchant ».

— Je veux tout essayer. J'ai pu enfin laisser libre cours à d'autres pulsions et exprimer autre chose que les types ouverts, candides et sympas. Il y a eu une époque où l'on assimilait l'acteur et son personnage, plus maintenant. Pour moi, c'était important que le public de cinéma m'accepte comme un acteur de composition. Ce rôle était une sorte de défi[1].

Un défi qui lui permet de retrouver Richard Bohringer, dont les rapports avec le metteur en scène sont exécrables.

— Quand la colère me monte, raconte Bohringer, c'est le tsunami. Il me disait : « Calme-toi », comme s'il avait peur que je me fasse du mal pour rien.

Le meilleur de sa prestation est la séquence finale.

« C'est le grand pardon. Ce jour-là, on ne peut rien faire, sinon on est rayé du livre. Aujourd'hui, dans le monde entier, les Juifs pardonnent à ceux qui leur ont fait du mal. Sauf un : moi. Moi, je ne pardonne pas... »

C'est Roger Hanin qui parle. Lui n'a pas un mot de dialogue. Beaucoup de comédiens auraient tiqué. Mais Bernard sait qu'un rôle ne se mesure pas au nombre de mots. Au cinéma, l'écoute est la chose la plus difficile et il sait écouter : ses jeux de regard donnent une intensité exceptionnelle à la scène.

De l'art du contrechamp...

*

1. *Ibid.*

Anny Duperey est également au générique du *Grand Pardon*, mais ils n'ont pas de scène ensemble. Un metteur en scène belge, Marc Lobet, va leur offrir la possibilité de se retrouver face à face dans *Meurtre à domicile*, un petit polar à la Agatha Christie scénarisé par Jean Van Hamme, futur créateur de *Largo Winch*. Une inspectrice de police est chargée d'enquêter sur un meurtre commis dans son propre immeuble. Elle se met à interroger et à soupçonner ses voisins, parmi lesquels un comédien qui joue *Othello*, interprété par Bernard, dont le charme ne laisse pas insensible l'héroïne. Toute l'originalité du film repose sur le fait que le même acteur incarne un autre voisin, un inquiétant vieillard. Joli défi pour Bernard, qui s'amuse à créer un personnage aux antipodes du premier. Il ne se contente pas d'avoir le visage grimé par Reiko Kruk et Dominique Colladant, les rois du maquillage. Il invente une autre voix, une autre démarche, un autre regard, une autre manière d'être. Il est aux anges.

Anny, elle, est moins à l'aise : il lui faut masquer ses rondeurs de plus en plus visibles. Car elle est enceinte. Bernard voulait un enfant. Longtemps, elle s'y est refusée.

— La mort de mes parents m'était apparue comme un coup de hache sur la chaîne des générations. Je me sentais comme un maillon isolé. Avoir des enfants, pour moi, c'était comme renouer le maillon. J'en avais un refus viscéral.

Mais Bernard a insisté, insisté. Un jour, il lui a lâché :

— Refuser d'avoir un enfant à ce point, c'est une forme de suicide.

Anny est ébranlée.

— J'ai gobé la phrase, elle a travaillé en moi, j'ai reconnu sa justesse. Cinq mois après, c'était dénoué.

Mon chemin sur terre serait resté stérile sans ces mots : je ne remercierai jamais assez Bernard de m'avoir dit ça.

Gaël, leur fils, naîtra le 26 mai 1982.

18

Là-haut

De ses années passées dans une cellule en attendant la mort, peine dont il a été finalement gracié, José Giovanni a gardé une sainte horreur de l'enfermement. Quand il ne tourne pas, il monte des cols à vélo, bivouaque dans les refuges les plus improbables ou escalade les falaises autour de Marécottes, le village suisse où il vit dans un chalet en bois. Giraudeau et lui ont déjà tourné deux films ensemble.

— En dépit d'opinions différentes, nous avons énormément de terrains d'entente. Il est d'une grande disponibilité et d'une grande générosité. Il a eu une vie difficile, douloureuse, délicate et, malgré tout, il sait aimer[1].

Écrivant le scénario du *Ruffian*, ce n'est pourtant pas à Giraudeau que Giovanni pense pour donner la réplique à Lino Ventura. Il le trouve trop jeune, mais Christian Fechner, producteur, insiste. Cette histoire de chercheur d'or à la poursuite de ses rêves a tout pour séduire un aventurier dans l'âme comme Bernard. Pour lui, c'est l'occasion de découvrir les Rocheuses canadiennes, en Colombie-Britannique, mais aussi de jouer un rôle complexe : son personnage est resté

1. *L'Hebdo cinéma*, 20 mars 1985.

paralytique après un accident de course automobile. Il passera donc le plus clair du film sur une chaise roulante. Coaché par Patrick Segal, auteur du best-seller *L'homme qui marchait dans sa tête*, il devra jouer sans l'aide de son corps, concentrer son interprétation sur son seul visage.

Reste à convaincre Lino Ventura. Giovanni organise un déjeuner.

— La première fois qu'on s'est vus, je lui ai dit, très gonflé : « Écoutez, comme on doit s'aimer, autant s'aimer tout de suite. » Et la poignée de main était suffisamment forte pour comprendre tout de suite ce qui allait se passer[1].

— Entre eux, ça fonctionne tout de suite comme les bielles de la Pacific, rapporte Giovanni. Au premier regard de Lino sur Giraudeau, je retrouve celui qu'il posa autrefois sur Belmondo[2].

Les premiers jours, alors que Giovanni et Ventura tournent les scènes de la mine d'or, Bernard s'adonne à l'un de ses plaisirs favoris : il pêche dans les torrents glacés du Grand Nord. Le soir même, il invite Lino à déguster ses truites grillées au feu de bois. Gros risque, quand on sait à quel point la star était vétilleuse sur la nourriture, ne manquant jamais d'emporter des paquets de pâtes De Cecco dans ses valises. Mais Lino apprécie. Le soir, ils jouent aux cartes.

Pourtant, lors du premier face à face, Lino est désorienté. Il prend à part Giovanni :

— Dis donc, tu ne trouves pas qu'il en fait un peu trop ?

1. Philippe Durant, *Lino Ventura*, Favre, 1987.

2. *Mes grandes gueules*, Fayard, 2002. La Pacific est une légendaire locomotive à vapeur.

— Ne t'inquiète pas. J'ai déjà tourné avec lui, tu verras lors des rushs : il sera juste.

Ventura et Giraudeau ont chacun leur manière d'aborder leur personnage. L'un est acteur, l'autre comédien. L'un est son personnage, l'autre le joue.

Bernard sait qu'il n'y a pas une seule vérité. Après Gabin et Delon, il est de nouveau au spectacle.

— Se frotter à Ventura, c'est excitant. C'est toujours extraordinaire de rencontrer des gens qui sont ce qu'on appelle des bêtes de cinéma. Pour voir qui ils sont, comment ils travaillent, quelle est la magie. Il n'est pas Ventura pour rien. Ce n'est pas un mythe gratuit, fabriqué. Ce qui est très fort chez lui, c'est son authenticité. En le regardant, j'ai appris beaucoup de choses par rapport à ce qu'il est, par rapport à ce qu'il joue, comment il le joue, comment il amène une scène, comment il contourne les difficultés ou comment il fonce dedans. Sur un plateau, il fait les mêmes gestes authentiques de la vie[1].

Au fil des jours, Bernard découvre l'homme derrière la star.

— Avec ses facéties, ses tendresses, sa naïveté, sa manière de jouer, de plaisanter, il y a quelque chose de l'enfant chez lui.

De retour à Paris, l'équipe attaque le tournage d'une séquence clé, un flash-back montrant la complicité passée des deux héros, lorsque le personnage de Giraudeau avait l'usage de ses deux jambes. Sous les yeux de Lino, Bernard simule une tentative de suicide du deuxième étage de la tour Eiffel. Il harangue la foule agglutinée sur les escaliers avant de se jeter dans le vide, histoire de leur jouer un bon tour.

---

1. Philippe Durant, *op. cit.*

Giovanni a reconstitué des morceaux de tour Eiffel au parc de Saint-Cloud : ils les mélangera avec des vues d'ensemble de la vraie tour, où Lino et Bernard seront doublés. Pour les besoins d'un plan, Bernard doit néanmoins s'avancer, pour de vrai, sur une poutrelle de la Dame de fer, à cent cinquante mètres du sol. Pour la répétition, José Giovanni n'hésite pas à l'accompagner sur la traverse – quelques années plus tôt, il a escaladé la tour avec René Demaison. Un metteur en scène qui n'hésite pas à payer de sa personne : respect !

Cocasse coïncidence : c'est dans ce film, où il apparaît la plupart du temps en fauteuil roulant, que Bernard effectue sa première cascade à l'écran. À cette époque, il ne connaît pas le monde de l'escalade, mais ce moment de vérité, là-haut, au-dessus du vide, lui a procuré une sensation – une forme de dépassement de soi – qu'il ne demande qu'à revivre. La rencontre avec Lucien Bérardini fera le reste.

Doublure de Lino dans *Le Ruffian* – ils ont les mêmes traits burinés –, Lucien Bérardini s'est attaqué dans les années 1950 à la face sud de l'Aconcagua, point culminant de la cordillère des Andes, à 6 962 mètres d'altitude. La rudesse des conditions atmosphériques lui a causé des gelures ayant nécessité plusieurs amputations ; malgré son handicap, il a ouvert plusieurs nouvelles voies dans le mont Blanc et les Dolomites avec Robert Paragot, qui deviendra lui aussi un proche de Bernard. Tous les trois se retrouveront régulièrement à Fontainebleau pour grimper dans les gorges d'Apremont, les rochers du mont Ussy ou la tour des Trois Pignons.

La varappe devient une passion dévorante, à laquelle Bernard s'adonne comme il s'est autrefois adonné à la danse : à fond. Il ne tarde pas à emprunter les parcours cotés 6 ou 7a (l'échelle des difficultés va jusqu'à 9a+) : il a toujours aimé s'élever, il est servi! De plus, il est fasciné par la complicité qui unit ses deux nouveaux complices.

— Ils se connaissent tellement bien qu'ils n'ont plus besoin de se parler. Ils se regardent et s'assurent. Cette confiance absolue, l'un dans l'autre, c'est presque de l'amour[1].

En parlant d'eux, Bernard évoque sa propre quête des relations humaines : la complicité au-delà des mots. Bérardini et Paragot sont à ses yeux une métaphore de l'amitié idéale : si l'un tombe, l'autre aussi. Il faut une sacrée confiance en l'autre pour gravir des parois dans le vide.

*

Dans la foulée du succès du *Ruffian* – 3,4 millions d'entrées en France –, Bernard revient au théâtre dans *K2* de Patrick Meyers, mis en scène par Georges Wilson. Le face à face de deux alpinistes bloqués sur une corniche en haute altitude, sur le second sommet de l'Himalaya. Une métaphore de la volonté humaine de toujours se surpasser. Claude Rich lui donne la réplique. Sur la scène du théâtre de la Porte-Saint-Martin, le décorateur Ming Cho Lee a reconstitué en polystyrène une paroi rocheuse de treize mètres de hauteur. Chaque soir, Bernard l'escalade au piolet et la redescend en rappel. Pour l'occasion, il a bien sûr choisi Lucien Bérardini comme conseiller technique.

— J'aime bouger quand je suis sur une scène…

---

1. *Stars d'aujourd'hui, op. cit.*

19

Ombre et soleil

Fort du succès du *Ruffian*, Bernard enchaîne avec un autre film d'action, *Rue Barbare*. Une adaptation d'*Épaves* de David Goodis, auteur culte de polars, dont l'atmosphère glauque et poisseuse vient d'inspirer à Jean-Jacques Beineix *La Lune dans le caniveau*. Gilles Béhat, qui a retrouvé dans le livre les bandes et les bagarres de la cité Belfort de Lille, où il a grandi, veut en faire un western urbain, âpre et rock : la rencontre entre la série noire et *Mad Max*, sur fond de banlieue.

Le réalisateur, qui a croisé Bernard à l'époque du Sherwood et l'a vu, au théâtre, jouer des personnages à l'opposé de ceux qu'il a jusqu'à présent incarnés au cinéma, pense aussitôt à lui pour interpréter le rôle principal, celui de Chet, un ouvrier qui a décidé de ne plus s'occuper des affaires des autres, à commencer par celles de la bande d'Hagen, le caïd du quartier qu'il a jadis fréquenté. Mais la découverte d'une jeune Chinoise violée va le pousser à se confronter à son passé et à relever la tête.

Contacté dès l'écriture d'un premier jet encore intitulé « Chacun sa peau », Bernard donne son accord de principe. Un polar qui lui permette d'échapper à ses personnages sympathiques et charmants, c'est tout ce dont il a envie. Reste à convaincre les partenaires financiers. Et de ce côté-là, Gilles Béhat et Adolphe Viezzi, le producteur, ont toutes les peines du monde. Trop violent. Trop dur. Trop désespéré. Même le choix de Bernard Giraudeau n'aide pas le projet à se monter – au contraire.

— Giraudeau en ouvrier? Vous n'y pensez pas! leur lance la directrice de l'unité cinéma d'une chaîne de télévision. C'est un jeune homme de bonne famille qui a raté son bac!

— Vous faites un délit de faciès, lui rétorque Béhat. Savez-vous quelle a été la vie de Bernard avant qu'il devienne acteur?

Étrange monde du cinéma où l'apparence prévaut sur la réalité: Giraudeau, issu d'un milieu modeste, qui a jadis travaillé à l'usine Simca de La Rochelle, ne serait pas crédible dans un rôle qui fut le sien dans la réalité…

Le budget enfin réuni, Bernard se lance à fond dans la préparation de ce film qu'il perçoit comme un tournant. À force de discussions avec Gilles Béhat, il se forge un look, hirsute, mal rasé, moustache de loubard, rouflaquettes. Il s'en donne à cœur joie, brisant avec jubilation son image trop parfaite, comme ont pu le faire d'autres sex-symbols avant lui, Marlon Brando en tête.

Le rôle nécessite un fort engagement physique car le personnage de Chet finit par se rebeller et affronte à mains nues le redoutable Hagen. Depuis quelques années, Bernard a abandonné la danse, mais il fait du karaté.

— J'en avais assez des cours et des exercices à la barre. J'ai voulu changer. J'ai longtemps cherché et j'ai découvert une nouvelle forme de discipline. Je ne pratique pas le karaté comme une philosophie, mais uniquement comme l'utilisation du mouvement et une canalisation de l'énergie. Le tonus, le *tuff* comme on dit, donne de l'impact et de la puissance à l'expression du comédien[1].

Gilles Béhat, cependant, ne veut pas d'un combat trop réaliste : *Rue Barbare* doit être perçu comme une fable. Sans sombrer dans l'esthétisme, la violence doit être stylisée, avec une dimension chorégraphique, comme dans un ballet. Bernard emmène Béhat à l'Élysée-Montmartre voir des combats de boxe thaï et de kick-boxing. Ils tombent d'accord pour faire un remix d'arts martiaux.

Trois mois durant, Bernard ne quitte plus la salle de sport. Il perfectionne ses gestes et sculpte son corps puissant comme celui d'un lion. Parfois, il déboule au milieu des séances de travail de Béhat et de son scénariste, Jean Vautrin. Tandis qu'ils peaufinent les dialogues, il improvise les scènes devant eux, soulève toutes les questions qui se posent, ne cesse de demander à Béhat : « Et ce plan, tu le vois comment ? Et cette scène, comment vas-tu la filmer ? » Il veut aller au bout du personnage et de lui-même – un perfectionnisme qu'il a connu au théâtre et qu'il ne trouve pas toujours au cinéma. Ce film, il en rêve. Il veut que le résultat soit à la hauteur.

Jean-Roger Milo doit interpréter Hagen. Spécialiste des rôles de malfrats et de psychopathes, c'est un ovni dans le monde du show-business. Il n'a pas le téléphone, il faut lui laisser des messages dans une boulangerie. Au bout de dix jours de tournage, plus personne : défenseur de la veuve et l'orphelin, il s'est fait fracasser par des dealers ! Quand Béhat et Giraudeau retrouvent sa trace dans un hôpital parisien, il les supplie : « Emmenez-moi. » Mais les médecins s'opposent à sa sortie. Bernard-Pierre Donnadieu reprend son rôle au pied levé. C'est lui, acteur au

1. *Stars d'aujourd'hui, op. cit.*

gabarit impressionnant, que Bernard affrontera dans la scène de baston finale.

Six jours de tournage dans une improbable banlieue de Seine-Saint-Denis, aujourd'hui rasée. Bernard fait une vingtaine de pompes avant chaque prise pour gonfler ses muscles. Plus concentré que jamais, il vit chaque séquence comme un round. Si les enchaînements ont été répétés sous la houlette du cascadeur Daniel Vérité, le moindre écart peut en effet avoir de douloureuses conséquences. Donnadieu porte de lourdes santiags, Giraudeau est pieds nus : régulièrement, le premier écrase les orteils du second qui s'agace, s'énerve, se rebelle. Donnadieu se jette sur lui et l'aplatit littéralement. Coups de pied, coups de tibia, coups de poing et coups de boule : broyé mais vaillant, Bernard fait l'admiration de tous.

Le film achevé, il est aux anges :

— C'est la première fois qu'un personnage sur l'écran est exactement comme je l'avais imaginé au tournage. Cela fait partie des choses rarissimes dans la vie d'un comédien. Au théâtre, on sent qu'il y a des jours où on décolle, des représentations dont on sait – sans qu'on sache vraiment d'où ça vient – qu'elles sont un moment exceptionnel. Au cinéma, il est très difficile d'avoir la même sensation. Tu es un petit peu coupé en rondelles au gré de la volonté du metteur en scène et du monteur[1].

En dépit d'une interdiction aux moins de dix-huit ans – le film a même failli être classé X à cause de sa violence –, *Rue Barbare* dépasse les deux millions d'entrées. Le magazine *Première* titre : « Giraudeau : l'explosion. » Il devient une star à part entière.

Mais il prévient aussitôt : il ne jouera pas que des durs.

1. *Première*, janvier 1984.

*

Depuis quelques mois, Bernard Giraudeau met son emploi du temps en suspens. Bertrand Tavernier lui a proposé le principal rôle masculin de *La Sœur perdue*, un coûteux western qui doit se tourner au Canada, d'après une nouvelle de Dorothy M. Johnson, la romancière qui inspira jadis à John Ford *L'homme qui tua Liberty Valance.* Il ne veut pas rater cette rencontre avec l'un des metteurs en scène les plus en vue du moment.

— On ramait pour trouver le financement, se souvient le réalisateur, et le fait que Nathalie Baye soit tombée enceinte de Laura a fait capoter le film. J'aimais beaucoup Bernard…

Bernard passe finalement l'été à Saint-Tropez, où il a tourné huit ans plus tôt l'un de ses premiers films, *Bilitis.* Le romancier et cinéaste Christopher Frank ne rêve que de lui pour incarner le séducteur de *L'Année des méduses.*

— On n'a jamais imaginé quelqu'un d'autre pour le rôle, se souvient Alain Terzian, le producteur. Pour nous, c'était une évidence.

Sous le soleil des plages de Pampelune, Bernard interprète un chevalier des plages, un play-boy qui fournit les riches touristes en vacancières naïves. Ce professionnel de la séduction cynique tombera néanmoins sous le charme d'une mère de famille dont le mari est resté à Paris. Entre eux, s'interpose la fille de cette dernière, la vénéneuse Chris, qui joue de sa séduction pour s'affirmer et finit par détruire tous ceux qui croisent son chemin. Elle est d'autant plus déstabilisée par le personnage de Giraudeau qu'il est le seul à refuser ses avances :

« Tu n'auras ni le charme ni les fêlures de ta mère. Jamais. Tu seras une mondaine tout-terrain. Tu continueras à ne connaître que les rapports de force, ce qui te rendra sèche comme une biscotte de régime. Et le pire, ma belle Salomé, c'est que tu seras heureuse, je te le jure. Tu feras chier ton fils quand il sera nul en maths. Ton mari fera du tennis, de la voile et du ski. Vous baiserez de temps en temps, mais, au fond de toi, ça te plaira de moins en moins. Et à quarante berges, si jamais tu rencontres un type comme moi, tu lui cracheras dessus. Tout ça, je le sais, c'est mon métier.

— Ton métier, c'est de baiser les nanas. Alors baise-moi.

— Non. »

Chris est interprétée par Valérie Kaprisky, révélation de *La Femme publique* d'Andrzej Zulawski, nouveau sex-symbol du cinéma français. Sa mère est jouée par Caroline Cellier. Deux femmes qui sont comme un écran à la beauté solaire de Bernard qui, cet été-là, affole Saint-Tropez. Le tournage, en effet, a lieu de la mi-juin à la mi-août, en plein pic touristique.

— Les filles se jetaient sur lui, se souvient Alain Terzian. Elles trouvaient tous les prétextes pour l'aborder, sur les plages, dans la rue ou aux Caves du Roy, où l'on finissait souvent la nuit car il était infatigable. C'était irréel !

De nombreuses séquences sont tournées à l'hôtel Lou Pinet. Un jour, Richard Grandpierre, un jeune Parisien venu faire la saison comme barman, entend Bernard, Valérie Kaprisky et Alain Terzian projeter une partie de tennis.

— Je peux faire le quatrième, leur propose-t-il.

L'après-midi, ils se retrouvent tous les quatre sur le court.

— Bernard jouait très mal, c'était effroyable ! se souvient le jeune homme.

Richard Grandpierre ne quitte plus l'équipe, à tel point qu'il finit par se faire virer de son job ! Avant de rentrer à Paris, il tient à dire au revoir à Giraudeau lors de la projection des rushs, place des Lices.

— Il m'a donné la clé de sa voiture et m'a dit : « Je reste encore un mois ici, désormais, tu seras mon chauffeur. » Et quand je lui ai dit que je n'avais plus de logement à Saint-Tropez, il a ajouté : « J'ai un grand duplex au Mas de Chastelas, on le partage ! »

Sur le tournage suivant, Bernard fait engager Richard comme stagiaire régie. En fait, son rôle consiste à s'occuper de lui. Cinq années durant, il va devenir son homme à tout faire. Il achète les croquettes du chat ou conduit ses Range Rover – quand Bernard ne prend pas lui-même le volant.

— Il trouvait toujours que je conduisais trop lentement. Lui fonçait à toute berzingue, c'était affolant ! De toute façon, il était toujours en train de cavaler. Parfois, il passait ses nerfs sur moi, j'étais son défouloir, mais il ne s'est jamais comporté comme un patron. Je crois qu'il me voyait plus comme un petit frère. À l'époque, Dior lui offrait des costumes. Quand on allait chercher la nouvelle collection, il m'offrait l'ancienne. Il m'a appris le mot « générosité » et m'a donné le sens des vraies valeurs.

Bernard Giraudeau, si mal à l'aise avec son statut de star, avait un secrétaire particulier ? Ce n'est pas le moindre paradoxe du personnage.

— À ce moment-là, il pouvait avoir un côté *prima donna*, commente son frère Philippe, aujourd'hui chorégraphe. Je l'ai vu faire plus de caprices que toutes les divas d'opéra que j'ai rencontrées par la suite.

Entre eux, c'est avant tout une histoire d'hommes. Bernard a été séduit par le côté démerdard de Richard et par sa curiosité sans faille : toujours placé en bout de table, mais les yeux grands ouverts pour ne rien rater. Il semble en quête perpétuelle d'horizons nouveaux. Sans doute Bernard s'est-il en partie reconnu, lorsque, à peine débarqué de la *Jeanne*, il cherchait à prendre son destin en main.

Un jour, pour une pièce de théâtre, il manque un acteur pour un rôle de figuration.

— On n'a qu'à prendre mon Ritounet.

Il se retrouve sur scène en costume de majordome et perruque poudrée. Richard est partout dans sa vie.

— Anny Duperey me disait souvent : « Il passe plus de temps avec toi qu'avec moi ! »

Mais le rapport de Bernard à la notoriété va évoluer, ses aspirations profondes aussi. Au bout de cinq ans, il fera engager Richard comme attaché de presse chez Dominique Segall. Probablement a-t-il senti qu'il était temps pour Richard de s'émanciper. Plus tard, son ancien protégé produira quelques-uns des plus gros succès du cinéma français. Il rêvera même de reconstituer le tandem Giraudeau-Lanvin dans *Le Marquis noir*, un film de cape et d'épée qu'il ne parviendra pas à monter. Il n'a pas oublié que c'est Bernard qui lui a mis le pied à l'étrier.

— Chaque fois que je vois un Range Rover dans la rue, je pense à Bernard.

20

Superstar

Gérard Lanvin et Bernard Giraudeau sont les deux acteurs dont on parle le plus en ce milieu des années 1980. Considérés comme la « relève » du cinéma français, ils se sont rencontrés lors d'un colloque sur le cinéma à Taroudant, au Maroc, organisé par la Fondation Philip Morris, et se sont tout de suite trouvés.

En apparence, tout les oppose : pour Lanvin, le métier d'acteur est une « combine », pour Giraudeau, c'est un art qu'il faut sans cesse affûter. L'un est une nature, l'autre un cérébral, mais ils ont en commun d'avoir eu une vie avant de se lancer dans la comédie, d'où cette manière particulière d'envisager leur carrière : ils ne sont dupes de rien et le cinéma n'est pas toute leur vie.

Souhaitant travailler ensemble, ils cherchent des projets et démarchent les producteurs. Christian Fechner, une nouvelle fois lié au destin de Bernard, sera le seul à leur dire oui.

— Il a cru en nous, se souvient Gérard Lanvin. Il y en a qui ont le pif et d'autres qui sont des baltringues…

José Giovanni, le réalisateur du *Ruffian*, rédige un premier scénario, mais quelque chose ne fonctionne pas. Il n'en subsistera que le titre : *Les Spécialistes*. Patrice Leconte, engagé comme réalisateur, reprend un deuxième script rédigé par Bruno Tardon avec Patrick Dewolf, avant de peaufiner les dialogues avec Michel Blanc. Cinq auteurs pour un même film : Fechner est de ces producteurs qui ne mégotent pas lorsqu'il veut mener à bien un projet.

Conjuguant action et humour, le film reprend les codes du *buddy, buddy*, comme on dit aux États-Unis : deux personnages qui ne sont pas faits pour cohabiter finissent par devenir inséparables. Ici, deux truands s'associent pour cambrioler un casino. L'un des deux est un flic en mission qui se sert de l'autre pour démanteler un réseau de trafiquants.

Tout commence par une évasion sur une petite route des gorges du Verdon : les deux hommes sautent de rocher en rocher pour échapper à la police. En découvrant le scénario, Lanvin lance aussitôt :

— Pour ces séquences-là, on va se faire doubler.

— Si c'est pour se faire doubler, pas la peine de faire le film, rétorque Giraudeau, mi casse-cou (comme il l'est) mi-frimeur (comme il peut l'être).

Lanvin obtempère. Il oublie juste de dire qu'il est sujet au vertige. Mais quelque chose lui dit qu'il peut avoir confiance en Giraudeau et il ne sera pas déçu.

— Bernard m'a aidé, épaulé et rassuré. Alors qu'on était concurrents sur un plan commercial, il aurait pu, tel un con, me rendre minable, mais il s'en est bien gardé. C'est la raison pour laquelle je l'aimerai toujours : c'était un homme, un vrai, qui ne fonctionnait pas sur des instincts bas – la jalousie, etc. Bernard était un partenaire magnifique car il montait ses rôles comme on dit qu'on monte une mayonnaise. Il savait vous écouter et vous regarder. Dans ses silences, il se passait des choses. C'est quelqu'un qui jouait avec l'autre.

Pour les scènes d'action, Bernard se montre d'un courage sans faille. Dans une séquence, il est accroché par une simple paire de menottes au bras de Gérard Lanvin, scotché sur la falaise. Au-dessous de lui, trois cents mètres de vide. Bien sûr, toutes les précautions ont été prises : il porte sous sa chemise un harnais de sécurité relié à la terre ferme par un mince filin. Pour exorciser son trac, il se montre râleur, se plaint des menottes qui lui martyrisent le poignet. N'empêche, il faut en avoir pour se pendre à une falaise.

— Il ne risquait rien, mais je ne l'aurais pas fait moi-même, reconnaît le réalisateur.

Les deux acteurs ne sont doublés que dans une seule scène, celle où ils se jettent de la falaise pour atterrir dans le Verdon : un filet les retient hors champ, deux cascadeurs prenant le relais pour le plan général.

Quand ils ne sont pas prévus au plan de travail, ils vont pêcher dans les torrents ou partent cueillir des champignons. Ils boivent des coups, parlent des hommes, des femmes, de la vie, ils sont inséparables.

Patrice Leconte, lui, découvre un Giraudeau différent de celui qu'il avait connu sur le tournage de *Viens chez moi, j'habite chez une copine.* En à peine quatre ans, l'acteur a évolué.

— Sans montrer ni arrogance ni prétention, il était devenu très discutailleur, se souvient le réalisateur. Il voulait toujours savoir où je mettais la caméra et pourquoi je choisissais tel axe plutôt qu'un autre. Il fallait toujours qu'il se mêle de tout, qu'il ramène sa fraise, ce qui pouvait être envahissant, voire gonflant…

De toute évidence, Bernard est de plus en plus titillé par la mise en scène. Lors de la séquence où il tombe le masque et dévoile son activité de flic, il va jusqu'à suggérer à Leconte : « Et si on faisait un regard caméra ? »

— J'ai trouvé l'idée brillante, reconnaît Leconte, même si, dans la grammaire du cinéma, c'est formellement interdit. Je l'ai fait sans me couvrir avec une prise plus traditionnelle. À ce moment du film, cela fait vraiment de l'effet : ils se regardent en passant par nous. Je me suis resservi de l'idée dans *La Fille sur le pont.* Rendons à Giraudeau ce qui appartient à Bernard !

Sorti le 3 janvier 1985, le film rassemble soixante-dix-sept mille entrées le premier jour. Le samedi, c'est encore mieux : cent vingt mille – un chiffre qui fera longtemps référence. Au total, *Les Spécialistes* réunira en salle 5,3 millions de spectateurs. Troisième meilleure recette de l'année derrière *Trois hommes et un couffin* et *Rambo 2.*

— Avec *Les Spécialistes*, on a pris vingt ans d'un coup. Nous nous sommes retrouvés complètement démodés, diront Jean-Paul Belmondo et Alain Delon à Leconte, sur le plateau d'*Une chance sur deux*, le film scellant leurs retrouvailles en 1998.

Un film que Patrice Leconte regrette aujourd'hui de ne pas avoir tourné avec... Lanvin et Giraudeau.

Gérard Lanvin, lui, ne décolère pas. La nouvelle génération d'acteurs ne cite jamais en référence son duo avec Giraudeau. Et il n'y va pas par quatre chemins :

— Les branleurs d'aujourd'hui sont misérables : ils feraient bien de réviser leur copie, au lieu de citer à tout bout de champ Delon et Belmondo ! Ils étaient trop petits pour voir leurs grands films. Ils ont grandi avec *Rue Barbare*, *L'Année des méduses* ou *Les Spécialistes* ! Impossible qu'ils aient raté ces films-là. Bernard aurait été heureux qu'ils signalent le travail d'un acteur aussi remarquable que lui. Nous, à l'époque, on se faisait chier dessus par les tenants du cinéma intello. On nous rebattait les couilles avec des acteurs comme Wadeck Stanczak, sous prétexte qu'il tournait avec Téchiné, alors que nous, on passait pour des crétins parce qu'on faisait des films populaires. Comment voulez-vous qu'un homme comme Bernard, qui a tout donné au cinéma, ne soit pas entamé par ce manque de reconnaissance ? Il l'était. Ce métier l'a méprisé, alors qu'il n'était pas là pour la compétition ou pour le pognon, mais pour le plaisir. La jeune génération peut se rassurer : il est mort, ce n'est plus un concurrent.

21

La dérobade

Après *Les Spécialistes*, Giraudeau choisit *Bras de fer*. Auréolé par le succès des *Cavaliers de l'orage*, Gérard Vergez lui a proposé de partager avec Christophe Malavoy la vedette de ce film d'amour, d'amitié, de trahison et d'espionnage : durant la Seconde Guerre mondiale, deux amis d'enfance se retrouvent dans les rangs des services secrets anglais.

— J'ai abordé ce personnage en me délectant de son ambiguïté, de sa perversité, mais aussi de son intégrité, racontera Bernard. J'adore jouer les personnages exceptionnels – peut-être car je ne le suis pas moi-même[1].

Pour créer une atmosphère tout en ambiguïté, Gérard Vergez a demandé à son directeur de la photo de dénaturer les couleurs, de désargenter la pellicule, de griser l'image. À la vue des premiers rushs, gros clash :

— Il a considéré qu'on ne voyait plus ses yeux bleus. Il y tenait beaucoup !

Même durant le tournage de *Rue Barbare*, film dans lequel il n'avait pourtant pas hésité à bousculer sa belle gueule, il avait veillé à ce que ses yeux couleur piscine

---

1. *Stars d'aujourd'hui, op. cit.*

soient bien mis en valeur. Le chef opérateur braquait en permanence sur lui un projecteur de 250 W recouvert d'une gélatine bleue que toute l'équipe avait rebaptisé « le Giraudeau »... Décidément, Bernard n'est pas à un paradoxe près.

— Il s'interrogeait beaucoup sur le pourquoi de son magnétisme, analyse Gérard Vergez. Il se demandait pourquoi il accrochait la lumière mieux que d'autres. D'une certaine manière, il en profitait, mais sa beauté l'encombrait.

Dans ce film à fleuret moucheté – au sens premier : l'épée y joue un rôle essentiel –, Bernard renoue avec l'escrime, apprise à La Rochelle, perfectionnée au Conservatoire. Mais, pour les échanges les plus dangereux, la production lui impose d'être doublé. Chaque fois, il râle. Il ronchonne d'ailleurs beaucoup durant le tournage. Son statut naissant de star prête à croire qu'il a pris la grosse tête. En fait, loin de calmer ses interrogations, le succès les a amplifiées. Son arrogance, ses coups de gueule, ses colères cachent une exigence décuplée : toujours cette crainte de ne pas être à la hauteur, de ne pas assez travailler, de céder à la facilité. Il a l'impression qu'avec le temps son physique se burine, devient plus intéressant, lui ouvre d'autres horizons. Il n'a que trente-sept ans mais, dans ses interviews, il dit souvent : « Maintenant que j'ai quarante ans... »

Bras de fer sera un échec commercial. Il le prendra « comme une gifle » car il a beaucoup cru au film. Plus que jamais, il se sent écartelé entre des aspirations contradictoires. L'insuccès du film de Vergez lui rappelle la fragilité de son statut. Or une star, pour rester une star, se doit de culminer au sommet du box-office – mais à quel prix?

D'une certaine manière, il se sent piégé par le système.

Paradoxalement, c'est au moment où il pourrait concilier ambition commerciale et artistique, avec l'un des metteurs en scène les plus originaux du moment, qu'il va… se dérober.

*

Durant le tournage des *Valseuses*, Bertrand Blier a l'idée d'un film où « un hétéro qui n'a pas envie de devenir homo le devient quand même ».

— Si un jour on est dans la merde, on fera ce film, lance-t-il à son trio magique, Gérard Depardieu, Patrick Dewaere et Miou-Miou.

Mais en 1982 Patrick Dewaere se suicide. Bertrand Blier pense abandonner le projet, jusqu'au jour où il découvre Bernard dans *L'Année des méduses*. Il le contacte et celui-ci donne son accord de principe. Le réalisateur vient déguster un lapin au cidre dans la Creuse. Tard dans la nuit, Bernard l'éblouit en s'accrochant les boucles d'oreilles qu'Anny Duperey a laissées sur la table du salon avant d'aller se coucher. Guy Bonnet négocie avec René Cleitman un contrat particulièrement avantageux. La presse annonce le film et Bertrand Blier se met à écrire le script. Quand il est fin prêt, il invite Bernard chez lui.

— Il s'est installé dans le divan en face de mon bureau et j'ai commencé à lui lire le scénario, se souvient Bertrand Blier. Au début, il a ri. Et puis, je l'ai vu se décomposer. À la fin, il m'a dit : « Je ne ferai pas le film et ne me demande pas pourquoi. » Je ne le lui ai pas demandé. C'est ce qu'on appelle un moment glacial…

Guy Bonnet se gardera d'intervenir :

— Je ne voulais pas qu'il ait l'impression que je le pousse puisque, en tant qu'agent, j'avais 10 %.

Pourquoi Bernard a-t-il renoncé à ce projet qui promettait de donner un nouveau tour à sa carrière, plus conforme à ses aspirations profondes?

— Si c'est pour recréer un couple d'homos comme il existe des couples d'hétéros, je ne vois pas l'intérêt. Il aurait fallu aller plus loin, expliquera-t-il un jour à Danielle Gain.

Difficilement recevable, vu l'angle décalé et délirant du film.

— Je n'ai pas envie de me confronter à Gérard Depardieu dans un film où il est le bulldozer et où je suis la petite fleur: je ne serais pas crédible. Et sans crédibilité, ça ne pourrait pas être à la fois drôle et émouvant, expliquera-t-il[1].

Manière de dire qu'il a eu peur de la confrontation avec Depardieu? Inimaginable de la part d'un comédien qui a toujours méprisé les faibles et qui prend soin de placer la barre le plus haut possible.

A-t-il été gêné par le sujet, comme s'il réveillait des interrogations sur son identité? Là encore, l'explication ne tient pas. Bernard est sûrement l'acteur qui a joué le plus d'homosexuels au cours de sa carrière – de *Pauvre France* à *Gouttes d'eau sur pierres brûlantes*, en passant par *Le Grand Pardon* ou *Le Fils préféré*. Dans *La Camisole*, tourné pour la télévision, il se travestissait en femme, tout comme dans l'une des scènes de *Croque la vie*.

— Pour moi, la comédie, c'est d'abord le grimage, expliquera-t-il un jour. On se maquille, on se déguise. Il n'y a rien de plus passionnant pour un comédien que de se mettre dans la peau d'une femme. La sensibilité est une chose terriblement difficile à maîtriser[2].

---

1. *Première*, février 1986.
2. *Stars d'aujourd'hui, op. cit.*

Cette suite de pièces et de films incitera d'ailleurs le journaliste Jean-Pierre Lavoignat et la psychologue Joëlle de Gravelaine à aborder avec lui le thème de l'homosexualité dans une interview très intime, intitulée « Double jeu » :

Studio : « *On retombe dans la quête du double…*

Bernard Giraudeau : Y compris sur le plan de l'homosexualité. Je n'ai jamais eu d'expérience homosexuelle… sauf… non, jamais.

— *Sauf ?*

— *Sauf un flirt. Enfin, un flirt… c'est délicat à expliquer. Ce n'était pas du domaine du désir, mais de la séduction et surtout de la chaleur fraternelle, d'une communion de pensée qui se traduisait comme ça, par un flirt…*

— *Vous pensez que vous avez eu ou que vous avez des tabous à ce niveau-là ?*

— *Non. Ce n'est pas par manque d'occasions, c'est plus par manque de désir, de nécessité, de besoin*[1]. »

*

Tenue de soirée restera la grande occasion manquée de sa carrière. En un film, il aurait gagné plusieurs années. Des années plus tard, il avouera avoir commis là une erreur.

Secoué par ce refus, Bertrand Blier changera radicalement son fusil d'épaule et choisira Michel Blanc. Qui obtiendra le prix d'interprétation masculine au Festival de Cannes…

---

1. *Studio*, mars 1987.

22

La mort du père

Faute de tourner *Tenue de soirée*, Bernard Giraudeau se retrouve libre de tout engagement.

Après une participation clin d'œil dans *Moi vouloir toi*, au côté de Gérard Lanvin, et dans *Les Loups entre deux* de José Giovanni, il se décide pour *Les Longs Manteaux*, qui marque ses retrouvailles avec Gilles Béhat, le metteur en scène de *Rue Barbare*. Avec lui, il ne se sent pas seulement interprète, mais véritablement associé. Ils sont en phase.

Cette fois, il s'agit d'un western moderne situé en Amérique du Sud. Un géologue français en expédition scientifique se retrouve obligé de jouer les héros face à des militaires boliviens surnommés « les longs manteaux ». Dès la lecture du roman de Georges-Jean Arnaud[1], Bernard a donné son accord de principe. Il aime le personnage, l'arrière-plan politique, la possibilité de jouer avec des acteurs d'horizons différents – puisqu'il sera le seul Français –, l'idée de partir trois mois à l'autre bout du monde dans un pays qu'il ne connaît pas. Il voit là une manière de renouveler le film d'aventure qui lui a déjà si bien réussi.

---

1. *Les Longs Manteaux*, Fleuve Noir, 1971.

Des mois durant, il suit l'avancement du scénario : il discute, suggère, contredit, modifie, valide. Parallèlement, il pousse Christian Fechner, son producteur fétiche, à s'associer au projet. Car le film s'annonce coûteux : tournage en scope dans un pays lointain, sans possibilité de repli.

À l'automne 1985, Bernard se retrouve donc pour trois mois dans la cordillère des Andes, dans le nord-ouest de l'Argentine, à cent kilomètres de la frontière bolivienne. Humahuaca, où l'équipe s'est installée, est située à trois mille mètres d'altitude. C'est une petite ville de dix mille habitants, fondée à la fin du XVIe siècle, dont l'église, qui constitue l'un des principaux décors du film, témoigne du passé colonial. C'est la porte vers l'Altiplano, où se déroule la scène d'ouverture, à près de 6 000 mètres d'altitude : Bernard, face à sa mule, dans un campement de fortune.

« Dis donc Stella, qu'est-ce que tu veux bouffer ce soir? Maïs grillé ou foie gras des Andes? Foie gras des Andes, évidemment. »

Le tournage de la séquence n'ira pas sans problème. À un moment, l'âne s'échappe. Un assistant se lance aussitôt à sa poursuite. Mauvais réflexe à cette altitude : quinze mètres plus tard, il s'écroule.

Bernard, force de la nature, s'acclimate sans difficulté, toujours partant pour découvrir la région. Un dimanche, il propose à l'équipe d'aller faire de la varappe sur les parois environnantes.

— C'est facile, vous n'avez qu'à me suivre, dit-il aux novices.

— Personne ne voulait se dégonfler, se souvient Gilles Béhat. Il y en a qui ont vraiment eu les jetons !

Un jour, lors d'une séquence dans une rivière de galets, Bernard sent, sous ses pieds, qu'il est en train de déclencher une avalanche de cailloux. Gilles Béhat arrache le cadreur du lit de la rivière, tandis que les pierres rebondissent sur la caméra, restée au milieu de l'eau. Bernard n'hésite pas un instant : il fonce récupérer la Panaflex au milieu des éboulis.

Un autre jour, l'équipe attendra une journée entière un train qui finira par arriver… locomotive à l'envers !

Un moment, le tournage sera même carrément interrompu. Durant le week-end, les techniciens locaux ont pris l'habitude de partir en camion à Villazon, une ville franche à la frontière bolivienne, capitale des trafics en tout genre, où tout s'achète et se revend pour une bouchée de pain. Ils en reviennent chargés de cadeaux et d'appareils électroménagers pour leur famille. Mais ils ont été dénoncés. La police locale suspecte même un trafic de drogue. Un matin, Gilles Béhat et Bernard apprennent que l'hôtel va être fouillé. Tous deux font le tour des chambres pour prévenir les Argentins afin qu'ils se débarrassent de tout matériel compromettant. Une partie de l'équipe sera emprisonnée quelques jours avant d'être relâchée.

À force d'imprévus, le tournage prend du retard.

— La seule solution était d'avoir une deuxième équipe, se souvient Gilles Béhat. Comme je voyais que Bernard avait de plus en plus envie de passer à la réalisation, je lui ai proposé de faire les plans dont j'avais besoin.

Bernard est fou de joie. Dès qu'il n'est pas à l'image, il part tourner des plans de coupe, passage de voitures, silhouettes devant l'église, etc. De retour, il apostrophe chaque fois Gilles Béhat :

— Tu n'en as pas d'autres à faire ?

Ces trois mois à quinze mille kilomètres de Paris seront le creuset de ses futures années : loin du show-biz parisien, de ses tentations, de ses sollicitations, il découvre le plaisir non de faire escale comme au temps de la *Jeanne*, mais de s'immerger dans un pays qu'il ne connaît pas, une civilisation dont les codes sont aux antipodes des nôtres.

Pour garder le contact avec ses enfants, il prend le temps de s'isoler dans sa chambre et d'inventer des contes qu'il enregistre sur son magnétophone de poche et expédie à Paris avec les rushs du film.

— Tu devrais en faire un livre, lui suggère le journaliste Jean-Pierre Lavoignat, venu en reportage sur le tournage.

Quelques années plus tard, Bernard en fera bel et bien un livre, complété de cassettes, à destination des enfants[1].

— Quand j'étais petit, on ne me racontait pas d'histoires, expliquera-t-il. J'en ai raconté à mes enfants, après j'en ai raconté aux autres.

*

Le tournage des *Longs Manteaux* reste néanmoins marqué par un souvenir douloureux : le 12 décembre 1985, son père meurt à soixante-six ans, usé par la vie. Depuis quelques mois, il luttait contre un cancer. Il s'est battu jusqu'au bout, comme s'il avait voulu attendre le retour de son fils pour s'éteindre. Ils se manqueront de quelques heures : Bernard est sur le chemin du retour quand il apprend la nouvelle, Elizabeth ayant réussi à le joindre lors d'une escale.

La disparition d'un père est toujours un adieu à l'enfance. Désormais, Bernard est en première ligne : le chef de tribu, c'est lui.

1. *Contes d'Humahuaca*, Seuil/Métailié, 2003.

Est-ce le semi-échec des *Longs Manteaux*? La brouille avec Christian Fechner lors de la sortie du film (malgré le refus de l'acteur, le producteur a imposé qu'il arbore un pistolet sur l'affiche, avant de couper définitivement les ponts, à la grande tristesse de Bernard)? Ou le contrecoup de la disparition de son père qui sonne, inconsciemment, le glas d'une époque? Toujours est-il qu'après ces *Longs Manteaux* Bernard n'apparaîtra plus en héros de grands films d'aventure.

— Je n'ai pas vécu d'adolescence, analysera-t-il un jour, et c'est pour vivre cette adolescence que j'ai fait des films comme *Viens chez moi...* ou *Les spécialistes.* J'en avais besoin. Je ne les renie pas du tout, mais aujourd'hui je n'ai plus envie de faire ça. J'ai l'impression d'avoir un petit peu grandi[1]...

*

Bernard Giraudeau a toujours aimé infléchir sa carrière. *Poussière d'ange*, le projet d'Édouard Niermans, tombe à point nommé. Mais, contre toute attente, le virage sera plus brutal qu'il ne l'imaginait, un peu comme s'il s'y engageait à son corps défendant.

Dans ce polar, il incarne un flic entre deux états, deux identités, qui sombre dans l'alcoolisme après avoir été quitté par sa femme. Son supérieur lui confie une banale affaire de vols dans un supermarché ; lui s'attache à une jeune marginale dont il découvre qu'elle cherche à venger sa mère, morte dans des circonstances étranges. C'est la rencontre de deux largués.

« Il est 11 h 02 et tout va bien. J'ai des lunettes anglaises, une cravate et une chemise américaine, des

---

1. *Studio*, mars 1987.

chaussures italiennes et une femme qui m'aime, mais ça n'a pas toujours été comme ça. »

Du scénario de Jacques Audiard, Bernard a surtout retenu les moments décalés, humoristiques, comme cette séquence où, ramassé ivre mort en pleine nuit par ses collègues et placé en cellule de dégrisement, il en sort au petit matin… en utilisant sa clé.

Le personnage est un *loser*. Cheveux hirsutes, yeux rougis, cernes marqués, visage creusé par la lumière et les courtes focales, rarement flatteuses, Bernard a l'air d'une « épave », pour reprendre le titre du roman de Goodis à l'origine de *Rue Barbare*. Ce n'est pas lui qui s'en plaindrait, au contraire. Mais il ne s'attendait pas à ce qu'Édouard Niermans emmène le film vers quelque chose d'aussi noir, fantasmagorique, labyrinthique.

— Il voulait jouer de manière plus « champagne ». Moi, je le poussais vers davantage de retenue, se souvient le réalisateur. Quand il voyait qu'on n'allait pas vers la comédie, il était assez anxieux. Il y a des jours où c'était assez tendu : il se demandait vraiment ce qu'on était en train de faire. J'avais l'impression qu'il se disait : « Ce mec va ruiner ma carrière. » Mais comme il voyait que ce que je faisais était structuré, il faisait. D'un seul coup, au milieu d'une scène, il était capable d'accélérer son jeu, comme s'il passait sur le mode *overdrive*. Quand on avait des choses à se dire, c'était toujours sur le ton de l'humour, même si parfois c'était assez corrosif. Il n'y a jamais eu de clash. Il n'avait pas l'arrogance de l'acteur qui explique ce qu'on doit faire.

Parfois, Bernard ajoute quelques mots au script. C'est lui, par exemple, qui a l'idée de dire : *« Ce n'est pas une mémoire que j'ai, c'est une gomme. »* Une phrase qui lui correspond pleinement : il évoque souvent sa « mémoire autonettoyante ».

Dans *Poussière d'ange*, le polar flirte avec l'onirisme, la mort avec la poésie. Il y a là quelque chose de trop personnel pour rassembler le grand public, mais Bernard se montrera très heureux du film et de son accueil. *Poussière d'ange* est même sélectionné et primé dans plusieurs festivals.

— Pour lui, le succès critique était plus important que le box-office. Il n'avait pas l'habitude d'avoir des articles dans les *Cahiers du cinéma*. C'était nouveau pour lui.

Unis par la même passion de la montagne et des grands espaces, Édouard Niermans et Bernard partageront de nombreux moments sur les rochers de Fontainebleau. Au début des années 2000, le réalisateur lui proposera de reprendre le rôle principal du *Lion*, d'après Joseph Kessel, abandonné par Jean-Paul Belmondo après son accident vasculaire cérébral.

— Tu vas encore me faire chier? lui lance alors Bernard.

— Qui est le plus emmerdant des deux? réplique le réalisateur.

Finalement, la production négociera en douce avec Alain Delon et Édouard Niermans choisira de quitter le projet…

*

Après *Poussière d'ange*, de nouvelles portes s'ouvrent, que Bernard Giraudeau ne va pas tarder à franchir. Dans *L'Homme voilé*, un vrai film d'auteur du Libanais Maroun Bagdadi, il incarne un médecin au regard éteint qui n'est plus que le fantôme de lui-même, comme s'il était absent de sa vie. De retour de Beyrouth, il ne pense qu'à retrouver sa fille de seize ans, mais doit faire face à d'autres obligations. Une quête intérieure qui est aussi une réflexion sur le choc des cultures et qui sera source d'enrichissement personnel.

Ensuite, il se lance dans une comédie de Bernard Stora produite par Alain Terzian, *Vent de panique*, où souffle le vent de l'ironie et de l'autodérision. Giraudeau incarne Roland Pochon, un homme qui tâche d'avoir l'air de quelque chose alors qu'il n'est rien. Un raté, escroc à la petite semaine, recalé de la célébrité qui a jadis connu la gloire dans un feuilleton à succès, *Zoup et Zoupette*. C'est là qu'il a rencontré sa femme, jouée par Caroline Cellier. Un rôle picaresque en veste à carreaux et chemise orange où Giraudeau s'amuse comme un fou, ravi de composer un personnage à l'italienne, dans la lignée des Tognazzi et autres Gassman.

— Lors de nos premières rencontres, il m'avait semblé distant, voire cassant, raconte Bernard Stora. Je me suis dit : ça ne va pas être facile. Mais dès la fin de la première matinée de tournage, il m'avait adopté. J'ai découvert un acteur charmant, jovial, enthousiaste. Il achetait de la charcuterie pour organiser des goûters sur le plateau. Je crois qu'il a vécu le tournage comme une récréation.

La sortie sera sabotée par le distributeur, qui n'a rien trouvé de mieux que barrer l'affiche d'un immense : « Salopes… ! » Mais Bernard gardera toujours une tendresse pour ce film inclassable. Sa fille, Sara, confiera plus tard à Bernard Stora :

— C'est celui où je retrouve le mieux mon père.

Peu lui importe que le public s'éloigne de lui. S'il s'est grisé d'être une star, il en a vite fait le tour.

— Sans doute, une partie du public m'abandonne, analysera-t-il. J'ai changé d'image, perdu mes dents blanches et mon sourire, mais ce n'était pas ma vie. J'ai longtemps été ce que je ne suis pas. Puis, un jour, j'ai décidé d'être ce que je suis, de retrouver une identité d'acteur à travers l'homme. Ou l'inverse[1]...

1. *Première*, février 1986.

TROISIÈME PARTIE

L'AVENTURIER

« Le souvenir n'a de valeur que si l'on sait que l'on repartira pour un nouveau voyage. Le pire des reniements, le plus grand désespoir est de jeter l'ancre dans son pays et de vivre de souvenirs. »

NÍKOS KAVVADÍAS, *Le Quart*

À Cannes, en 2003.

Coll. part.

Avec son père et sa mère,
à Berlin, en 1950.

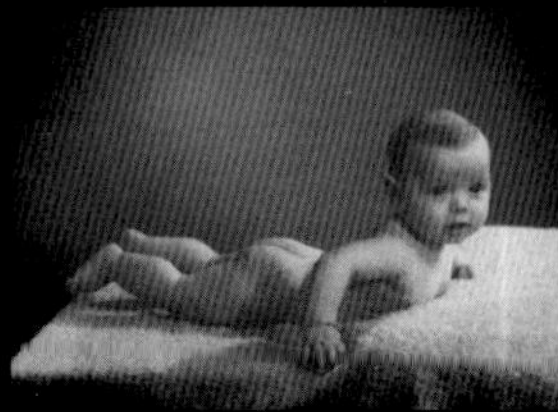

Coll. part.

Un bébé souriant
mais coléreux.

Coll. part.

Trotinette ou vélo,
déjà l'envie d'aller voir ailleurs.

Coll. part.

Coll. part.

Avec sa mère.

Coll. part.

Le goût du bivouac.

La vie militaire n'exclut pas les facéties lors des escales de la *Jeanne d'Arc*.

Coll. part.

Avec Patrick Drouard, lors du deuxième tour du monde, en 1966.

Les débuts d'un danseur, à La Rochelle, à la fin des année 1960. Il a lui-même légendé la photo ci-dessous, adressée à son professeur de danse : « Tu vois, je travaille ! ».

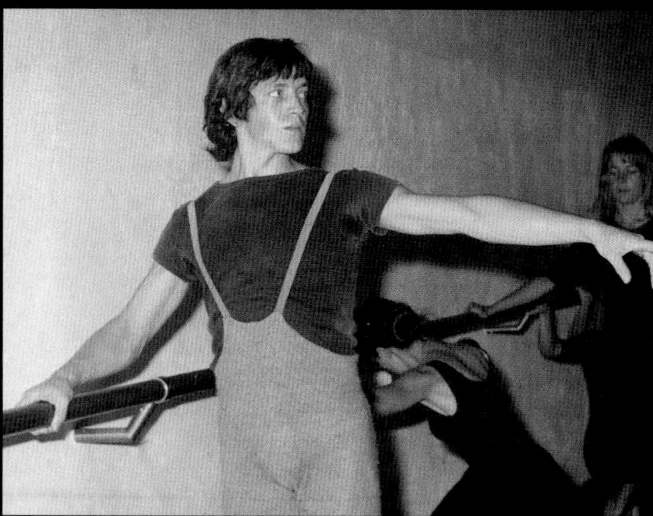

© Richard Melloul / Corbis / Sygma

Avec Anny Duperey : seize ans de vie commune.

© Richard Melloul / Corbis / Sygma

Jeune premier à Cannes, en 1981.

Dans *Le Plaisir de rompre*, de Jules Renard, en 1990.

© Richard Melloul / Corbis / Sygma

d.r.

© Luc Roux / Corbis / Sygma

Acteur mais aussi metteur en scène des *Caprices d'un fleuve*, en 1995.

© Jacques Morell / Corbis / Sygma

Au théâtre, dans *Becket*, en 2000.

© Luc Roux / Corbis / Sygma

L'Autre, sa première réalisation, en 1990.

© Stéphane Cardinale / People Avenue / Corbis

Avec sa fille Sara lors de la soirée des Molières en 2009.

Marine nationale

Retour sur la *Jeanne d'Arc* en 2007.

Coll. part.

Entouré de sa famille pour ses 55 ans en 2002 : sa fille Sara, Joseph Gomis (alors compagnon de sa mère), son fils Gaël, son frère Philippe, sa mère Claudie, sa sœur Élizabeth et son frère François.

Richard III de Shakespeare,
sa dernière apparition au théâtre,
en 2005, à La Rochelle.

ph. Franck Moreau

23

Le bonheur amollissant

Tout marin a besoin d'un point d'ancrage. Comment vivre l'excitation du départ si l'on ne revient jamais ?

Pour Bernard, le port s'appelle Anny Duperey. Depuis des années, leur couple repose avant tout sur leur passion commune pour le théâtre et la comédie. Quand ils ne sont pas à Paris, ils se retrouvent dans leur maison de la Creuse, qui est devenue leur refuge. Paradoxalement, cet homme qui ne tient pas en place a le fantasme du cocon. Des années durant, il débroussaille, abat des cloisons, monte des murs.

— Il y a deux types d'hommes, analyse Anny Duperey. Les défricheurs et les cultivateurs. Bernard était péremptoirement dans la première. Il aimait bâtir mais, à partir du moment où il fallait entretenir, il s'embêtait.

Comme le résume joliment son frère Philippe :

— Il construisait des fenêtres et, quand elles étaient finies, il les ouvrait pour partir…

Pendant qu'Anny s'isole dans l'ancien pressoir transformé en atelier de peinture, il court, fait du vélo ou pêche à la mouche dans les rivières environnantes. Le jardin qui entoure la propriété pourrait être un renouvellement permanent : chaque saison, tout est à recommencer. Mais c'est le domaine d'Anny.

— Bernard était beaucoup trop impatient pour cela.

Au fil des années, elle découvre la face sombre de celui qui partage sa vie : son incapacité à être heureux.

— Il n'était pas doué pour le bonheur, analyse-t-elle. Il le voyait comme quelque chose d'amollissant et dangereux. Chaque fois qu'on était vraiment bien, il disait : « Voilà, on devient cons… »

La crainte de l'ennui. Ce foutu ennui qui a pourri son enfance…

Même la naissance de Gaël ne lui a pas apporté la paix intérieure. Son fils est un bébé difficile – comme il l'a lui-même été. Un jour où Gaël pleure sans que ni Bernard ni Anny ne parviennent à le calmer, il lui dit :

— Je sais ce qu'a cet enfant : quand il est né, il ne se doutait pas que la vie ne serait que ça.

Malgré tous les cadeaux que lui offrent son métier d'artiste et la vie en général, Bernard paraît déçu de ne vivre *que ça*. Pis, son propre fils représente une forme d'assujettissement à ce qu'il déteste le plus : le quotidien.

Alors, il prend la tangente.

Comme son père qui, durant son enfance, est parti en Indochine et en Afrique du Nord. Même si les raisons ne sont pas les mêmes – quoique…

> *Mon père qui fut absent de mon enfance, hors du quotidien domestique et bien heureux de ne pas être là*[1].

Bernard, jusque-là plutôt sédentaire, se met à voyager. Anny, qui se définit comme une « piètre voyageuse », ne l'accompagne pas.

---

1. *Les Dames de nage*, Métailié, 2007.

— Je ne cherche que des endroits où m'attacher, explique-t-elle. Tout son contraire.

Il s'échappe.

Il fuit.

Se fuit?

*

Autant Bernard a désiré la naissance de Gaël, autant il s'est montré réticent à l'idée d'un deuxième enfant.

— Je me demande si deux n'est pas pire qu'un, lâche-t-il un jour à Anny.

Mais la vie est parfois plus forte que la volonté : Anny tombe enceinte et Sara naît le 1er août 1985, juste avant que Bernard ne s'envole vers l'Argentine pour *Les Longs Manteaux*. Un tournage qui ne fait que renforcer son désir de voyager. De découvrir des pays inconnus. De courir après l'horizon.

Quelques mois plus tard, Anny Duperey doit jouer *La Répétition ou l'Amour puni* de Jean Anouilh dans une mise en scène de Bernard Murat, qui n'est pas encore le metteur en scène des stars qu'il deviendra. Ses partenaires doivent être Pierre Arditi et André Dussollier. Au dernier moment, celui-ci se dérobe.

— Pourquoi pas Bernard? suggère-t-elle à Murat, certaine qu'il serait parfait dans le rôle.

— Tu crois qu'il accepterait? réplique le metteur en scène, sans grand espoir.

À l'époque, les grandes stars de cinéma – et Bernard en est une – rechignent en effet à rester bloquées plusieurs mois de suite à Paris, de crainte de devoir refuser un film, plus lucratif.

Le lendemain, Anny revient avec la réponse : c'est oui. Pour Bernard, l'occasion est trop belle de renouer avec cette sensation qu'il aime par-dessus tout : le saut à l'élastique, lorsque le rideau se lève. Se jeter dans la fosse aux lions – ou plutôt aux spectateurs. Une adrénaline qui lui manque furieusement au cinéma.

Quelques jours plus tard, il débarque au théâtre Édouard-VII pour les premières répétitions et se met à invectiver Pierre Arditi, pour rire, du haut de l'escalier de scène. Puis il descend les marches, majestueux, dans un long manteau, tel le prince de Hombourg, avant de s'affaler aussi lamentablement que volontairement. Une entrée fracassante qui donne d'emblée le ton : la pièce sera une récréation dont il compte bien profiter au maximum.

— Lui et Pierre étaient comme deux gamins, tandis qu'Anny jouait les chefs de troupe, raconte Bernard Murat. C'est à ce moment que j'ai appris à l'aimer et à le détester – car il pouvait être détestable quand il piquait des colères irrationnelles. Mais, en général, dix minutes après tout était oublié.

Les colères peuvent même se transformer illico en fous rires. Un soir, Anny bafouille au moment de sortir de scène. D'agacement, Bernard en jette le livre qu'il tient à la main, mais l'ouvrage se désarticule et les pages se mettent à retomber sur la scène comme des feuilles mortes.

— Il avait encore deux ou trois répliques à dire, raconte Murat. Il n'a pas réussi tellement il riait…

Entre l'acteur et le metteur en scène naît une complicité qui ne se démentira jamais.

24

Réalisateur

Depuis des années, Bernard rêve de passer à la réalisation. Au cinéma, il ne supporte plus de n'être qu'un soliste. Il a l'impression de ne rien maîtriser. Il veut être le chef d'orchestre. Pour assumer le résultat final. Pleinement.

Son destin, il le sait depuis qu'il s'est engagé dans la Marine, lui seul peut le prendre en main.

Un été, dans la Creuse, entre deux pelletées de ciment, il a tourné un court-métrage avec son frère Philippe et Maurice Chevit. *Le Cri du silence* racontait une exécution pendant la Seconde Guerre mondiale. Mais il peine à trouver un sujet à la hauteur de ses ambitions.

— Je vais être trop vieux, l'entend régulièrement piaffer Anny.

À cette époque, il est persuadé qu'il mourra jeune. Du temps de la *Jeanne d'Arc*, dans un bar douteux à l'autre bout du monde, une cartomancienne lui avait dit : « Toi, vers quarante-cinq ou cinquante ans, tu seras mort. » Souvent, il parle de sa ligne de vie qui est « très courte ».

— J'ai pris l'habitude de mettre les bouchées doubles, de violer la vie[1].

---

1. *Studio*, avril 1996.

La réponse à ses interrogations artistiques se dessine lors d'un dîner avec José Giovanni, l'un des seuls metteurs en scène à fréquenter la rue Froidevaux, car Anny et lui vivent en marge du show-business, conscients de la superficialité des liens qui s'y nouent. Le réalisateur du *Ruffian* lui parle de *La Face de l'ogre*, un livre de sa sœur Simone, épouse du grand alpiniste René Desmaison. Pas un document sur l'ivresse des cimes mais, au contraire, un témoignage sur ceux qui, en bas, patientent, tremblent, espèrent. Un roman sur l'attente, la chose que supporte le moins Bernard – et qui le fascine d'autant plus.

À l'origine de ce récit, une histoire vraie: celle du « pendu de l'Eiger ». En juillet 1936, quatre alpinistes allemands et autrichiens avaient tenté d'escalader la face nord de l'« Ogre », « dernier problème des Alpes ». Seul survivant de cette aventure, Toni Kurz ripa dans la descente. Personne n'ayant pu le secourir, son corps était resté suspendu au bout de sa corde, ses pieds se transformant en stalactites, jusqu'au passage d'une cordée allemande.

Dans son roman, Simone Desmaison raconte la tragédie vue par une femme logée dans un hôtel au pied de la montagne: l'épouse de Kurz.

Anny Duperey se lance dans l'écriture du scénario. Elle interprétera le rôle principal. Bernard signera la réalisation, mais il se réserve un caméo: il jouera le pendu. Il a choisi la télévision: une manière de se faire la main, sans la pression d'une sortie au cinéma.

Septembre 1987. Il est fin prêt pour le tournage, qui se déroule dans un hôtel au-dessus de Chamonix, coincé entre les Drus, la mer de Glace et la dent du Géant.

— La télévision, c'est Berlitz: des cours accélérés, s'amuse-t-il.

Thierry Decourcelle, journaliste à *Première*, de passage sur le tournage, l'observe au travail : « Entre chaque plan, Bernard Giraudeau se concentre, il déplace tel objet, éloigne tel autre, cherche un angle, compose son image avec un soin d'orfèvre[1]. »

— Depuis que je fais du cinéma, j'observe le travail des réalisateurs, explique-t-il. Ce qui m'a toujours fasciné, ce n'est pas la direction d'acteurs, non, c'est la composition du cadre. Transposer comme en peinture sa vision tridimensionnelle dans un cadre. C'est Scola qui m'a confirmé l'importance de la composition, le jour où il m'a dit : « Tous les détails sont essentiels. Même si, à l'image, ça ne se voit pas, ça se sent. »

Pour ne rater aucun détail, il ne dort pas avec le reste de l'équipe mais dans le décor de l'hôtel – en fait, un refuge amélioré, spartiate, sans télé, ce qui lui permet d'être le premier et le dernier à l'œuvre.

À l'arrivée, un film rigoureux et émouvant qui sera primé dans plusieurs festivals et connaîtra un joli succès d'audience lors de sa diffusion.

Bernard a réussi son examen de passage. Les portes de la réalisation au cinéma lui sont désormais ouvertes. Auparavant, il va retrouver ce théâtre qui lui procure, en fin de compte, les émotions les plus fortes.

*

À Londres, une pièce fait un tabac : *Les Liaisons dangereuses*, revue et corrigée par Christopher Hampton. Plus tard, elle donnera naissance au chef-d'œuvre de Stephen Frears avec John Malkovich, Glenn Close, Uma Thurman et Michelle Pfeiffer. Pour l'heure, Jacqueline

1. *Première*, décembre 1987.

Cormier en a acquis les droits pour monter le spectacle au théâtre Édouard-VII.

Valmont – le personnage de Bernard – est un séducteur invétéré, mais aussi sournois, rusé, manipulateur, stratège. Pour retrouver les faveurs de la marquise de Merteuil, il est prêt à tout, et d'abord au pire. Entre eux, c'est à qui veut dominer l'autre, prendre l'ascendant. Un rêve d'acteur pour Bernard, qui choisit pour la mise en scène son complice de *Bras de fer*, Gérard Vergez.

Si l'entente est toujours parfaite avec Caroline Cellier, Bernard se heurte à Catherine Frot, qu'il a pourtant dirigée dans un petit rôle de *La Face de l'ogre*. Parfois, elle éclate en sanglots dans les coulisses.

— Il la trouvait trop immédiatement populaire, explique Gérard Vergez.

En fait, leur différend cache des divergences plus profondes.

— Catherine est une actrice qui ne se pose pas de questions : elle s'abandonne totalement à son personnage. Lui était à la recherche de ça, mais il n'y arrivait pas. Il fallait qu'il contrôle et, du coup, c'était difficile entre eux. Il n'acceptait pas l'idée qu'on puisse l'aimer sans qu'il ait travaillé, comme s'il ne méritait pas le respect. Il voulait avoir capitalisé du travail. Encore que, pour les capitalistes, seul compte le résultat…

Nouveau triomphe.

Décidément, au théâtre, Bernard vaut de l'or.

*

Depuis *La Face de l'ogre*, Bernard est obsédé par l'idée de renouer avec la réalisation. Non par désir narcissique de s'offrir les rôles dont il rêve. Parallèle révélateur : tout comme Robert Redford, dont il admire le parcours artistique, Bernard ne joue pas dans ses trois premiers films.

Son désir de mise en scène repose sur une interrogation personnelle :

— En tant qu'acteur, je n'ai jamais bien compris ce que représentait le « cinématographe ».

Réaliser, c'est comprendre. Son existence se résume à ça : vivre pour comprendre.

Le thème de *L'Autre* en est la parfaite illustration. Loin d'évoquer ce qu'il connaît – l'appel d'un ailleurs plus excitant –, il a choisi d'adapter un livre d'Andrée Chedid. Un roman immobile, dont le thème lui répugne : l'enfermement. Un exorcisme, en quelque sorte.

En matière de cinéma, l'acteur le plus speedé de sa génération déteste les films qui vont vite : il n'aime que les cinéastes contemplatifs, qui donnent du temps au temps, comme ses maîtres, Yasujiro Ozu ou Andreï Tarkovski – encore un paradoxe.

L'histoire ? Celle d'un homme qui veut à tout prix en sauver un autre, enseveli sous les décombres d'un tremblement de terre. Il ne le connaît pas, n'a fait que l'apercevoir à une fenêtre, quelques minutes avant la secousse. Il est le seul à le croire vivant, persuadé que la jeunesse ne peut pas mourir. Une histoire d'étouffement, pas si éloignée d'un moment de sa vie enfoui au fond de sa mémoire.

— Quand il était petit, se souvient sa sœur Elizabeth, il avait construit un tunnel sur la plage. Il était entré à l'intérieur, mais le sable s'était s'écroulé sur lui. Il avait eu très peur…

Depuis des années, il rêve de ce film. Il a contacté la romancière Andrée Chedid dès 1973, mais les droits, acquis par Anthony Quinn, n'étaient pas libres. De nouveau disponibles, il les acquiert aussitôt, mais aucun producteur n'en veut. Chaque fois, la réponse est la même : aucun potentiel public. Bernard s'entête et finit par convaincre Tarak Ben Ammar, le producteur de *Bras de fer*, de le suivre dans l'aventure. Avec 11,5 millions de francs et sept semaines de tournage, le budget est modeste, mais qu'importe : le film se fera.

Il lui faut un décor. Pendant des semaines, il sillonne ce qui est encore la Yougoslavie. Trop mélancolique. Pas assez aride. Il veut un paysage écrasé par le soleil. Sur les conseils du réalisateur grec Michael Cacoyannis, il choisit de planter sa caméra près de Lanarka, à Chypre : il demandera à son chef opérateur, Yorgos Arvanitis, collaborateur habituel de Theo Angelopoulos, une image en « blond et blanc ».

Figure de proue du cinéma d'auteur européen, acteur fétiche de Luis Buñuel, Francisco Rabal, avec « sa voix grave, rugueuse comme la pierre, chaude », a accepté d'interpréter le vieil homme. Wadeck Stanczak interprétera le jeune homme que l'on ne voit jamais, sauf au début – un rôle que Bernard avait d'abord proposé à son frère Philippe, mais le tournage coïncidait avec la naissance de sa première fille.

Sur le plateau, Bernard est omniprésent. Il veille avec un soin maniaque aux cadrages et à la composition des images qu'il enrichit de symboles et de correspondances. Il proscrit les longues focales, pour ne pas couper les personnages de leur environnement. Il ne veut pas être un acteur qui fait un film, il veut être pleinement réalisateur.

Lors de la première, au Festival de la Baule 1999, la salle est debout. Le film obtiendra le prix Europe 90.

J'ai pleuré, je pleure facilement, c'est vrai. J'avais un peu honte tout de même. J'ai l'air si avare de mes sentiments. Ma pudeur en a pris un coup[1].

1. *Le Marin à l'ancre*, Métailié, 2001.

L'Autre mettra plus d'un an avant de sortir en salles, sans grand succès. Tarak Ben Ammar n'a pas su le défendre et le distribuer. Mais le film a été primé dans de nombreux festivals, il a été vendu dans plusieurs pays étrangers et la presse l'a salué à sa juste valeur. Bernard a réussi son pari.

— J'ai fait le film dont j'ai rêvé, commentera-t-il.

L'acteur en est changé à jamais :

— Sur un plateau, je suis devenu plus calme, plus tranquille, plus facile.

25

L'impossible rupture

Bernard est un séducteur. Anny Duperey est bien placée pour savoir que les stars sont de grands prédateurs qui ont perpétuellement besoin de se rassurer. Elle connaît Bernard : il est comme une goutte de mercure. Posez-la au creux de la paume et fermez la main : elle cherchera à s'échapper. Si votre main reste ouverte, elle ne bouge pas.

C'est autre chose qu'elle vit de plus en plus douloureusement : l'inaptitude au bonheur de Bernard. Depuis la naissance de Sara, quelque chose s'est cassé entre eux, même s'il refuse de le voir. Mais elle est bien décidée à se battre pour sauver leur histoire. Elle sait que cet homme-là a quelque chose d'exceptionnel, mais comment diable calmer ses démons intérieurs ? À quoi sert le verbe « aimer » si l'autre ne sait pas le conjuguer ?

— Il y avait entre nous un côté gémellaire qu'on aurait pu mettre davantage à profit, s'il ne l'avait pas refusé. Je me disais : impossible que ça n'évolue pas dans le bon sens. On nous adorait ensemble. On dégageait tellement de positivité auprès du public et de nos proches que je me disais : il faut qu'on sauve ça. Si le couple intime avait fonctionné, on aurait pu devenir les Renaud-Barrault de notre époque. Je me disais : il va comprendre quelle chance on a. Mais, à la maison, c'était un enfer.

Il y a, chez lui, une forme d'aspiration à l'harmonie. Lorsqu'il l'atteint, gagné par l'ennui, il ne pense qu'à la briser... pour mieux repartir à sa conquête. Bernard Giraudeau ou l'illustration du mythe de Sisyphe. Conscient de ses défauts, il ne sait pas les combattre.

— Anny a une tâche difficile, explique-t-il. Elle gère mon instabilité avec beaucoup de force... cette nécessité de fuir, ce besoin de détruire, ce besoin d'absolu aussi car il y a chez moi une quête d'absolu que je maîtrise très mal. Il est clair que je ne sais pas ce que j'aurais fait sans elle, à certains moments[1].

Confidence sur le célèbre divan jaune d'Henry Chapier. Au cours de la même émission, il extrapole sur son signe astrologique : les Gémeaux.

— Je suis double. L'un est là pour embêter l'autre, l'un détruit ce que l'autre entreprend, sans que je sache lequel.

Une rencontre avec un vrai psy l'aurait sans doute aidé. À cette époque de sa vie, il n'en est pas encore question.

— Il était horrifié par l'idée d'aller fouiller en lui-même, poursuit Anny.

Un clash illustre sa peur panique de tout mettre à plat. Anny est en pleine rédaction du *Voile noir*, sorte d'autothérapie où elle raconte ses traumatismes d'enfance pour mieux les exorciser. Bernard a accueilli le projet avec bienveillance. Au départ, l'idée d'Anny était de commenter des photos de son père, retrouvées dans une boîte en carton. Dès qu'il comprend le véritable enjeu de ce travail, Bernard se ferme. Un jour, alors qu'elle se sent un peu perdue au milieu de ses feuillets, dans leur maison de la Creuse, elle lui demande conseil.

1. « Le Divan », 9 décembre 1990.

— Fais ce que tu veux, réplique-t-il avec un calme réfrigérant. De toute manière, c'est totalement nombriliste, ça n'a aucun intérêt, c'est inutile !

— Il était absolument terrorisé car je faisais tout ce qu'il fuyait : le voyage intérieur. Lui était dans le mouvement perpétuel...

Anny le sait : c'est lorsqu'ils travaillent ensemble qu'ils communiquent le mieux. Ils connaissent alors de vrais moments d'exaltation. Quand Bernard Murat leur propose de reprendre deux pièces de Jules Renard, *Le Plaisir de rompre* et *Le Pain de ménage*, elle saute sur l'occasion. Ils seront seuls sur scène, face à face.

— J'y ai vu l'occasion de la dernière chance. Je me suis dit : si cela se passe bien, on peut repartir sur de nouvelles bases. Dans la vie, il s'était enfermé dans le rôle de celui qui commande et qui sait. Sur scène, on était d'égal à égal.

Elle ne va pas tarder à déchanter.

— Dès les répétitions, tout était compliqué entre eux, se souvient Bernard Murat. Elle pleurait, il disparaissait, on ne savait plus où il était...

Chaque soir, la Comédie des Champs-Élysées affiche complet. On refuse du monde. À tel point que le spectacle est repris au théâtre Édouard-VII. Mais, comme toujours, le succès n'est pas pour l'apaiser. Ce n'est pas une victoire mais une débâcle, une perte, un abîme ! Bernard se sent prisonnier. Il en veut à Anny, à Murat, à tout le monde. Il lui faut un bouc émissaire.

— En bon marin, il n'aimait pas rester au port. Il avait toujours envie de partir – même s'il allait contre ses propres intérêts, analyse Bernard Murat

— Nous connaissions un triomphe lumineux, se souvient Anny Duperey, mais il avait l'impression d'avoir un fil à la patte, comme si j'avais voulu le coincer à la maison, lui couper les ailes et le priver de sa liberté. Il était comme un animal qu'on enchaîne, donnant un coup de dents par-ci, un coup de patte par-là. Le contraste entre ce que le public nous donnait et la manière dont il le refusait m'a fait dire : cet homme ne veut pas être heureux, arrête, tu n'y arriveras pas.

Cette fois, Anny craque. Pour la tournée, elle demande deux chambres au tourneur – estomaqué par sa demande.

Curieusement, Bernard s'accommode plutôt bien de la situation. De retour à Paris, il s'installe dans un studio, juste au-dessus de l'appartement de la rue Froidevaux. Il commence à s'organiser une autre vie, ailleurs, mais continue de passer chez Anny et les enfants à toute heure du jour et de la nuit, comme si de rien n'était.

La séparation, il ne la refuse pas : il la nie. Pas à un paradoxe près, lui, l'homme droit, entier, tranchant, joue la comédie du bonheur. Mais, c'est bien connu, quand une femme a décidé de partir, elle ne revient pas.

— Il a longtemps cru qu'ils allaient se retrouver. Ensuite, il s'est menti à lui-même, analyse Victoire Thiesmann, comédienne qui sera sa confidente pendant près de trente ans.

— À ce moment-là, se souvient Anny Duperey, quand nous sortions ensemble, il lui arrivait de me prendre par la taille. Ce qu'il n'avait jamais fait dans le privé car il n'a jamais été un homme à prodiguer des gestes tendres. Je pense que ça lui aurait convenu que j'aie discrètement des amants et qu'on continue de faire semblant. Je ne dis pas qu'il n'y avait pas d'amour derrière tout cela, mais il aimait l'image du couple que nous formions. Il voulait sauvegarder à tout prix son rêve de cellule familiale.

La rupture est d'autant plus difficile qu'une « famille » parallèle s'est véritablement constituée autour de Bernard et d'Anny. Danielle Gain, alors attachée de presse, est la marraine de Gaël et Sara. Un médecin, Pierre Bessede, sera leur parrain. Sans oublier un personnage étonnant, José Peña, prêtre-ouvrier communiste à Montreuil, d'origine espagnole, critique de cinéma de surcroît, avec qui Bernard parle beaucoup, déjà, de spiritualité. Il lui arrive même de faire des retraites – manière de mettre le temps en suspens.

— Il s'interrogeait sur le sens de la vie, ce qui lui a sûrement joué des tours dans sa manière d'appréhender le quotidien, commente Danielle Gain.

Quand Anny évoque leur rupture, personne ne veut l'entendre, comme s'ils ne pouvaient que se réconcilier. L'image du couple qu'ils forment l'emporte sur tout. Cette fois, c'est Anny qui se sent prisonnière. « Assujettie », pour reprendre le mot de Bernard.

— Je n'arrivais pas à faire savoir que notre séparation était réelle et je ne voulais plus vivre dans l'arrangement bourgeois, y compris pour les enfants.

Il faudra une sale série de photos réalisées par un paparazzi pour faire voler en éclats le bonheur de façade. Anny et son nouveau compagnon, Cris Campion, ont été surpris à leur insu, au téléobjectif, au bord d'une piscine d'hôtel. Le titre du magazine est sans équivoque : « Avec Bernard Giraudeau, c'est fini. »

Cette fois, c'est écrit. C'est donc vrai.

Bernard découvre le magazine à La Rochelle. Il est tétanisé.

— Il a connu un vrai passage à vide à ce moment-là, se souvient Elizabeth. La rupture a été douloureuse, même s'il s'en défendait. Je l'ai vu pleurer. Un jour, il m'a dit : « Désormais, je m'interdis d'aimer. »

— Il a vécu cette période comme un cataclysme, raconte son amie Victoire. Je me souviens de discussions qui duraient des nuits entières où il me disait : « Je vais crever. »

Le papillon virevoltant s'enferme dans une certaine solitude. Son ami Osvaldo Torres se souvient :

— Parfois, il m'appelait le soir : « Allô, tu es là ? Qu'est-ce que tu fais ? Tu peux venir ? »

Dans l'entourage de Bernard, chacun doit se résoudre à la rupture annoncée.

Anny est de ces femmes qui préparent un gâteau quand elles savent que vous allez passer. Elle sait accueillir. Elle a d'autant plus adopté le clan Giraudeau qu'elle est privée de famille à jamais. Depuis la mort de son père, Bernard aime son rôle de chef de tribu. Il a réussi à faire de sa maison de Creuse un cocon où ses frères, sa sœur, sa mère, la sœur et la tante d'Anny ont porte ouverte : ils peuvent y débarquer sans même prévenir. Ils connaissent la cachette de la clé.

— Patriarche est finalement le rôle qui lui convenait le mieux, analyse Anny. Cet homme assez dur pouvait se révéler généreux, secourable, altruiste. Il pouvait alors dépenser des trésors de temps et d'argent – comme une manière de se racheter à ses propres yeux, peut-être.

— Il était protecteur, ajoute son frère François. C'était sa qualité et son défaut : le patriarche, c'est celui qui gouverne. Sa séparation avec Anny a été dure pour tout le monde. Quelque chose s'arrêtait. On s'est tous retrouvés démunis.

26

Transition

Les ruptures personnelles se doublent parfois de ruptures artistiques. C'en est une, professionnelle, qui attend Bernard. Mais par consentement mutuel.

— Il refusait le fait d'être vedette, explique son agent Guy Bonnet. Il n'a pas voulu jouer ce jeu-là, ce qui est tout à son honneur. Il avait décidé d'avoir une carrière plus marginale. Cela lui convenait mieux, mais ça me plaisait moins. Une lassitude s'est installée entre nous, alors qu'avant il m'appelait cinq ou six fois par jour, dès qu'il avait une idée. À un moment, il s'est dit qu'il serait peut-être préférable de se séparer. Cela s'est fait sans acrimonie : je suis resté admirateur de son travail, mais de manière détachée.

Un jour, Bernard appelle Danielle Gain pour l'inviter à déjeuner. Plus exactement, il la convoque pour lui proposer de devenir son agent. Elle est alors l'une des meilleures attachées de presse de Paris, plutôt spécialisée dans les films d'auteur ; elle ne s'est d'ailleurs occupée que d'un seul film de Bernard, *Rue Barbare*. Il a senti qu'elle tournait en rond dans son activité. Or il a toujours aimé servir de marchepied à ceux dont il pressent l'envie de s'élever.

Danielle Gain n'est pas rompue aux subtilités des contrats d'artiste. Dans un premier temps, c'est Jean-Marc Ghanassia qui s'en occupera au sein de l'agence Cinéart. Mais il a confiance dans son instinct, sa vision du cinéma et du théâtre. Il sait qu'elle l'orientera vers des projets peut-être moins lucratifs, mais plus exigeants sur le plan artistique.

Quand il l'appelle, il y a les « Ça va, mais ça ne va pas durer » pour les bons jours, et les « Allô, c'est Bernard, je ne sais plus pourquoi je t'appelle » pour les mauvais. Elle sait tout de lui et vice versa. Ils sont si proches que c'est à lui qu'elle demandera de disperser les cendres de son père au large de l'île d'Oléron, où elle a une maison de famille.

— Son amitié a toujours été indéfectible, même si Dieu sait qu'il a pu m'emmerder, commente Danielle Gain.

Il va notamment lui falloir gérer les rapports compliqués de Bernard avec le monde des plateaux. Ses heurts avec quelques metteurs en scène lui ont valu une réputation d'acteur difficile, voire ingérable.

— Comme un chien, il fallait qu'il pisse pour marquer son territoire. Quand les gens se retrouvaient confrontés à leur incompétence, il tapait où ça faisait mal. Mais s'ils maîtrisaient leur sujet, il était délicieux. Tout roulait. Il n'a jamais été capricieux. Simplement perfectionniste, ce qui pouvait se traduire de manière désagréable. Peut-être était-ce lié à un complexe? À une peur?

Le rapport de l'acteur à son propre métier est de plus en plus complexe.

— Quand il a commencé à réaliser des films, il n'avait plus aucune considération pour le métier d'acteur, excepté au théâtre, résume Anny Duperey.

Une déclaration à nuancer: il rêve de tourner avec les plus grands. Il souffre que les Sautet, Pialat et autres Resnais ne fassent pas appel à lui.

— Je ne comprenais pas pourquoi, regrettera-t-il. Peut-être que je n'étais pas mûr pour faire certaines choses. Peut-être aussi parce que je change fréquemment de registre, que je ne suis pas dans une évidence. Je ne suis pas dans un archétype de personnage, ça doit déstabiliser un peu[1].

En pleine période de transition, il tourne *La Reine blanche* de Jean-Loup Hubert à Trentemoult, près de Nantes. Il y retrouve son pote du Sherwood, Richard Bohringer, face à Catherine Deneuve : l'histoire de deux copains d'enfance, l'un est parti à la conquête du monde sur un bateau, l'autre a séduit la jolie Liliane. Puis, c'est *Après l'amour*, de Diane Kurys, où il incarne un homme partagé entre deux femmes qui s'empêtre dans ses trahisons, ses mensonges, ses amours contrariées, ses petits arrangements avec les autres et avec lui-même.

« Pourquoi tu ne m'as jamais quitté ?

— Parce que tu ne me l'as jamais demandé. »

On ne change pas sans désorienter. Si *Après l'amour* connaît un succès estimable, ni *Le Coup suprême* de Jean-Pierre Sentier, son copain du Conservatoire, ni *Drôles d'oiseaux !* de Peter Kassovitz ne rencontreront le public. Pas plus qu'*Une nouvelle vie* d'Olivier Assayas.

— C'était un rôle pas facile, avec des choses délicates, voire scabreuses à jouer, raconte celui-ci. Il y a des scènes assez crues, presque torves, il fallait vraiment qu'il se prête au jeu. C'était aventureux pour lui de s'engager dans un tel film, mais on s'est tout de suite compris, mieux même que je ne l'imaginais. Ce qui me passionnait, c'était sa présence physique à l'écran : il occupait l'image avec une autorité immédiate.

---

1. *Première*, juillet 2003.

Olivier Assayas garde le souvenir d'un tournage « simple, facile, limpide ». Même avec Christine Boisson, les choses se passent bien. Oubliés les heurts de *Rue Barbare*.

*

En enchaînant demi-succès, demi-échecs et vrais flops, Bernard a perdu sa place sur la liste A, mais il se sent plus en phase avec ses aspirations. Il sait que son travail paiera un jour. Son statut de grande star commerciale, mi-Delon pour la beauté plastique, mi-Belmondo pour les prouesses physiques, l'a enfermé dans un certain cinéma. Un jour, il en est sûr, la nouvelle génération le regardera d'un œil neuf. Même s'il ne fera jamais d'appel du pied à qui que ce soit.

Au théâtre, en revanche, il demeure une valeur sûre, comme en témoigne en 1992 le triomphe de sa reprise de *L'Aide-mémoire* de Jean-Claude Carrière, créé en 1968 par Delphine Seyrig et Henri Garcin. Bernard Murat, fidèle complice, a choisi Fanny Ardant pour lui donner la réplique. Un couple décalé et détonnant, qui fonctionne à merveille :

— Ils se vouvoyaient et passaient leur temps à se moquer l'un de l'autre.

Un jour, Bernard sort de scène, furieux.

— Parlez plus fort ! lance-t-il à Fanny. Moi, on m'entend !

— Oui, mais vous ne dites que des bêtises, lui répond-elle.

Chaque soir, Bernard cherche ses limites, comme un pilote de formule 1 qui accélère à chaque virage, jusqu'au tête-à-queue. Un soir, il s'y brûle les ailes.

— Il y avait une scène où je cabotinais beaucoup, racontera-t-il. Le public riait et, plus j'en faisais, plus il riait, tandis que Fanny tournait le dos au public avec des larmes dans les yeux. Bref, je me suis laissé embarquer sur un territoire interdit et, au bord de l'abîme, je me suis perdu. Un véritable arrêt de jeu[1].

Un trou de mémoire. Au théâtre, il n'y a plus de souffleur depuis longtemps : il faut baisser le rideau avant que Bernard puisse reprendre le fil. Tous les soirs, désormais, il guette la panne. L'accident. Solitude terrible. Mais pas question de renoncer à sa liberté d'acteur :

— Ce serait terrifiant, un jeu raisonnable…

La saison suivante, le spectacle est repris par Pierre Arditi et Jane Birkin. Bernard n'a qu'une idée en tête : entrer en scène à la place d'Arditi, à l'insu de Jane. Son goût de l'imprévu. Il n'en trouvera jamais le temps.

Il est vrai qu'il s'est lancé dans une nouvelle réalisation pour la télévision : *L'Été glacé*, produit par la mythique Mag Bodard, qui s'est entichée de lui après lui avoir confié l'un des principaux rôles de *La Grande Cabriole* de Nina Companeez (1989). Il avait commencé à écrire le scénario avec Anny Duperey, à l'époque de leurs faux-semblants, mais elle s'était retirée après un déjeuner sanglant avec la productrice.

— Il s'était montré odieux avec moi. J'avais compris qu'il ne voulait pas que je touche à son os.

Une nouvelle fois, il s'attaque à sa thématique de prédilection : le sens de la vie et de la mort.

Une vieille dame décède. Un homme l'a aidée à mourir, à l'aide d'une substance indécelable. Contacté par d'autres personnes, il devient une sorte d'ange de la mort. Mais un policier mène l'enquête, flanqué de son vieux chien malade…

1. *L'Express*, 7 mai 2009.

L'argument policier n'est qu'un prétexte à une réflexion sur l'euthanasie. Sujet pour le moins ardu que Bernard traite de front, dans une mise en scène sans effets, avec de lents travellings qui mettent en valeur le décor : une région entre marais et océan, autant dire la sienne. L'homme en quête de nouveaux espaces a en effet choisi de tourner dans ce Poitou dont il connaît si bien l'atmosphère et le décor. Une sorte de retour aux sources qui lui permettra, entre autres, de confier à Colette Milner, le prof de danse de ses débuts, un petit rôle…

27

Voyager

C'est un homme de la mer, de la campagne et de la montagne. À Paris, le temps fuit entre ses doigts et il a l'impression de s'asphyxier.

— J'ai très peur de la cité, explique-t-il. J'ai toujours besoin de quitter la ville. En même temps, le théâtre y est. Dès que je rentre sur scène, c'est formidable. Mais dès que c'est fini, je pars. Finalement, dans la cité, je n'aime que le plateau du théâtre[1].

Par passion de la varappe, il a découvert les rochers de Fontainebleau et des alentours. À la fin des années 1980, on lui parle d'un terrain au milieu d'une forêt. Il l'achète et fait construire une maison suédoise montée sur pilotis, pour se prémunir d'éventuelles inondations.

— C'était un bateau sur l'herbe avec une terrasse en forme de proue, raconte Anny Duperey. Un bateau sur cale…

Manière de voyager en restant chez soi… Mais cet obsédé de l'aube ne rêve que de voir se lever le soleil à l'autre bout du monde. Fin lecteur, il se reconnaît

1. « Le Divan », 9 décembre 1990.

dans *Anatomie de l'errance* où Bruce Chatwin, icône des écrivains voyageurs, « écrit merveilleusement sur la nécessité du mouvement pour stimuler l'esprit ». Il a ce que Baudelaire appelait, dans ses journaux intimes, « la grande maladie de l'horreur du domicile[1] ».

À la moindre occasion, il prend son sac et s'en va voir ailleurs s'il y est – car cette inextinguible soif de voyages recouvre, bien sûr, une part de quête identitaire.

— Certains disent que je fuis, mais c'est tout le contraire. D'abord, toutes ces images, je les engrange et elles nourrissent mon inspiration. Ensuite, c'est évident qu'il n'y a pas mieux pour se retrouver que ces lieux où les choses sont extrêmement larges et les respirations extrêmement fortes. Lawrence Durrell disait que les plus beaux voyages sont l'occasion des plus grandes introspections. C'est ça. Quand je pars, je me rassemble, je me reconstruis. Je n'ai pas du tout cette notion de la fuite du temps. Et il y a même, à un moment donné, à cause de cet état second dans lequel te place la fatigue, quelque chose de sensuel à se sentir en harmonie avec ce et ceux qui t'entourent. Car pour moi, dans le voyage, il y a toujours le bonheur de la rencontre avec les autres[2].

Depuis qu'il a découvert l'Amérique latine durant le tournage des *Longs Manteaux*, il n'a de cesse d'y retourner. Mais voyager ne lui suffit plus. Il veut raconter, témoigner, partager. Au printemps 1992, il ajoute une couleur à sa palette : il décide de réaliser un documentaire sur la Transamazonienne.

*

---

1. Charles Baudelaire, *Mon cœur mis à nu*, 1887.
2. *Studio*, avril 1996.

En 1970, le gouvernement brésilien avait lancé le projet fou d'une autoroute de 5 600 kilomètres reliant la côte atlantique à la frontière brésilienne, afin d'« ouvrir des terres sans hommes à des hommes sans terre ». Mais le rêve a tourné court : le chantier s'est transformé en balafre sur la plus grande forêt du monde. L'implantation des petits colons a été un échec, seuls les compagnies forestières, les trafiquants de bois et les éleveurs mafieux en ont tiré profit.

Bernard a voulu partir à la rencontre « des humains de cette forêt inhumaine ». Arrivée à Imperatriz, départ pour Marabá, Altamira, Medicilândia... Dans la poussière rouge, il faut aller de l'avant ou reculer : aucune échappatoire, sauf pour Bernard qui emprunte les chemins de traverse à la recherche des Indiens Arara ou des chercheurs d'or payés quatre dollars la journée. À Itaïtuba, il rencontre José Nazareno dos Santos Ferreira, journaliste, écrivain et poète de trente-trois ans, qui dort dans un hamac chez les policiers, car les *pistoleros* qu'il ne cesse de dénoncer ont juré d'avoir sa peau. À son retour, Bernard transmettra son dossier à Reporters sans frontières.

Au fil de ses pérégrinations, il s'arrête sur les visages, ces sourires qui sont comme une leçon de vie et dont il se souviendra, plus tard, lorsque la maladie le rattrapera.

— Quand vous allez dans des tribus reculées et que vous voyez des gens sourire en permanence, alors qu'ils n'ont rien, on est en droit de se demander si on n'est pas à côté de la plaque, explique son fils Gaël. Je pense que ça lui a mis la puce à l'oreille et qu'il en a tiré la leçon plus tard. Quand on se retrouve avec soi-même, on y pense forcément. On se dit : est-ce que la vérité n'est pas un peu là-bas ?

Giraudeau ne filme ni en journaliste ni en documentariste : c'est un vrai « carnet de voyage » en images où le commentaire, tour à tour sensible, poétique, lyrique, philosophique, joue un rôle primordial. Commencé par un tonitruant : *« Je vous emmène en Amazonie »*, le périple s'achève par ces mots : *« La route est coupée, la forêt l'a mangée, les* rios *l'ont grignotée. Un dieu qui en avait assez a coupé la route là. Le rêve blanc continue. Je n'ai rien donné pendant ce voyage. Rien qui ne vaille ce qu'ils ont donné, eux. Je vais les laisser sur les bords-poussière, sans bien comprendre ce qu'ils vont devenir*[1]. »

— Ma première tentative d'écriture rendue publique, dira-t-il. Depuis toujours, j'écrivais par réflexe, par amour des mots, pour fixer ce que je vivais[2].

Quelques années plus tard, il reprendra, presque au mot près, de grands pans du commentaire dans son livre *Le Marin à l'ancre*, comme s'il avait eu besoin d'ennoblir les phrases qui, à l'époque, ne faisaient que mettre ses images en perspective.

Un écrivain est en train de naître.

Il ne le sait pas encore.

---

1. *La Transamazonienne*, DVD, éditions Montparnasse, 2000.
2. *L'Express*, 28 juin 2007.

28

Présent dans l'absence

Lorsque Bernard et Anny se sont séparés, leur principale préoccupation fut de protéger leurs enfants.

Déjà marraine de l'association SOS Papa, visant à défendre les droits des pères face à ce qu'elle considère comme « l'excessif pouvoir des mères » – notamment dans le cas, où les pères n'ont aucun droit, d'enfants nés hors du cadre légal du mariage –, Anny a tenu à faire enregistrer, devant un juge, une autorité parentale partagée.

Bernard emménage 19 rue Cassini, à deux pas de la rue Froidevaux. Il se construit un nouveau décor, s'entoure de meubles des années 1930, même si des tableaux d'Anny traînent de-ci, de-là, comme s'il était incapable de couper le cordon. Gaël et Sara viennent quand ils veulent, sans contrainte.

— Ne vivant plus avec eux au quotidien, il les a mieux aimés, analyse Anny Duperey. Son amour devenait plus présent. Il avait moins la tentation de se mettre en rage par impatience.

— Nous avons eu deux modèles de parents très différents, ce qui est très riche pour un enfant, se souvient sa fille Sara. Il était très attentif à notre éducation, pressé de tout nous apprendre, tandis que notre mère a un rapport au temps plus doux. Du coup, il avait le mauvais rôle malgré lui. Le côté flic – qu'on doit avoir, sinon c'est la pagaille –, c'est lui qui l'endossait. Ce n'est pas agréable d'avoir un papa qui dit souvent non, mais cela m'a appris qu'on ne fait pas toujours ce qu'on veut. Un jour, il m'a demandé : « Qu'est-ce que je vous ai apporté quand vous étiez petits? » Je lui ai répondu : « De l'amour, bien sûr, et une chose très importante, le respect de l'autre. » Par exemple, quand on prenait le train avec lui, si on faisait du bruit, il nous disait toujours : « Mais-vous-n'êtes-pas-tout-seuls ! »

Pour ses enfants, Bernard incarne donc l'autorité – ce qui ne va pas sans l'embarrasser.

— C'est trop facile, analysera-t-il à la fin des années 1980. Et je le sais puisque j'ai subi, moi, l'autorité du père. Voyez le résultat. On peut faire mieux. Mais en même temps, mon père m'a peut-être aidé à partir ailleurs, allez savoir ! Difficile de deviner ce qui est bon pour un enfant et ce qui ne l'est pas[1]...

Bernard, baroudeur dans l'âme, aimerait transmettre le virus de l'aventure à ses enfants. Fasciné depuis toujours par les initiateurs, il veut à son tour initier. Après l'obsession de la connaissance, celle de la transmission.

— Il nous répétait sans cesse : « N'oubliez pas que la vie est un voyage », raconte Sara.

— Je suis sorti de mon enfance avec la culture de la curiosité, confirme Gaël.

Avec lui, il faut toujours faire quelque chose. Comme s'il voulait à tout prix chasser cet ennui qui fut le poison de son enfance, avant son entrée aux Éclaireurs de France. Tout le contraire d'Anny Duperey, qui pense qu'« il faut parfois laisser les enfants s'emmerder car, au bout, il y a l'invention : ils trouvent par eux-mêmes quoi faire ».

1. *Studio*, mars 1987.

— Il était une boule d'énergie qui absorbait tout ce qui passait, se souvient Gaël. Certaines de ses absences nous permettaient de nous retrouver avec maman et de faire des pauses. Un enfant a aussi besoin de se poser devant la télé et de ne rien faire.

Quand il les rejoint dans la Creuse, c'est pour les emmener bivouaquer dans la campagne environnante, histoire de retrouver ses sensations de gamin dans le Marais poitevin. Un été, il louera un cheval pour les initier à l'équitation.

Mais parfois, trop c'est trop. Une balade à vélo sur les routes de la Creuse se transforme en étape de montagne du Tour de France : il faut grimper les côtes les plus pentues et le plus vite possible, sans – bien sûr – mettre pied à terre.

— Il voulait nous apprendre trop de choses, mais ça allait avec la manière dont il vivait, poursuit Sara. Tout devenait un combat contre soi-même. Or, pour un enfant, dépasser ses limites ne signifie rien, c'est ne pas profiter des choses.

— À la différence de lui, je n'aime pas me dépasser pour me dépasser, approuve Gaël. Pour moi, ce n'est pas une fin en soi. Il faut que j'y trouve un jeu ou un enjeu. Pourquoi devrais-je monter sur un rocher? En revanche, s'il y a compétition, s'il faut être le premier arrivé, alors là, j'y vais.

Quand ils sont plus grands, Bernard les emmène souvent en voyage, faire de la plongée aux Seychelles et de la randonnée au Canada. Sara se souvient d'un raid, à la dure, dans la pampa : « On a crevé de froid ! » Gaël, lui, l'accompagne pour des trekkings à la Réunion, en Afrique ou au Chili.

— Il voulait tout nous montrer, se souvient Sara. Je savais que je n'allais pas aimer tous les moments qu'on allait partager, mais on partait à l'aventure avec lui et, quelque part, c'était génial. Il faut se forcer à vivre des choses qu'on ne vivrait pas si on restait dans le seul plaisir. Finalement, j'aurais aimé partir davantage avec lui.

— Je ne suis pas un aventurier qui aime prendre des risques et voyager avec un sac à dos, ajoute Gaël. Je suis plus dans l'imaginaire, dans la lune. Mais si je ne l'avais pas accompagné, je n'aurais pas découvert un tas de choses...

Plus que sa sœur, Gaël est exposé à l'esprit conquérant de son père. Parce qu'il est l'aîné. Et parce qu'il est un garçon.

— Chez mon fils, je sens le double, explique Bernard. C'est obligatoire. Son hypersensibilité, je la ressens très fort et je la reconnais trop[1]...

Inconsciemment, il voudrait façonner Gaël à son image et le soumet à une pression permanente. Comme le dit Anny Duperey, « son exigence pouvait être paralysante ». Il ne comprend pas, ne conçoit peut-être même pas que son fils n'aime pas descendre les parois rocheuses en rappel. « Papa, lui dit Gaël, ce n'est pas ma vie, ça. » Formule si marquante qu'il la citera régulièrement, au sujet de l'éducation de ses enfants.

— Quand on est gamin, explique Gaël, on a un rapport à la vie et au temps différent de celui des adultes. On n'a pas forcément envie de se bouger. C'était parfois dur, mais toute éducation est difficile. Si vous me demandez si j'ai eu une enfance difficile, je vous réponds clairement : non. J'ai eu des difficultés, mais qui n'en a pas eu ?

Sara, d'abord, le désoriente. Autant il peut être exigeant avec son fils, autant il se montre d'une extrême douceur avec elle.

---

1. *Studio*, mars 1987.

— Enfant, dit-elle, je rentrais ma sensibilité pour vivre les choses comme lui voulait que je les vive. Alors que je hurlais de douleur à l'idée d'aller à l'école, je ne montrais rien devant lui. J'avais peur de le décevoir…

Absent de Paris, Bernard ne se coupe pas de ses enfants. Au contraire. Il les appelle et, surtout, leur envoie de longs courriers. Il leur écrit ce qu'il n'arrive pas à leur dire de vive voix. En fait, il passe son temps à leur écrire, mais « ne leur envoie que 5 % des lettres », ainsi qu'il le dira un jour. Ils n'étaient pas en âge de lire lorsqu'il en a pris l'habitude.

— Je parle à mon fils par lettres interposées, déclarait-il alors que Gaël n'avait pas cinq ans. J'essaie de comprendre le processus de mes angoisses par rapport à lui, de ma nervosité, de mon impuissance[1].

— Parfois, il faisait des faux pas, mais qui n'en fait pas? commente Sara. Il avait un tempérament différent, parfois difficile à vivre, mais ce qui nous reste de lui, c'est son amour exacerbé. Dans ses lettres, on voyait qu'il était pris dans un tourbillon. C'était un homme de l'instant mais, quand il nous écrivait, on sentait qu'il s'y consacrait pleinement, comme si le temps s'arrêtait de valser. Pour lui, c'était plus simple de dire les choses par écrit, alors il nous écrivait sur un bout de carte, parfois sur la feuille de service du jour, c'était sa manière de nous faire participer à sa vie. Il dessinait souvent des cœurs, des petits croquis, des bateaux, la mer, des ancres. Il nous faisait voyager, nous aussi…

1. *Ibid.*

29

Fratrie

Trois frères qui entretiennent des relations complexes se réunissent, se déchirent et finissent par se retrouver pour rechercher leur père subitement disparu. C'est *Le Fils préféré*, deuxième réalisation de Nicole Garcia. Elle songe immédiatement à Bernard Giraudeau pour incarner Francis, l'aîné, fâché avec son père depuis que ce dernier a découvert qu'il était homosexuel, au point de l'avoir rayé de sa vie.

« *Tu ne m'avais pas dit que ton père était mort?*

— *Si. Et quand je suis en verve, je raconte son enterrement.*

— *Qu'est-ce qu'il t'a fait?*

— *Il ne voyait pas son fils aîné comme ça.* »

— Bernard avait une puissance physique et en même temps une sensibilité qui pouvait faire rêver un metteur en scène à une certaine ambivalence sexuelle, explique Nicole Garcia.

Bernard accepte d'autant plus volontiers que le rôle-titre est dévolu à Gérard Lanvin. Mais son pote des *Spécialistes* a du mal à se décider: le côté tragique de son personnage – un fils au bord du parricide – lui paraît trop étranger à ce qu'il est. Un jour, Nicole Garcia rappelle Bernard :

— Est-ce que tu prendrais son personnage ?

Échanger un second rôle pour un premier, beaucoup d'acteurs sauteraient sur l'occasion. Bernard, lui, réplique aussitôt :

— Si cela peut t'aider à monter le film, je veux bien. Mais ce serait beaucoup mieux que je fasse Francis.

Bel acte d'amitié, mais aussi d'humilité.

— Il devenait un acteur de plus en plus subtil, se souvient Nicole Garcia. Il s'était fié à son instinct. Doté d'une grande sensibilité au texte, il avait vu la richesse du personnage. Dans les scénarios, il faut lire entre les lignes. Il avait le sens de ce que contiennent les silences : c'est là que se trouve le territoire de liberté pour un acteur. Il a senti que les silences du personnage renvoyaient aux siens. Qu'il allait parler de lui à travers ça…

Sur le tournage, ou plutôt hors du tournage, dans les pauses qu'ils s'octroient, Bernard Giraudeau et Gérard Lanvin retrouvent leur complicité passée. Bernard sera nommé pour le César du meilleur second rôle, Gérard pour celui du meilleur rôle – qu'il obtiendra mais n'ira pas chercher.

En fait, cette histoire de fratrie a touché Bernard Giraudeau au plus profond. A-t-il été le « fils préféré » de ses parents ?

— Non, assure Philippe. Le chouchou, c'était plutôt François car il était le petit dernier… tout en étant le plus grand par la taille !

Mais le mot « frère » semble avoir été inventé pour lui…

*

Dès que Bernard a commencé à être connu, Elizabeth s'est occupée, non de son club de fans – les acteurs n'en ont pas –, mais du courrier de ses admirateurs, ou plutôt de ses admiratrices. Il tient à ce que chacun(e) reçoive une photo dédicacée. À cette époque, elle habite Strasbourg avec son mari Dominique. Lorsque ce dernier est muté en région parisienne, Bernard lui trouve un boulot comme assistante de Marie-José Di Tullio, attachée de presse des films Christian Fechner, qu'elle finira par abandonner pour s'occuper de lui à plein temps. Bernard a toujours beaucoup cloisonné sa vie : c'est un homme à tiroirs, elle connaît toute la commode.

De concert avec Danielle Gain, Elizabeth gère au quotidien la petite société de production créée par Bernard pour ses documentaires, les Films de la Saga – « Sa » comme Sara, « Ga » comme Gaël. Elle réserve ses hôtels, tient sa comptabilité personnelle et règle ses factures. Car Bernard n'a aucun sens des contingences matérielles.

— Rien ne me tient dans les mains, dira-t-il. Réellement. C'est-à-dire que je perds tout ce que j'ai dans mes poches : pas mes clés, mon argent. Comme si c'était du vent. Comme s'il n'existait pas[1].

Un jour, sur un tournage à l'étranger, il oubliera carrément son enveloppe de défraiement sur une table...

Elizabeth est aussi son répertoire téléphonique, son agenda numérique avant l'heure. Bernard l'appelle jusqu'à plus d'heure, samedi, dimanche et fêtes compris, parfois pour un rien. En fait, leur relation est fusionnelle. Ils se protègent mutuellement, ce qui ne les empêche pas de se raccrocher au nez ou de s'engueuler.

— Bernard était un râleur, mais un emmerdeur au grand cœur, commente-t-elle.

1. *Studio*, mars 1987.

De son côté, il avoue :

— J'ai toujours eu envie, dans mes rêves, de coucher avec ma sœur. J'ai toujours été incestueux[1] !

Leur collaboration ne cessera qu'après la rechute de Bernard, en 2005, lorsqu'il s'éloignera définitivement de ses activités cinématographiques.

— Ce furent des années formidables…

*

Enfants, Bernard et son frère Philippe se sont peu croisés : trop grand écart d'âge. Ils sont de caractère différent : autant Bernard est expansif, tonitruant, autant Philippe est réservé, presque introverti. Ils se sont découverts quand il est rentré de ses périples sur la *Jeanne*. Lorsque Bernard apprend que son frère, comme lui-même autrefois, a été poussé par ses professeurs vers un lycée technique, il l'emmène à ses cours de danse. Philippe y prend goût et ne tarde pas à fréquenter la maison de Colette.

— Tu n'es pas assez sévère avec Philippe, lui reproche-t-il souvent. Tu ne lui demandes pas assez !

— C'est toujours comme ça que je fais. Tu verras…

Avec Philippe, il incarne toutes les facettes du grand frère, tour à tour initiateur, protecteur, autoritaire et complice.

En 1972, Bernard doit jouer *Le Vol d'Icare*, de Michel de Ré, au Festival de Vaison-la-Romaine. Il propose à son frère, qui n'a encore jamais quitté La Rochelle, de l'accompagner dans sa 2CV aux essuie-glaces récalcitrants. Folle équipée, joyeuse, incroyablement libre. Le jeune homme, âgé de seize ans, découvre avec appréhension et fascination la vie adulte, mais aussi la vie d'artiste. Et

1. *Ibid.*

quand Philippe cherche à se faire réformer, Bernard lui donne tous les trucs pour se faire passer pour fou…

En même temps, il peut se montrer envahissant. Philippe, qui aime bricoler, vient souvent donner un coup de main dans la maison de la Creuse. Un jour qu'il pose des lambris de chêne, il se retrouve avec la tête de Bernard collée sur l'épaule, surveillant le moindre de ses gestes, directif, exaspérant. Cette fois, il explose.

Philippe décidera de faire de la danse son métier. Il est engagé à Bordeaux, puis Angers, avant de s'installer en Angleterre. Parce qu'on lui a fait une de ces propositions qui ne se refusent pas, assure-t-il. Parce qu'il préférait l'ambiance de travail plus ouverte, outre-Manche, dans le milieu de la danse. Mais Bernard, au fond de lui, a toujours pensé que Philippe était parti pour éviter qu'on le présente sans cesse comme « le frère de ».

En 1986, Bernard l'invite à participer avec lui à une émission de télé où il interprète *Le Cygne* de Saint-Saëns. Pourtant, quand il assiste aux spectacles de Philippe, il reste toujours sur la réserve.

— Je n'avais pas de compliments de sa part. Il formulait toujours une petite critique : il reportait sa propre exigence sur les autres.

Mais plus le temps passe, plus Bernard admire le parcours de son cadet.

— Il s'est passé un phénomène étrange dans notre relation. Il n'a rien de ce que j'ai et tout ce qui peut m'intéresser. Il a une liberté bien plus grande que la mienne, peut-être des souffrances plus importantes encore, mais, au moins, il va au bout. Surtout, je ressens sa recherche artistique plus profonde que la mienne, plus éclatée, j'allais presque dire plus commerciale, plus facile[1].

---

1. *Studio*, mars 1987.

Un jour, Philippe rend visite à Bernard sur le plateau de *L'Homme voilé.* Il est présenté à Michel Piccoli :

— Mon frère, un artiste, un vrai, lui.

Philippe analyse aujourd'hui :

— Il allait peu aux spectacles de danse, mais il savait le travail que ça représente. Il connaissait le côté éphémère, le fait qu'on soit mal payé et peu connu. En fait, je pense que son admiration n'allait pas à la danse en elle-même, mais plutôt à la recherche qu'elle suppose : le danseur part de rien, il crée sans avoir besoin de mots, de notes ou de caméra…

Un jour, Bernard lui envoie un texte résumant sa perception de la danse :

> *Pourquoi la grâce est-elle danse et inversement? Parce qu'il semble que la conscience même du geste sacralise celui-ci, qu'il faut de l'amour pour dessiner l'éphémère dans l'espace et écrire avec le corps ce que l'âme a de plus mystérieux.*

Bernard avoue chercher son « double » dans Philippe. Un moment, ils envisagent même d'écrire un film ensemble. L'histoire de deux frères…

— J'avais commencé un synopsis. L'un était marin, l'autre avait peur de l'eau, se souvient Philippe. Je ne sais pas si, de son côté, il a écrit quelque chose ; en tout cas, il ne m'a rien montré. Et puis, on a fini par ne plus en parler…

Entre pleins et déliés, ils développent une relation privilégiée, jamais loin l'un de l'autre, même si la Manche les sépare.

— Il était aussi difficile avec sa famille que dans son métier : très généreux mais très demandeur. Les discussions pouvaient être des batailles : il fallait qu'il ait raison. Ça pouvait être fatigant. On avait une relation parfois conflictuelle mais très complice. Je ne peux pas dire qu'on ait échangé beaucoup de paroles. En revanche, il y a eu beaucoup de moments partagés, bien plus intéressants que des discussions. Souvent, il m'appelait en Angleterre et me disait : « Viens, j'ai des choses à te dire. » Je venais, on ne parlait pas, mais c'était bien…

30

Marche ou crève !

Entre Bernard Giraudeau et son frère François, dix ans d'écart exactement.

À La Rochelle, ils se sont peu connus. Bien sûr, Bernard l'a poussé à faire de la danse, mais François n'a pas accroché.

— J'étais trop raide. En fait, ça m'ennuyait. Je trouvais cela trop statique et pas assez ludique.

François préfère le foot, le hand, le volley, sports collectifs que Bernard n'a jamais vraiment aimés, sans doute parce qu'il n'y a jamais excellé.

— Il n'était pas adroit. En réalité, il n'a été sportif dans le vrai sens du terme qu'à partir de trente ans, quand il a arrêté de fumer et qu'il a commencé à faire de l'escalade.

François suit des études pour devenir prof d'éducation physique. Il sera nommé à Bures-sur-Yvette, dans la vallée de Chevreuse, au sud de Paris. C'est alors qu'ils apprennent à se connaître vraiment. Bernard lui donne un coup de main pour acheter une maison. Ils se retrouvent aux « bébés nageurs » de la piscine Molitor où ils accompagnent leurs enfants respectifs. Bernard initie son frère à l'escalade à Fontainebleau et ils se retrouvent régulièrement dans la maison de la Creuse. Mais c'est au début des années 1990 qu'ils partagent une aventure humaine qui va les souder à jamais.

— Ça te dirait de venir avec moi en Nouvelle-Calédonie? lui lance un jour Bernard.

Il vient en effet d'accepter un drôle de défi : participer au Raid Gauloises. Journaliste à Europe 1 où il couvre le Paris-Dakar comme les grandes courses transatlantiques, Gérard Fusil a imaginé cette grande course d'orientation multisports – à l'exception des sports mécaniques : rien à voir avec le Camel Trophy. Une sorte d'opération de survie en équipe. But du jeu : relier le plus vite possible un point à un autre, sans aide extérieure, en portant sur son dos nourriture et couchage. Pour la première édition, en Nouvelle-Zélande, achevée le jour de l'écroulement du mur de Berlin, il avait sollicité Johnny Hallyday, intéressé, mais les assureurs de ses tournées ne l'entendaient pas de cette oreille. Cette fois, c'est Bernard qui a fait la démarche. Les deux hommes ont dîné ensemble et ont bien accroché. Bernard voit là une manière de se dépasser et, sans doute aussi, une occasion de renouer avec ses émotions de scout : « Taurillon furieux » est de retour. Plus taurillon et plus furieux que jamais...

— Il a tout de suite compris l'esprit : se défoncer pendant dix jours. À l'époque, pas de « pipolisation » comme aujourd'hui. On lui a trouvé des sponsors, mais, au cours des raids auxquels il a participé, on l'a toujours traité comme les autres concurrents. Il n'y avait que des durs de durs. Il fallait avancer. Ce n'était pas pour les sportifs mondains! Lui avait de gros moyens physiques...

Avec François, il se lance dans une préparation qui fait passer le parcours du combattant de *Full Metal Jacket* pour des vacances dans un club balnéaire. Vu la multiplicité des épreuves, il faut avant tout travailler son endurance et le « dénivelé ». Chez lui, il pratique l'exercice de la chaise : assis le dos contre un mur, à la seule force des cuisses. Dix fois une minute ! Les deux frères prennent également l'habitude de se retrouver à La Rochelle, où ils montent et descendent les neuf étages de l'appartement maternel avec un sac à dos rempli de vingt litres d'eau. Même chez lui, rue Cassini, à Paris, Bernard se soumet à ce régime infernal. Il apprend ses textes de théâtre en arpentant l'escalier avec des poids scotchés aux chevilles. Sur le tournage du *Fils préféré*, Nicole Garcia se souvient de l'avoir vu faire de même dans la cage d'escalier de l'hôtel Ibis où résidait l'équipe.

— Je trouvais cela très punitif, se souvient-elle. Je me demandais ce que cela pouvait bien cacher, mais nous ne sommes pas devenus suffisamment intimes pour que je puisse lui poser la question.

Gérard Lanvin se souvient d'avoir fait le tour des pharmacies environnantes :

— On achetait des couches pour incontinents que l'on cousait pour qu'il puisse se pisser dessus quand il faisait du kayak toute la journée sans s'arrêter, les jours où il ne tournait pas !

Un jour, de retour à La Rochelle, il fait le tour de l'île de Ré en kayak de mer avec François. Départ dans l'après-midi, bivouac sur la plage au phare des Baleines et retour dans la matinée du lendemain !

Fin octobre 1991, Bernard débarque en Nouvelle-Calédonie pour son premier raid.

— Je suis venu pour voir, à quarante-quatre ans, dans quel état est la machine. Savoir si tout tourne rond. Et puis, j'étouffe dans la cité. Alors, tout abandonner pendant quelques jours, me frotter avec d'autres à l'intérieur d'une équipe, tout cela me plaît beaucoup[1].

---

1. *Paris Match*, 11 novembre 1991.

Dans l'équipe de Bernard et François, une femme, comme l'impose le règlement, Françoise Saint-Marc, monitrice de raft à Navarrenx, près de Pau, et deux hommes, Denis Étienne, trente-quatre ans, guide de haute montagne à Chamonix, en charge de l'orientation, et Lucien Bérardini, le complice d'escalade, un battant sur le mode rustique, qui partage avec Bernard la même manière d'être : ne rien lâcher. La veille du départ, « Lulu » a pourtant failli jeter l'éponge : prêt à se défoncer, il considère que le résultat final n'a aucune importance. Bernard, lui, ne doute de rien : il veut gagner.

C'est à bord de pirogues mélanésiennes à balancier que les concurrents s'élancent de l'île des Pins pour rejoindre la Grande Terre et la forêt noyée. Dès lors, chaque équipe choisit sa route avec le seul secours d'une boussole et d'une carte au 1/50 000 – comme les militaires en campagne. Les GPS sont bien sûr interdits et des fouilles inopinées permettent de s'assurer qu'aucun concurrent ne triche. Au milieu de nulle part, il faut trouver son chemin.

Françoise a des ampoules au talon. Bernard la décharge de son sac. Douze kilos supplémentaires, répartis entre les équipiers, ne lui font pas peur. Pas question de se ralentir. Hélas, au pied des monts Dzumac, Denis Étienne commet des erreurs d'orientation. L'équipe Giraudeau tourne pendant des heures dans une végétation si touffue qu'on ne voit pas le ciel. Chute à la 17e place. Bernard est furieux. Il pique une colère dont il a le secret. Pas question de prendre plus de trois minutes pour souffler, il faut rattraper le retard ! Lors d'une descente d'une vingtaine de mètres en rappel, Bérardini oublie de verrouiller sa sécurité et glisse de tout son poids le long de la corde en nylon. Il a les mains brûlées.

— Ne dites rien, lâche-t-il, de peur qu'on lui demande d'abandonner.

Il en a vu d'autres et n'est pas du genre à renoncer, Bernard l'admire pour cela. Il finira le raid avec les mains recouvertes de bandages. Bernard, qui commence à souffrir d'une angine, prend exemple, serre les dents et ne moufte pas. Au contraire : il se lance tête baissée dans l'épreuve de canoë. Celui de son équipe traverse une buse d'écoulement et finit… dans les égouts. Il faut le porter à bout de bras pour reprendre la rivière en amont, à plus d'un kilomètre. Nouvelle colère. L'épreuve se poursuit à cheval sur des sentiers de montagne escarpés. Une « chevauchée fantastique », suivie d'une nouvelle épreuve en canoë. À chaque hésitation de Denis, Bernard râle, s'emporte et s'acharne.

— On m'avait dit que ça se passerait comme ça. Que, d'abord, je me demanderais ce que je foutais là, que c'était nul, monotone, crevant pour rien. Et puis qu'on commencerait à mal se supporter, qu'on aurait chacun nos crises d'autorité. On est passés par tous les stades, comme prévu. Comme si on obéissait à des lois de groupe. Pas grave. D'ailleurs, on a continué et vite. Comme si on avait bouffé du lion[1].

De son côté, François se souvient :

— J'ai fini par faire le tampon. Je servais de lien psychoaffectif entre Bernard et les autres. À un moment, devant les tensions relationnelles, la fatigue physique liée au dépassement de soi, j'ai vu Bernard pleurer. Il n'acceptait pas l'échec. Il ne supportait plus les conflits qui s'étaient imposés et qui marquaient la défaite d'un collectif. Je lui ai dit : on ne joue pas notre vie, finissons ce qu'on a commencé.

1. *Paris Match*, 11 novembre 1991.

Douze jours plus tard, ascension du Panié, point culminant de la Nouvelle-Calédonie, descente de la cascade en rappel par paliers de cent mètres et arrivée sur la plage. L'équipe Giraudeau est dix-neuvième sur quarante-deux. Bernard est déçu.

— L'expérience s'était révélée insatisfaisante et un peu décevante sur le plan relationnel, se souvient François, mais on a vite oublié les mauvais moments pour ne garder que les bons : la recherche des performances au-delà des limites, la beauté des paysages – et l'aspect humain, même s'il avait été difficile. Ça a renforcé notre relation : on n'était pas dans le dire mais dans le faire. Il y avait entre nous une belle et forte complicité physique et émotionnelle.

*

Deux ans plus tard, Bernard et François Giraudeau se retrouvent à Madagascar pour la nouvelle édition du Raid Gauloises. Cette fois, ils font équipe avec Édith Chenal, championne de France en eau vive, et Jean-Sébastien Knoertzer et René Roulet, guides de haute montagne. Première épreuve, un saut en parachute depuis un vieil Antonov de l'armée soviétique.

Dans l'hémisphère Sud, c'est l'été et il fait chaud, horriblement chaud. Les deux premiers jours sont particulièrement éprouvants pour Bernard, victime d'une insolation.

— N'importe qui aurait jeté l'éponge, raconte François. Même les médecins du Raid lui conseillaient d'abandonner, mais il ne voulait pas en entendre parler. Plutôt crever ! Il était vraiment affaibli, on a porté ses affaires pendant vingt-quatre heures pour qu'il se retape. Mais dès qu'il a été rétabli, chaque fois qu'on voulait se reposer, il nous disait : « On n'a pas le temps, on va perdre des places. » Un vrai carnassier ! C'était sa manière d'avancer et d'exister. Une volonté incroyable.

Dans le massif du Makay, une zone inexplorée du sud de l'île, longue de cent cinquante kilomètres, particulièrement difficile d'accès avec ses profonds canyons qui se gorgent d'eau à la moindre averse tropicale, l'équipe Giraudeau fait feu de tout bois. À un moment, elle pointe même en deuxième position. Bernard est aux anges, mais, en pleine nuit, les cinq larrons passent à cinquante mètres du point de contrôle sans le repérer. Ils continuent et échouent devant un lac. Le temps de faire demi-tour, ils dégringolent au classement. Grosse colère de Bernard – pour changer.

Après une épreuve en canoë sur le fleuve Mangoky, les concurrents doivent traverser une zone forestière au sol sablonneux où vivent les Mikea, un peuple vivant de chasse et de cueillette, puis pagayer cent vingt kilomètres sur un kayak de mer afin de rejoindre le lagon marquant la ligne d'arrivée. La bande finit dixième : nettement mieux que la fois précédente.

— Cette année-là, tous les participants en ont vraiment bavé, se souvient Gérard Fusil. Ils nous en voulaient. Il y a eu beaucoup d'abandons. On en a dégoûté plus d'un !

Bernard n'est pas de ceux-là : il s'inscrit pour un troisième raid, dans le sud de l'Argentine, en novembre 1996. Départ en kayak de mer sur le grand lac de Nahuel-Huapi, puis marche en raquettes de neige jusqu'à un glacier. Mais cette année-là, François souffre d'une déchirure musculaire mal soignée : il boite et manque de souffle. Bernard l'aide à porter son sac. Il le pousse à continuer, malgré la douleur de plus en plus vive. Si son frère abandonne, l'équipe devra poursuivre hors compétition.

— Pour Bernard, ce qui comptait, c'était le classement et rien que le classement, se souvient Gérard Fusil. J'ai fini par aller chercher François en hélico.

Bernard décide néanmoins de poursuivre l'aventure : randonnée en peau de phoque sur le glacier du Tronador, à la frontière chilienne, ascension d'une montagne, descente en rappel, raft de rivière et, ultime morceau de bravoure, cent vingt kilomètres à cheval…

— Chaque fois qu'on revenait, il nous fallait un mois pour récupérer, se souvient François.

Il n'y aura pas de quatrième raid. Bernard approche de la cinquantaine.

Le cinéma sera désormais sa manière d'assouvir son goût pour l'aventure.

31

La quête des sommets

Quand il a fini par prendre acte de sa séparation avec Anny Duperey, il lui a dit :

— Plus jamais je ne vivrai avec une femme.

Conscient d'avoir gâché leur histoire à cause de son incapacité à se satisfaire du quotidien, il en tire les conclusions. Et il s'y tiendra : plus jamais il n'habitera avec une femme.

Caroline Ratier, sa nouvelle compagne, a tout pour lui convenir : elle vit à Monaco avec ses enfants dans le même immeuble que son mari, sportif de haut niveau, mais pas dans le même appartement.

Après avoir formé avec Anny un couple sous le feu des médias, même s'ils n'ont jamais joué le jeu de la presse people, Bernard va vivre dans l'ombre.

— Il me présentait toujours comme « Caroline », raconte celle qui occupe désormais ses pensées. On a mené une vie très discrète, même s'il m'a rapidement présenté sa famille.

Quand ils se voient, il porte une casquette, des lunettes de soleil, il a souvent une barbe de trois ou quatre jours. Personne ne le reconnaît. Nul ne pense à le prendre en photo. Caroline l'accompagnera une fois au Festival de Cannes, mais ils ne monteront pas les marches ensemble.

— Il a toujours fait en sorte que notre histoire ne s'étale pas dans les journaux. Je pense que les paparazzis nous ont respectés car il n'y avait pas la moindre ambiguïté de sa part. La plupart du temps, je n'avais pas conscience d'être avec un homme public.

Cette relation lui permet d'échapper à toutes les contingences qui, au cours des dernières années, n'ont cessé de l'exaspérer. La routine est impossible. Il s'en délecte.

— Souvent, on se donnait rendez-vous dans des gares. Il venait avec des sandwichs qu'il avait lui-même confectionnés. On se retrouvait pour faire des choses ensemble.

Leur grande affaire, c'est la montagne. Ils se sont d'ailleurs rencontrés dans un restaurant de Serre-Chevalier, où Caroline possède un chalet. Venu avec l'alpiniste Raymond Renaud, il se préparait pour son premier Raid Gauloises.

Fille d'un montagnard, Caroline a réalisé sa première course à douze ans. En 1992, ils grimpent ensemble l'aiguille du Moine, sur l'arête sud du mont Blanc : 3 412 mètres d'altitude. Mais, depuis des années, elle rêve de faire la traversée de la Meije – la reine de l'Oisans, l'un des plus fiers sommets des Écrins. Douze heures d'escalade par l'arête du Promontoire, le Grand Pic, la dent Zsigmondy et le doigt de Dieu, avec retour par le refuge de l'Aigle. Début août 1993, Bernard l'appelle :

— Tu es en forme ? Alors on fait la Meije vendredi.

En général, la course se fait à deux, mais, par prudence, Jean-Noël Berlioz, devenu le guide favori de Bernard, les accompagne. Ils montent en épi, Jean-Noël assurant Bernard et Caroline en même temps.

— Il avait une grande puissance et une résistance impressionnante, se souvient Caroline.

Tout se passe bien mais, après le refuge de l'Aigle, sur un glacier, Bernard disparaît d'un coup. Il est tombé dans une crevasse.

— Un pont de neige s'était effondré, raconte Jean-Noël. Il s'est retrouvé avec trente mètres de vide sous les pieds, l'équivalent d'un immeuble de dix étages. On en a beaucoup ri après, mais je crois qu'il a eu très peur…

Heureusement, il est encordé. Ses deux compagnons d'équipée parviennent à le sortir de là et Jean-Noël sort son appareil. Il prend la seule photo du couple qui existe. Caroline la garde précieusement, comme un talisman…

*

Dans ces années-là, la haute montagne est la passion dévorante de Bernard. La mer, il l'aime naturellement – il est né au bord. Mais la montagne, il l'a découverte. Et cette symbolique ascension des sommets correspond aussi bien à ses aspirations physiques qu'intellectuelles : la quête du point limite.

À Anny Duperey, qui ne comprenait pas son engouement pour la grimpette, il avait dit :

— Quand tu passes d'une paroi à l'autre, tu risques de tomber. Tout ton être doit être ramassé dans la seule envie de vivre. À ce moment-là, je ne m'éparpille plus : il faut juste sauter et s'accrocher. Tout devient simple…

Par sécurité, il fera toutes ses expéditions avec des guides expérimentés, Jean-Noël Berlioz en tête.

— Je pars toujours avec des gars qui sont plus forts que moi. Je suis bien forcé de les écouter. Sinon, je serais mort car je n'ai aucune sagesse[1].

---

1. *Studio*, avril 1996.

— Nous, les montagnards, on passe pour des casse-cous, dit sobrement Jean-Noël Berlioz. En fait, notre métier n'est pas le risque, mais d'assurer la sécurité. Bernard aimait se lancer des défis, aller vers la difficulté, voir jusqu'où il pouvait « se tirer sur la couenne ». Il aimait le côté physique, primaire, bestial. Il avait la capacité à s'engager dans des itinéraires où, à partir d'un certain moment, le demi-tour devient problématique. C'était un teigneux. Mais je ne lui proposais que des objectifs qu'il pouvait réaliser. Je connaissais ses capacités.

Au fil des mois, sa relation devient plus intense avec Jean-Noël Berlioz. Tous les étés, ils se retrouvent pour des courses dans le massif des Écrins. Ils empruntent des voies d'escalade pure de cotation « extrêmement difficile », tels l'aiguille Dibona ou le Bal des Boucasses, ou s'attaquent aux grands sommets comme le Râteau, nouant une de ces relations d'hommes qu'apprécie tant Bernard.

— En montagne, on est partenaires, pas rivaux. On n'est en compétition qu'avec soi-même : c'est à soi qu'on lance des défis. Le massif des Écrins, très sauvage, se prête bien à l'alpinisme rustique qu'affectionnait Bernard. Il n'y a pas de téléphérique, il faut marcher longtemps. Généralement, on dort en refuge, mais Bernard n'aimait pas cela, il voulait préserver son incognito, alors on bivouaquait. Mais quand on passe la nuit sous les étoiles, sur les cailloux, on dort par intermittence. Alors, on discute. Loin de tout confort, on entre dans l'intimité de l'autre, on se confie…

Parfois, Bernard et Jean-Noël s'offrent même des bivouacs en altitude. Ils dorment attachés à la paroi – sensations fortes garanties.

Située dans la vallée de la Guisane, dans les Hautes-Alpes, Serre-Chevalier devient l'une des étapes régulières de sa vie de baroudeur. Il aime également y venir l'hiver, en famille cette fois, avec ses enfants, mais aussi sa mère, sa sœur Elizabeth et ses deux enfants, dont il se sent très proche, son frère François et sa fille.

Bernard affronte les pistes de toutes les couleurs. Quoique sa technique laisse à désirer, il passe partout, tirant Gaël dans son sillage et le poussant vers la difficulté. Mais celui-ci, au fond, préfère le ski de randonnée.

Le soir, dans la maison de bois, autour d'un feu de cheminée, il y a quelque chose de chaleureux, d'intime – toujours cette obsession de recréer autour de lui le clan familial. Il ne se retranche derrière aucune façade, il est lui-même, tout simplement. Le temps est comme figé. Pourtant, il semble toujours « en partance ».

— Quand on lui disait : « Arrête de courir », il répondait : « Si je m'arrêtais, j'aurais l'impression de tomber », se souvient Michèle Berlioz, l'épouse de Jean-Noël.

*

Bernard et Caroline ont tous deux, sinon le culte, du moins l'attirance de l'extrême. Ils font aussi du parachute. Un jour, il lui propose de faire du vol libre à Royan. Une formation « Pac », autrement dit accélérée. Ce mot lui va si bien : six sauts en une semaine, à partir d'un avion volant à 4 000 mètres d'altitude, le premier encadré par deux moniteurs, les suivants par un seul. Mais pour son septième et dernier saut, celui en solo, le parachute de Bernard se met en torche sous les yeux de Caroline. Il tombe comme un caillou à 350, peut-être 450 km/h. Au lieu de libérer son parachute pour actionner celui de secours, il s'escrime à le redresser. Au dernier moment, il parvient à le remettre droit…

À son retour à l'aérodrome, les moniteurs l'engagent à remonter dans un avion :

— Sinon tu ne sauteras plus jamais…

Il se pliera de bonne grâce à leur injonction. Pas question de reculer. Pas question de renoncer à des sensations aussi fortes.

Un jour où il s'entraîne, toujours près de Royan, avec son frère François en vue du Raid Gauloises, Bernard lance à sa sœur Elizabeth, venue les rejoindre :

— T'es pas cap de sauter?

— Si ! réplique-t-elle.

Ils topent.

— Jusqu'au dernier moment, se souvient-elle, ils ont cru que je me défilerais. Ils sont restés comme deux ronds de flan que je le fasse.

*

Parfois, Bernard et Caroline se donnent rendez-vous à La Rochelle et partent se promener en barque dans les canaux du Marais. Il leur arrive d'aller dans la maison de la Creuse, mais, la plupart du temps, c'est dans le chalet de Serre-Chevalier qu'ils se retrouvent. Souvent, il lui dit :

— Je suis bien ici. Tu m'apaises, mais il ne faudrait pas que tu m'apaises trop. Sinon, je ne serai plus bon à rien.

Cette inaptitude au bonheur de longue durée – toujours… Il aime cette relation en pointillé. Dans ce tourbillon d'activités, elle échappe à ses coups de gueule légendaires.

— Lorsqu'on était ensemble, il prenait soin de moi. Il était toujours très attentionné. Quand on faisait du vélo, s'il voyait que je tirais la langue, il se mettait à ma hauteur et poussait ma selle pour me soulager. On ne s'est jamais disputés. Il n'a jamais eu un mot plus haut que l'autre – juste quelques agacements quand j'oubliais quelque chose, ce qui était fréquent car je suis tête en l'air… Peut-être sentait-il qu'il n'avait pas de prise sur moi. Je n'exigeais rien de lui, il n'exigeait rien de moi. Il n'y avait aucun motif de discorde. Mais j'ai souvent été témoin de son caractère soupe au lait, avec son fils, par exemple. Quand il se mettait en rogne, je le pinçais…

Lorsqu'ils ne se voient pas, ils s'écrivent ou se postent des cassettes de musique : il lui fait découvrir les chants grecs ou sud-américains, elle lui envoie de la musique baroque, des airs de Mozart et de Haendel, car elle connaît sa prédilection pour les « mélodies un peu tristes ».

Mais, au bout de cinq ans, leur histoire s'effiloche.

— J'ai toujours été attirée par les hommes exceptionnels, mais j'avais l'impression d'être trop simple pour lui. Ce n'est pas moi qui allais vers lui, mais lui qui venait vers moi. Quand je sens faiblir l'intérêt de l'autre, je laisse filer. Nos liens se sont distendus tout seuls. Je l'ai laissé partir.

Bernard s'est-il lassé ? A-t-il eu peur de cette femme avec laquelle il avait tant de choses en commun ? A-t-il fini par regretter que Caroline n'exige rien de lui ? On peut refuser d'être attaché, mais regretter que l'autre ne vous propose pas de l'être…

En fait, Bernard s'est trouvé une nouvelle compagne. Un film…

32

Gyrophare

Jamais là où on l'attend…

Bernard s'apprête à le prouver avec son nouveau projet. Sa deuxième mise en scène pour le grand écran.

Tout commence par la lecture de la correspondance du chevalier de Boufflers, ancien maréchal de camp qui, pour rembourser une dette, obtint la charge de gouverneur du Sénégal et de l'île de Gorée, de 1785 à 1787.

Bernard se passionne pour cette période, dévore les récits de voyageurs et les livres d'histoire. Il imagine un récit original : tandis qu'éclate la Révolution française, un noble exilé par le roi dans un comptoir aux confins des Maures et des Peuls, entre désert et terres fertiles, accomplit sa propre révolution. Jusque-là aveuglé par le confort de sa condition, entre mélancolie de l'exil et plaisir de la découverte, l'homme comprend l'horreur de l'esclavage, découvre la richesse d'une terre bafouée et s'éprend d'une jeune esclave peule.

> *« Je reste ici à m'inquiéter pour une petite négresse que je prends pour ma fille. Il y a quelques mois encore j'allais l'offrir comme un singe à une femme de la noblesse française. »*

Dans le silence assourdissant du siècle des Lumières, il fait à sa manière l'« éloge de la différence », pour citer la formule qu'Albert Jacquard inventera deux siècles plus tard. Son retour sera son véritable exil…

> *« Partir en France, c'est un avenir auquel je ne veux pas penser. Ma vie est ici.*
>
> *— J'ai l'impression que tu as perdu la tête avant qu'on te la coupe. »*

Pour ce film qu'il n'imagine pas tourner ailleurs qu'en Afrique, Bernard rêve de costumes et d'une horde de figurants. Un gros budget s'impose, mais qui osera financer un tel projet ?

Danielle Gain lui présente Jean-François Lepetit. Auréolé du succès de *Trois hommes et un couffin* et du *Grand Chemin*, ce jeune producteur travaille à l'ancienne : lorsqu'il croit à un film, il n'hésite pas à engager ses fonds personnels, au risque de tout perdre.

— Bernard pensait que le film n'était réalisable qu'en anglais. Il avait songé à Harvey Keitel ou William Hurt pour le rôle principal. Mais personne d'autre que lui ne pouvait jouer ce personnage où il avait projeté toutes ses obsessions. Très vite, je l'ai convaincu d'interpréter le rôle principal. Il m'a juste répondu : « Si tu crois que c'est possible… »

Poussé par Jean-François Lepetit, Bernard peaufine le scénario, élague les personnages secondaires, resserre l'intrigue, cisèle les dialogues. Dans le même temps, le producteur part à la recherche d'un financement. À l'usure, Studio Canal finit par signer une convention de développement, mais sans y croire vraiment. Trop historique. Trop philosophique. Trop lointain. Il faudra tout l'enthousiasme de Pierre Lescure, alors P-DG de Canal Plus, pour que le film voie le jour dans de bonnes conditions. Car, plus le projet prend forme, plus le budget enfle. Il faut une cinquantaine de millions de francs. Pour le réalisateur comme pour son producteur, pas question de jouer petits bras : c'est à ce prix que le film aura son originalité, sa cohérence, son souffle.

Janvier 1995 : le tournage peut enfin commencer. Un tournage ? Une aventure, plutôt. Car il y a de l'épopée dans ce film pas comme les autres. Bernard s'est entouré de Thierry Frémont, Roland Blanche et de la Martiniquaise France Zobda, finalement préférée à Viktor Lazlo, trop urbaine et contemporaine à son goût. Richard Bohringer, le vieux complice du Sherwood, incarne le commandant de Blanet, un militaire droit et consciencieux, hostile au trafic négrier, qui a épousé une Africaine et reste là-bas, faute de pouvoir la ramener en métropole.

— Il m'a fait épouser l'Afrique, en fin de compte, se souvient Richard Bohringer qui, depuis, possède la nationalité sénégalaise. Il m'a fait découvrir cette Afrique mystique qui remonte vers le Sahel.

Excepté les premières séquences, tournées en France, l'essentiel des prises de vue est réalisé dans le désert de Mauritanie, sur l'île de Gorée et à Saint-Louis, l'ancienne capitale du commerce d'or, d'ivoire et d'esclaves. Le Sénégal transformé en « Hollywolof », selon le mot de Bernard Giraudeau.

Malgré l'aide complice de son assistant local, Moussa Touré – qu'il aidera en 1997 à réaliser son premier film, *TGV* –, la tâche se révèle plus ardue que prévu. Pour les nombreuses scènes de cavalerie, le dresseur Mario Laurashi avait proposé d'amener ses propres chevaux : trop coûteux. Grâce à l'aide d'Abdou Diouf, président du Sénégal, Bernard fait son casting parmi les deux cents chevaux de la garde républicaine. Mais, pour les scènes dans le désert, personne ne s'est avisé que chaque animal boirait une trentaine de litres d'eau par jour. Au dernier moment, il faut dénicher des camions-citernes pour étancher leur soif. Et Bernard ne tarde pas à découvrir que ses acteurs ne sont pas si bons cavaliers qu'ils l'ont prétendu. Dans les plans larges, Roland Blanche passe de petits arrangements avec les cascadeurs pour qu'ils le remplacent. Quant à Richard Bohringer, lorsqu'il comprend qu'il doit partir à cheval avec les héros pour retrouver Amélie en plein désert, il déclare tout bonnement :

— Mais pourquoi devrais-je vous accompagner ? Je suis le commandant, c'est à moi de garder le fort !

Pour les bateaux, impossible d'utiliser des goélettes d'époque, leur transport est trop coûteux ; ils seront construits à Dakar et acheminés par la route à Saint-Louis. Pour simplifier les choses, ils sont à fond plat, mais l'absence de quille les rend difficiles à manœuvrer, même s'ils disposent de moteurs cachés. L'un d'eux coulera. Tous les figurants avaient juré savoir nager, mais beaucoup se sont montrés présomptueux. Dans les mangroves, l'équipe est assaillie par des cohortes de moustiques. Richard Bohringer détend l'atmosphère en inventant un « Moutmout Blues » de circonstance.

Même les voyages en voiture ne vont pas de soi : l'équipe est régulièrement arrêtée par des policiers surgis de nulle part, jusqu'au jour où elle se décide à utiliser des 4×4 de la garde présidentielle : cette fois, les policiers sont au garde-à-vous…

Dans la région, on commence à gloser sur le mauvais œil qui régnerait sur le tournage. Un marabout propose ses services.

— Ça ne peut pas faire de mal, suggère Bernard à Jean-François Lepetit.

Le lendemain, tous se retrouvent au bord du fleuve Sénégal, avec le marabout, autour d'un thé. Prières, incantations, sacrifice d'une poule, rituels divers... Le tournage repart, sans accroc cette fois.

— Tout le monde en a déduit que c'était grâce à l'action du marabout, s'amuse Jean-François Lepetit.

Sur le plateau, Bernard est omniprésent. Qu'il porte un bob pour se protéger du soleil ou sa perruque lorsqu'il doit apparaître dans la scène, il veille à tout.

— Il était le premier levé et le dernier couché, raconte Richard Bohringer. Un jour, je lui ai dit de prendre un Lexomil pour se décontracter. Il m'a répondu : « C'est le truc en barrettes blanches qu'on coupe en quatre morceaux? J'en ai pris un entier ce matin et ça ne m'a rien fait ! » Il était âpre, rugueux, pugnace, malgré sa surface en pierre d'ivoire. Il était costaud comme de l'acier. Il avait une putain d'énergie dans cette Afrique immobile où la nuit qui tombe est oppressante et incite à la mélancolie. Moi, ça me barbouillait l'âme.

Rien n'arrête Bernard, il est comme possédé. Sur le plateau, les Africains le surnomment le « Président », à cause de son autorité naturelle, ou « Gyrophare », pour sa façon d'avancer dans l'urgence. Il conduit son bataillon à un train d'enfer. En même temps, il parvient à dompter sa nature impatiente.

— C'était un speedé de première mais, en Afrique, il s'accommodait d'une certaine lenteur, se souvient Danielle Gain. Il ne portait pas de jugement. Il disait : « En Afrique, il faut prendre son temps. » Parfois, il gueulait car ça n'allait pas assez vite mais, au fond, il comprenait leur manière de fonctionner.

— L'Afrique n'est pas docile, analyse Richard Bohringer. On ne la bouscule pas, elle a besoin qu'on la respecte. C'était un patron magnifique qui donnait de la dignité aux Africains. Sa fougue a entraîné Saint-Louis et sa banlieue, elle a fait vivre des dizaines de familles.

C'était Lawrence d'Arabie cramé à la passion du cinéma ! J'étais fier de son autorité comme un gosse, c'est le seul metteur en scène avec lequel je ne me suis jamais engueulé.

*

Les prises de vue achevées, Bernard s'octroie quelques jours de repos en Casamance, avant de se mettre au montage. Il se retrouve face à une masse impressionnante de pellicules. Il s'est constitué une cagnotte d'images saisies au vol, fruit de son inspiration du moment, qu'il a baptisée « bobine X ». Résultat : d'une durée initiale de 2h15, le film fait 30 minutes de plus. Il faut donc élaguer, condenser, raboter. Le travail de dentellière n'est pas achevé quand il doit partir en Argentine pour le Raid Gauloises.

— Fais ce que tu veux, tu me montreras quand je reviendrai, lance-t-il à Jean-François Lepetit, heureux de s'éloigner d'un film qui l'obsède depuis plus de deux ans.

À son retour, le producteur a retranché quatorze minutes. Bernard accepte la moitié des coupes et, pour éclaircir le récit, décide d'ajouter une deuxième voix off – fait unique dans l'histoire du cinéma !

Le 3 avril 1996, le film est enfin à l'affiche. Son titre : *Les Caprices d'un fleuve*. La critique, dans l'ensemble, est positive, séduite par l'ambition du projet : c'est à la fois un film d'amour et d'aventure, sur fond de conte philosophique. Le public, lui, est plus réticent : à peine neuf cent mille entrées en France.

— À l'époque, on était un peu effondrés, se souvient Jean-François Lepetit. Lui comme moi, on a vécu la sortie du film comme un échec, alors que beaucoup de gens nous disaient : « Franchement, avec un sujet pareil, c'est déjà très bien. »

Une déception ?

— Tous ces moments forts et inexplicables, je les ai vécus, dira Bernard. Personne ne pourra me les voler. Finalement, qu'est-ce qui est le plus important : l'histoire d'amour que tu as vécue pendant dix ans, ou le bouquin que tu écris sur cette histoire d'amour ?

33

Libertinage

Pour *Les Caprices d'un fleuve*, il a mis sa carrière d'acteur entre parenthèses – même s'il jouait le rôle principal.

— Je me suis peu occupé de l'acteur et c'était tant mieux.

Il va de nouveau goûter au plaisir d'être simple comédien. Et d'autant plus voluptueusement que les propositions sont intéressantes.

Un premier rôle n'est pas forcément nécessaire pour rafler la mise. Bernard Giraudeau en administre la preuve dans *Ridicule* de Patrice Leconte. Quand le metteur en scène de ses premiers succès lui propose le rôle de l'abbé de Villecourt dans cette autopsie des rituels de la cour de Louis XVI, il commence par hésiter.

> « *Méfiez vous de l'abbé, c'est un serpent. Quand il se tait, il vous guette. Quand il parle, il est déjà trop tard* » (Jean Rochefort, le marquis de Bellegarde.)

— Nous avons déjeuné ensemble et j'ai tout de suite senti ce qui le retenait par la manche : il trouvait que le personnage était un enfoiré de première. Un type détestable, jamais attachant. Je lui ai dit qu'il devait avoir en ligne de mire le mot malheureux qui lui fera tout perdre et se retrouver comme un enfant qui aurait égaré son nounours.

Sur le plateau, Patrice Leconte le dirige en lui disant simplement :

— « Bombe le torse. Plus tu te tiendras droit, plus ta chute paraîtra spectaculaire. » Sans doute Bernard a-t-il joué sur une part de lui-même pour ce personnage. Il savait qu'il pouvait être odieux, c'est sûrement ce qui l'emmerdait au départ…

Patrice Leconte retrouve le compagnon délicieux qu'il avait connu sur *Viens chez moi…*, pas le discutailleur des *Spécialistes*, qui voulait se mêler de tout.

— Entre-temps, il était passé à la mise en scène. Il savait ce que c'est d'avoir le poids d'un film sur les épaules. Il avait compris qu'un metteur en scène ne doit pas se laisser envahir par les interventions intempestives des comédiens.

Le film est présenté à Cannes. À la fin de la projection, la salle se lève doucement pour une *standing ovation*. Ensuite viendront les Césars, mais Bernard est coiffé au poteau pour le meilleur second rôle par Jean-Pierre Darroussin. Aux Oscars, le film représentera la France.

Pour la troisième fois, l'association Leconte-Giraudeau est un triomphe.

— C'était mon acteur porte-bonheur, commente tristement le réalisateur.

*

Dans la foulée, Bernard Giraudeau renoue également avec les planches. Il a choisi *Le Libertin*, un vaudeville philosophique qui retrace une folle journée dans la vie de Diderot. Au cœur de multiples exercices de séduction, son secrétaire l'interrompt pour lui demander d'écrire l'article « Morale » de l'*Encyclopédie* :

« Quel homme possède jamais une femme? Quel homme possède jamais la vérité? Illusions... Les hommes et les femmes se rencontreront-ils un jour? Ce que la femme désire, est-ce ce que l'homme désire? Et ce que l'un attend de l'autre, est-ce bien ce que l'autre veut donner? Le soleil et la lune se frôlent, se rapprochent, mais jamais ne se touchent ni ne se confondent. Ne te fie à personne, jamais, pas même à toi. »

Entre Éric-Emmanuel Schmitt et lui, les choses ont pourtant mal commencé. Lorsqu'il avait accepté de mettre en scène *Variations énigmatiques*, sa précédente pièce, Bernard Murat avait pensé à Bernard, son fidèle complice, pour donner la réplique à Alain Delon. Bernard avait accepté, heureux de se confronter une nouvelle fois au mythe Delon. Mais Schmitt s'y était opposé, jugeant que les deux acteurs étaient sur le même registre.

— Je me sentais une dette par rapport à Bernard, se souvient Éric-Emmanuel Schmitt. Je lui ai envoyé les cinquante premières pages du *Libertin*, lui demandant si je devais continuer. Il m'a immédiatement dit oui! Je ne l'ai pas regretté. Il avait un surcroît de présence. Quelque chose de carnassier et fragile, d'impérieux et d'enfantin. Et, en même temps, une capacité à se décomposer en quelques secondes. Il irradiait. C'était un phare!

Bernard se jette dans la pièce à son habitude : à fond. Il lit tout Diderot et tous les ouvrages sur l'*Encyclopédie*. Il connaît son XVIIIe siècle sur le bout des doigts. Mais, durant les répétitions, il ne peut masquer ses inquiétudes.

— Souvent, il m'a énervé, se souvient le metteur en scène. Il aimait chercher. Parfois, je me disais que ce n'était pas le bon moment. Avec lui, il fallait savoir manier la *muleta*, avoir l'art de l'esquive. Si on faisait front, ça pouvait prendre des proportions invraisemblables!

Il avait cette impatience en lui : il fallait que ça bouge. Qu'il ait des choses à faire.

Bernard Murat a appris à gérer son interprète fétiche. Lorsqu'il veut se consacrer aux autres comédiens, il a trouvé le « truc ».

— Je lui disais : « J'ai un problème sur le décor. Y a quelque chose qui ne fonctionne pas. » Il me répondait : « Tu as un marteau ? » Et il s'en occupait. Dès lors, tout se passait bien…

Giraudeau, mode d'emploi !

Le matin de la couturière, Éric-Emmanuel Schmitt vient retrouver sa vedette et le metteur en scène. Il les découvre affalés dans un fauteuil, découragés :

— On va faire un bide. Ce qu'on raconte n'intéresse personne.

Bernard insiste pour déplacer une scène. Schmitt rectifie le dialogue en conséquence.

— Il avait une grande science du plateau : il sentait ce qui fonctionnait ou pas.

Le soir de la première, en février 1997, les applaudissements fusent de partout.

— C'était la pluie qui tombait dans le désert : plus le public aimait, plus je le voyais frétiller, récompensé de l'envie qu'il avait eue de se lancer dans l'aventure. Comme quoi, on ne peut pas demander à un oiseau de se regarder voler…

La pièce – deux cent vingt et une représentations – sera jouée jusqu'en janvier 1998 au théâtre Montparnasse, avant de partir en tournée dans toute la France. Tous les soirs, Bernard surgit au dernier moment, n'étant pas de ces acteurs qui ont besoin de se concentrer. Sa partenaire Christiane Cohendy et lui ont le même rituel. Quand le régisseur annonce le lever du rideau, Bernard lui dit :

— Au revoir, Christiane. Bonsoir, madame Terbouche.

— Au revoir, Bernard. Bonsoir, Diderot, réplique-t-elle.

Diderot n'est-il pas l'auteur du *Paradoxe du comédien*?

Avec *Le Libertin*, Bernard gagne une nouvelle nomination aux Molières – sa deuxième. Au total, il consacrera un an et demi de sa vie à ce spectacle. Une éternité pour un homme aussi bouillonnant. Mais, loin de savourer son succès, il est rattrapé par ses doutes et ses inquiétudes. La peur de l'ennui, à laquelle s'ajoute l'angoisse de la salle vide. Décidément, rien ne peut le contenter…

Curieusement, quand il s'agira d'en faire une adaptation pour le cinéma, le réalisateur, Gabriel Aghion, ne le contactera même pas. Vu le résultat, une farce grossière, Bernard n'a pas dû le regretter…

Au fil des mois, il s'est rapproché d'Éric-Emmanuel Schmitt. Un soir, il l'appelle :

— Et si on faisait un *Bossu*?

Le dramaturge se met au travail et livre, une semaine plus tard, une première version. Bernard envisage de la mettre en scène lui-même. Il imagine un spectacle plein de fureur, avec des cascadeurs. Du cinéma sur scène. Le Théâtre de Paris, d'abord intéressé, finit par se rétracter. Le projet est abandonné.

En 2008, la municipalité de Villers-la-Ville, en Belgique, proposera à Éric-Emmanuel Schmitt d'exhumer sa pièce. L'auteur se tourne alors vers Bernard pour la mettre en scène, mais celui-ci, déjà trop affaibli par la maladie, préférera renoncer…

*

Avec *Marquise*, il va entremêler son goût du théâtre et du cinéma. Le film romance la vie de marquise du Parc, mi-danseuse mi-prostituée, remarquée par Molière avant de devenir la maîtresse de Racine, qui écrira pour elle *Andromaque*. Véra Belmont a réservé à Bernard un de ces rôles qu'on ne refuse pas: celui de Molière. Un Molière d'une « gaieté mélancolique, mais avec une certaine truculence », selon la réalisatrice, qui réunit un casting cinq étoiles: Sophie Marceau dans le rôle-titre, Lambert Wilson en Racine, Thierry Lhermitte en Louis XIV, Patrick Timsit, Anémone, etc.

Pourtant, le tournage est un enfer. Pas à cause de Bernard: il est au contraire d'une entière disponibilité. En revanche, Sophie Marceau et la réalisatrice ne tardent pas à s'accrocher.

— On se bagarrait sans cesse. Au bout de trois semaines, elle a refusé de tourner. J'étais prête à abdiquer. J'ai même demandé à Bernard de reprendre la mise en scène, mais il m'a répondu : « Tu as le film dans la tête, il t'appartient. » Il m'a été d'un grand soutien pendant le reste des prises de vue.

Trois jours plus tard, Sophie Marceau reprend le tournage mais elle reniera publiquement le film avant sa sortie, entraînant son échec irrémédiable. Triste fin pour une belle aventure…

34

Ongle et poussière

Voici l'histoire de deux hommes nés à plus de douze mille kilomètres l'un de l'autre et qui vont devenir *uña y mugre*: ongle et poussière…

Cela commence comme un conte: il était une fois un exilé sud-américain à Paris. Tous les jours, il achète sa baguette dans la même boutique qu'un acteur, rue Daguerre. Il n'a jamais vu ses films et ne sait même pas qu'il est comédien. Sans se connaître davantage, les deux hommes prennent l'habitude de se saluer.

Et puis, un jour de 1987, le saltimbanque français est invité, à la Mutualité, à un concert de solidarité aux victimes du régime de Pinochet. Dans les coulisses, il reconnaît l'homme de la boulangerie, une guitare à la main.

— Accompagne-moi, lui lance-t-il.

L'acteur déclame un poème, « L'escalier » de Julio Cortázar. À la fin, le guitariste et l'acteur sont applaudis à égalité.

— Pourquoi les gens te connaissent-ils?

Bernard Giraudeau vient de découvrir que son « ami chilien », pour reprendre le titre du film qu'il lui consacrera en 1998, est un musicien connu dans son pays.

Osvaldo Torres – c'est lui dont il s'agit – est originaire du nord de cette bande de terre qui borde le Pacifique, du tropique du Capricorne à l'extrémité de cette Terre de Feu que son grand-père cap-hornier contournait au début du siècle. Fils d'un fonctionnaire de la Sécurité sociale chilienne, élevé chez les francs-maçons, Osvaldo a été révolutionnaire en culottes courtes. Un jour, à treize ans, il part de chez lui pour s'engager auprès du Che, qui mène la guérilla en Bolivie, mais il ne parvient pas à franchir la frontière : trop jeune. Anthropologue, peintre, musicien, il devient l'un des fondateurs du groupe Illapu, juste avant la chute d'Allende. Devenu juré dans « Dingo Londango », un télécrochet national, il se lance dans une carrière solo. Mais, sous son image rassurante de chanteur populaire, Osvaldo est en réalité un militant d'extrême gauche, membre du MIR, un groupe révolutionnaire clandestin qu'il renseigne grâce à ses connexions et ses réseaux. Son engagement le conduira même à passer de l'argent pour les insurgés par les montagnes. De plus en plus exposé, il doit fuir le Chili avec sa femme en 1985…

Entre Bernard et Osvaldo, il y a d'abord une de ces complicités intellectuelles qu'il affectionne. Ils passent de longs moments à parler de littérature sud-américaine : Gabriel García Márquez et Mario Vargas Llosa, bien sûr, mais aussi Jorge Luis Borges et Alejo Carpentier, dont Bernard apprécie tout particulièrement *Concert baroque.*

— Il trouvait que j'étais très intello, se souvient l'artiste chilien. Il était un peu complexé de cela. Pourtant, Bernard était un maître de la parole, un conteur hors pair, un débatteur redoutable.

Quand Bernard décide de sortir en livre-cassette ses *Contes d'Humahuaca*, c'est tout naturellement à Osvaldo qu'il s'adresse pour composer la musique, mais il s'agit d'une simple illustration. En revanche, pour

La Transamazonienne, son premier documentaire, Bernard a une idée plus précise de ce qu'il veut.

— Il était devenu plus exigeant, ce qui a ouvert la porte à ce qui nous manquait : l'esprit de contradiction.

Au fil des mois, Bernard lui ouvre son intimité, la connivence se mue en véritable amitié.

— En amour, même, rectifie Osvaldo. Je me retrouvais en lui, quoique nous soyons issus d'univers différents. Lui était un marin, alors que j'ai horreur de la mer. On avait les mêmes réactions. Parfois, je lui disais : « Arrête, miroir. » Il me répondait : « Je t'aime, connard. » J'ajoutais : « Laisse tomber ton bouclier contre les sentiments. »

Parfois, Osvaldo raconte à Bernard des morceaux de son passé. Il lui révèle, par exemple, avoir été caissier de la maison de tolérance du second mari de sa mère, lorsqu'il était enfant. Il lui parle aussi de son grand-oncle, puceau jusqu'à cinquante ans, qui décida de s'exiler dans une gare perdue pour échapper à l'emprise de son arrière-grand-mère. Un jour, une femme descend du train pour faire ses besoins. Quand elle revient, le train est parti. Ils finissent par se marier…

Il y a là du romanesque, des vies qui s'inventent, des situations où le cocasse le dispute à la tendresse, des destins en vrac. Il y a aussi l'exil d'un homme qui vit loin de son père et de son frère. En toile de fond, l'histoire du peuple Aymara, dont Osvaldo est issu. Bref, il y a un sujet de film et les deux amis y pensent de plus en plus souvent.

Un jour, Bernard l'appelle :

— Prends des vacances, on part.

Printemps 1998 : Osvaldo et Bernard débarquent au Chili et commencent leur périple au nord, à Arica, à la frontière péruvienne.

« Qui es-tu, ami chilien, mon ami ? Tu rêves de t'envoler comme le condor, mais avant de mourir comme lui, tu regarderais ce long pétale de mer, de vin et de neige dont parle Neruda et tu chuchoterais : je suis de cette terre. Derrière des nuages qui jamais ne quittent la mer, qui jamais n'arrosent la terre, il y a des villes comme des bateaux ensablés[1]. »

Dans ce pays Aymara, ils retrouvent le petit frère d'Osvaldo, journaliste aux États-Unis, descendu les rejoindre de Berkeley. Ensemble, ils vont sillonner un Chili mythologique, à la rencontre des chercheurs d'or du nord, des conquistadors du cuivre et des gitans du désert d'Atacama, jusqu'à Valparaiso où les attend le père d'Osvaldo, avec son accordéon.

— Je pensais qu'il avait tout préparé, mais il n'avait que le fil conducteur. On a construit le film sur place.

Au Chili, c'est Osvaldo la star, l'homme auquel les passants réclament des autographes. Bernard ne sera reconnu qu'au bord des geysers, où un car de touristes français débarque en même temps qu'eux.

Un soir, des amis d'Osvaldo le convient à un concert improvisé. Osvaldo s'éclipse plus longtemps que prévu. Colère de Bernard à son retour, la première essuyée par Osvaldo depuis qu'ils se connaissent :

— Je l'ai pris par le bras avec beaucoup de force et je lui ai dit : « Ici, tu es chez moi. » Puis on est partis s'étreindre dans le désert.

Quelques jours plus tard, leur voiture tombe en panne. Retard imprévu, qui bouscule leurs plans et menace le tournage. Bernard bout d'impatience. Mais, cette fois, les dents serrées, il s'éloigne, seul, le temps de laisser passer sa rage.

1. *Un ami chilien*, DVD, éditions Montparnasse.

— Il y a le temps d'ici, le temps à toi et le temps à moi. Quand il y a trois temps, c'est toujours bancal, lâche-t-il.

Bernard va donner une dimension initiatique, voire thérapeutique à ce périple. Dans les semaines précédant leur départ, Osvaldo lui a confié « quelques petites choses » sur la torture dont il a été victime. Mais c'est sur place que Bernard découvre ce qu'il a vraiment subi au temps de la dictature. Son frère avait installé une imprimerie clandestine dans un poulailler. Ils furent tous deux incarcérés dans un ancien couvent où les policiers tiraient sur les murs pour les faire parler. Quinze jours de taule pour avouer quoi ? Rien. Plus tard, alors qu'il vient de donner un concert, une voiture s'arrête à sa hauteur. Cinq hommes en surgissent et le jettent d'un pont…

— Mon petit frère lui a retracé sa propre histoire, qu'il ne m'avait jamais racontée. Il lui a relaté des choses que j'avais enfouies en moi. Le plus étrange, c'est que je faisais la traduction. Étrange jeu de miroirs…

Au retour, Bernard invitera Osvaldo à consulter un psy pour exorciser ses démons intérieurs, lui qui a toujours craint d'explorer ses tréfonds.

— Je n'avais pas conscience que je devais me libérer de cela. Ôter ce sac qui m'encombrait le dos. Quand on a vécu ce genre d'épreuves, on ne les raconte pas. Par peur d'apitoyer. Quand j'ai commencé à suivre une thérapie, on en a beaucoup parlé. Il me disait : « Tu crois vraiment que ça t'aide ? » Je lui répondais : « Je pense que toi aussi, un jour, tu devras en faire une. »

Sans doute le point de départ de la thérapie qu'il finira par suivre quelques années plus tard…

35

Manipulations

Quand les vagues s'approchent du rivage, certaines, plus cambrées, s'enroulent et déferlent, d'autres ne se renversent qu'au dernier moment.

Les Caprices d'un fleuve était une lame de fond : le film a modifié en profondeur l'image de Bernard Giraudeau dans le monde du cinéma. Son ambition, par contrecoup, conduit des cinéastes plus ambitieux à s'intéresser à lui.

François Ozon, tout d'abord. Son nom n'est pas encore célèbre, mais *Les Amants criminels* a révélé un des réalisateurs les plus prometteurs de sa génération. Quand il se lance dans l'adaptation de *Gouttes d'eau sur pierres brûlantes*, pièce de Rainer Werner Fassbinder – l'autopsie d'un couple formé d'un homme machiavélique de cinquante ans et d'un garçon de dix-neuf ans, dans l'Allemagne des années 1970 –, c'est d'abord à André Dussollier que songe Ozon, mais le comédien refuse. Bernard Giraudeau saute sur l'occasion – manière de corriger l'« erreur » de *Tenue de soirée*...

— Non seulement le personnage lui plaisait, racontera Ozon, mais il ne le trouvait ni assez noir ni assez pervers. Là, je me suis dit qu'on allait très bien s'entendre !

Grâce à Bernard, François Ozon enrichit le côté manipulateur du personnage et sa peur de passer à côté de sa vie.

— C'était un trait de caractère qui lui ressemblait, d'ailleurs. À l'époque, il était très nerveux, il avait une personnalité très complexe. Quand il voyait que les choses se passaient trop bien, il ne pouvait s'empêcher d'introduire une tension, notamment dans ses relations avec ses partenaires masculins. En revanche, il s'entendait très bien avec Ludivine Sagnier, leur complicité était vraiment belle à voir[1].

Le film rassemblera à peine soixante-dix mille spectateurs, mais Bernard Giraudeau le défendra bec et ongles. *Gouttes d'eau sur pierres brûlantes* restera l'un des films dont il était le plus fier.

*

Cette même année 1999, il tourne un autre de ses films de prédilection, *Une affaire de goût*. Un industriel au sommet de sa réussite engage un jeune serveur pour lui servir de goûteur. Bernard a lu le scénario et s'est décidé en une nuit. Au matin, il appelle Bernard Rapp, le réalisateur, pour lui donner son accord. Il a tout de suite accroché à ce film de vampire où il jouit du plaisir de dévorer l'autre, version gastronomique du *Servant* de Joseph Losey.

Un grand rôle de composition? Oui, bien sûr. Quoique… Car cet as de la manipulation, c'est un peu lui. Et durant le tournage, à Lyon, il ne cesse de vouloir prendre le dessus sur son partenaire, Jean-Pierre Lorit, quitte à le déstabiliser.

---

1. *Première*, août 2010.

— Il y avait un vrai décalage entre l'homme avec qui je déjeunais et dînais, qui était ouvert, chouette, me racontant ses passions et son dédain pour les mondanités, et l'acteur que je retrouvais sur le tournage, qui mettait de la rivalité partout. Il avait besoin de tout dominer. Il était fasciné par le personnage et, à coup sûr, il se retrouvait dans certains de ses aspects. Il créait des rapports de force de manière animale : pour lui, il y avait ceux qui choisissent et ceux qui subissent. Or, par définition, dans le métier d'acteur, on subi puisqu'on est choisi.

Sur le plateau, Bernard est pour le moins déstabilisant pour son partenaire. Entre les séquences, alors que Jean-Pierre Lorit ne cherche qu'à s'isoler pour se concentrer, il plaisante et parle fort. Il moque son côté Actor's Studio, l'affuble d'un sobriquet et n'hésite pas à interrompre certaines prises. Au bout d'une semaine, le chef opérateur prend Jean-Pierre Lorit à part :

— Fais gaffe, Giraudeau fait tout pour te planter.

En fait, Bernard est en train de le tester, de prendre sa mesure. Un jour, il lui propose d'aller faire un footing dans la campagne lyonnaise. Jean-Pierre Lorit accepte et tient le rythme.

— Finalement, tu te débrouilles bien, lui lâche-t-il.

Séduit par son travail, Bernard se libère. Un soir, dans l'ascenseur, il lui lâche :

— Bon, t'es pas un partenaire très agréable entre les prises, mais c'est agréable de jouer avec toi.

Il l'adoubera littéralement lors du tournage d'une séquence de retrouvailles, à la fin du film :

« *Vous m'avez terriblement manqué, Nicolas. Je sais que, moi aussi, je vous ai manqué. En ce moment, je peux lire vos pensées dans votre cœur qui bat à toute allure. L'un sans l'autre, on n'est rien. Bon, j'y vais. Vous savez très bien que vous n'y allez pas. Sinon, vous ne seriez pas venu au premier coup de téléphone. Nicolas, je suis sûr que si je vous demandais de vous mettre à genoux et de me lécher les pieds, vous le feriez…* »

Lors des trois premières prises, il cale. Il sait qu'il peut aller plus loin, donner plus d'émotion. Il finit par se lever et lance à l'équipe :

— Bon, je vais essayer à la Lorit.

Il part se concentrer dans sa loge puis revient quelques instants plus tard. Cette fois, c'est la bonne…

Bien accueilli, le film lui vaudra sa première nomination aux Césars, dans la catégorie « meilleur acteur ».

Il ne l'obtiendra pas.

QUATRIÈME PARTIE

LE COMBATTANT

« *J'apprendrai jusqu'à ce que je meure. Les imbéciles croient pouvoir dire qu'on a maîtrisé la chose. Moi, je sais qu'on ne l'a jamais maîtrisée, et qu'on aurait toujours pu faire mieux.* »

Ernest HEMINGWAY

36

Le tabou

Avec *Gouttes d'eau sur pierres brûlantes* et *Une affaire de goût*, le grand écran vient d'offrir à Bernard Giraudeau deux rôles exceptionnels. Il s'est réconcilié avec le métier d'acteur mais, au fond de lui, il ne rêve que de théâtre.

Son retour sur les planches sera flamboyant.

Depuis quelque temps, Danielle Gain le pousse à se colleter aux grands textes du répertoire, l'exhorte à se risquer au-delà de son cercle d'expérience. Ensemble, ils parlent souvent de Molière, du *Misanthrope*, de *Dom Juan*. Elle l'encourage aussi à se confronter à un jeune metteur en scène, lui recommande Didier Long, le plus prometteur de sa génération, dont elle sait que Bernard a vu et aimé *Mademoiselle Else*.

Rendez-vous est pris dans un bistrot proche du Théâtre de Paris, afin que les deux hommes se jaugent. Didier Long lui parle de *Becket ou l'Honneur de Dieu*: tragique histoire d'amitié, au XVIIe siècle, entre le roi d'Angleterre Henri II et l'archevêque de Canterbury, Thomas Becket, qui s'achève par l'assassinat de celui-ci. Une des trois « pièces costumées » de Jean Anouilh, créée en 1959 par Bruno Cremer et Daniel Ivernel, adaptée au cinéma avec Richard Burton et Peter O'Toole. Un sacré morceau, donc.

Le roi : *Becket, un misérable qui a mangé mon pain ! Un homme que j'ai tiré du néant de sa race ! Que j'ai aimé ! (Il crie comme un fou.) Je l'ai aimé ! Oui, je l'ai aimé ! Et je crois bien que je l'aime encore. Assez, mon Dieu ! Assez !*

Il se trouve que cette réflexion sur la passion, le pouvoir et la foi taraude Bernard depuis longtemps. Quand il a interprété *La Répétition ou l'Amour puni*, Jean Anouilh lui avait envoyé un petit mot : « Vous devriez jouer *Becket.* » Didier Long ne pouvait pas avoir meilleure idée mais, à la fin de leur café, Bernard lui lance :

— Vous savez que je n'aime pas répéter longtemps ?

— Alors, ça ne va pas coller entre nous. J'aime répéter. J'aime approfondir, ne rien laisser au hasard.

Bernard a voulu tester Bernard. Savoir s'il était un perfectionniste, comme lui. L'examen de passage est donc probant. Reste à savoir quel rôle pourrait jouer Bernard : Becket ou le roi ?

— Les deux lui convenaient aussi bien. Becket, c'est le besoin d'idéal et l'interrogation sur l'homme ; Henri II, l'envie de mordre la vie, avec une part d'enfance et d'innocence. Son hésitation a duré des semaines, mais le fait de réfléchir à la question était déjà un plaisir. Ce qui l'excitait, c'était de chercher, de se créer des obstacles pour les dépasser. À un moment, il a même pensé jouer les deux rôles en alternance.

Henri II et Becket ne sont-ils pas les deux faces d'un même personnage ? Ne faut-il pas jouer l'un pour mieux interpréter l'autre ?

Didier Sandre finit par s'imposer pour le rôle de Becket. Bernard sera le roi. Mais il se dit qu'un jour, quand même, il serait bon d'intervertir…

*

Printemps 2000. La troupe se retrouve dans une salle de Rueil-Malmaison pour les premières répétitions. Ensuite, mini-tournée, puis le Théâtre de Paris. Pour l'occasion, Bernard a même accepté de coproduire le spectacle : sa manière à lui de « mettre le bateau à l'eau ». Sans son investissement personnel, le projet n'aurait pas pu voir le jour. Trop ambitieux. Trop coûteux.

Le premier jour est un cauchemar. Bernard se sent responsable de tout, met son nez partout, avec sa frénétique quête de perfection. Découvrant un élément de décor mal abouti, il s'emporte de manière irraisonnée, irraisonnable.

— Tu reviendras quand tu seras calmé, il faut que je m'occupe des autres, lui assène Didier Long. J'étais blanc comme un linge, se souvient-il. Jusque-là, je n'avais jamais viré un comédien des répétitions. Mais sa colère était aussi incontrôlable qu'injustifiée. Il avait poussé les jeux de pouvoir jusqu'à leur point limite.

À 2 heures du matin, Bernard appelle son metteur en scène pour s'excuser. Le lendemain, il invite la troupe à déjeuner.

— Il n'en est resté aucune ombre. Avec lui, il n'y avait aucune hypocrisie, les rapports étaient toujours parfaitement clairs. Je pense que ses crises de colère, que tous les metteurs en scène ont connues, étaient liées à des crises d'angoisse enfantine. Il était très lié à l'enfance.

Chacun ayant pris ses marques, les deux hommes n'en finissent pas d'approfondir la pièce. Après chaque répétition, ils se retrouvent au restaurant et continuent de disséquer le personnage d'Henri II.

— Il savait que je ne lui passerais aucune facilité. Il n'était pas du tout un comédien consensuel ; en même temps, il avait besoin de reconnaissance immédiate. Parfois, je lui disais : « Ne fais pas ça, ce n'est pas digne de toi. Joue de manière plus intérieure. » On pouvait tout se dire, pourvu que ce soit de manière concrète. Il détestait l'intellectualisme.

Entre eux, une véritable connivence se soude et, pourtant, ils continuent de s'intriguer. Aussi taiseux l'un que l'autre, ils se parlent à travers des filtres. À tel point qu'un jour Bernard lance à Didier :

— Tu parles beaucoup, mais tu as du mal à parler de toi.

— Toi aussi, réplique Didier.

Bernard part alors dans un grand éclat de rire et ajoute :

— Mais à quoi ça sert?

*

Bernard Giraudeau aime la scène, mais d'un amour difficile. Son dialogue avec le public n'est pas un plaisir mais une confrontation. Une forme d'adrénaline qui s'accompagne d'une source de stress.

Plus la date de la première approche, plus il est angoissé, miné d'inquiétude. *Becket ou l'Honneur de Dieu* sera un triomphe critique et public. Cinq nominations aux Molières, dont une dans la catégorie « meilleur comédien » pour Bernard, sa troisième, viendront couronner l'entreprise. Une véritable consécration.

Hélas, le rêve ne tarde pas à se transformer en cauchemar. Début décembre, le comédien commence à ressentir des douleurs dans le dos. Une forme d'angoisse? Mais la souffrance ne s'apaise pas, au contraire. Une échographie révèle un hématome inquiétant au rein gauche. Il faut opérer. Vite, car la douleur s'intensifie.

Mais il y a le spectacle, cette troupe soudée par la réussite, ces comédiens et techniciens en attente des caprices de son corps, ces salles pleines à craquer tous les soirs… Décision est finalement prise d'arrêter les représentations le 31 décembre.

Chaque soir, Bernard vit un calvaire. Dans la première scène, il est allongé sur le sol, le tombeau de Becket, et doit se relever.

> LE ROI : *Alors, Thomas Becket, tu es content ? Je suis nu sur ta tombe et tes moines vont venir me battre. Quelle fin pour notre histoire !*

Didier Long suggère de modifier la mise en scène, Bernard refuse. On lui fait une piqûre dans la cuisse avant chaque représentation. Entre Noël et le Jour de l'an, il est hospitalisé. Chaque soir, il signe une décharge pour rejoindre le théâtre, où il joue avec une sonde dissimulée sous la lourde étoffe brune de son costume. La hargne, toujours.

Sur scène, il ne souffre pas. Le temps du spectacle est une parenthèse : Henri II Plantagenêt n'a pas mal au dos. Le jeu : un refuge, une fuite, une hypnose. Éternel paradoxe du comédien…

Le soir de la dernière est comme une petite mort. Il est comme un commandant qui quitterait son navire avant que le dernier homme d'équipage ait sauté sur un canot de sauvetage. Il a l'impression de déserter.

— C'était, dira-t-il, comme déchirer le succès.

Après l'avoir embrassé dans sa loge, Didier Long lui dit :

— Passe chez moi, j'organise un petit réveillon.

— Non, je ne peux pas. Il faut que je me repose.

Tous deux se jurent qu'un jour, vite, le plus vite possible, ils reprendront ce satané *Becket.*

Mais, vers une heure du matin, alors que Didier Long a tristement commencé à déboucher les bouteilles de champagne dans son appartement de Bastille, la sonnette retentit au milieu du brouhaha.

Bernard.

Dans sa main, un sac en plastique, et dans le sac un rognon qu'il vient d'acheter dans un restaurant voisin.

— Tu peux me le réchauffer? Celui-là, les médecins ne l'auront pas!

*

Quelques jours plus tard, à l'hôpital Tenon, le professeur Gattegno s'assoit au pied de son lit : la biopsie a révélé un cancer du rein.

— Une petite chaleur vous gagne et vous dit : ton petit parcours est fini[1], racontera-t-il.

— Vous savez, ça s'opère très bien, le rassure aussitôt le médecin. C'est l'un des cancers qui se soignent le mieux. Quand on a enlevé le rein, il n'y a plus de problème.

L'intervention chirurgicale se déroule sans difficulté, mais, à ses enfants, Bernard ne parle jamais de cancer.

— Il a fallu du temps pour qu'il nous dise le mot, se souvient Sara. Sur le coup, je lui en ai voulu, car j'aurais préféré savoir. Mais il voulait nous préserver.

Après un mois d'hôpital et douze kilos en moins, Bernard part se reposer à La Paillotte, un hôtel de Cap Skirring, au Sénégal, qu'il affectionne depuis qu'il l'a découvert avec Anny Duperey.

Mais, déjà, la rumeur de sa maladie commence à circuler, insidieuse, venimeuse, dans ce Tout-Paris qu'il fréquente si peu. Bernard Giraudeau serait au plus mal…

Pour tordre le cou aux insinuations, la meilleure solution est évidemment de prendre la parole. De « communiquer »,

---

1. « Pardonnez-moi », Télévision suisse romande, 5 avril 2009.

comme on dit déjà. Les personnalités n'évoquent jamais leur cancer. On parle de « longue et douloureuse maladie ». Le tabou est absolu. Bernard Giraudeau, qui semble sorti de l'auberge, pourrait être un symbole. *Paris Match* veut en faire sa couverture et Catherine Tabouis, chef du service « Célébrités », négocie l'interview auprès de Nicole Herbaut de Lamothe, l'attachée de presse de Bernard pour le théâtre. Après avoir longuement hésité, il finit par lui donner rendez-vous dans un bistrot de Marseille.

— Ce n'était pas gagné d'avance, raconte Catherine Tabouis. Au début, je ne l'ai pas trouvé sympathique. Il était méfiant. Et puis, au bout d'une demi-heure, il a commencé à se lâcher. C'est lui qui a prononcé, le premier, le mot « cancer ». Il ne voulait surtout pas qu'on s'apitoie, mais il y a eu de vrais moments d'émotion où il avait les yeux mouillés. J'avais l'impression que cela lui faisait du bien d'en parler.

Bernard met, littéralement, le sujet en scène. Il exige notamment que la photo de couverture soit un cliché de Sylvie Lancrenon, réalisé l'été précédent, qui le montre plein de vie, le regard radieux. Comme à son habitude, il demande à relire le texte, car il a toujours été méfiant dans ses rapports avec les journalistes, qu'il trouve « réducteurs ». Il réécrit nombre de détails, sans changer le sens général de l'article mais, plus la nuit du bouclage avance, plus il appelle Catherine Tabouis pour lui faire part de ses hésitations. Il n'est pas sûr de vouloir lire le mot « cancer » à la une. Le sujet paraît le 19 avril 2001. Titre : « La rage de vivre. » Sous-titre : « Le cancer n'est plus tabou. »

« Vous étiez-vous préoccupé de votre santé auparavant ?

— Non, pas trop. Tout allait bien. On sait aujourd'hui que le psychisme a un rôle primordial dans l'apparition d'un cancer. Le tout est de déterminer l'origine du

"conflit". Le travail commence. C'est un pas vers la guérison. Aujourd'hui, heureusement, le cancer n'est plus tabou. Il faut en parler, comme du sida. C'est aussi un moyen de lutter. Je vais bien. Je vais mieux.

— Vous vous êtes décrit un jour comme "l'homme qui court pour ne pas tomber". Le destin vous a rattrapé?

— Le corps prévient. Parfois très violemment. Il m'a dit, plutôt amicalement: "Tu as deux reins; je te laisse une chance... mais il faudra que tu changes, que tu t'arrêtes." On peut pousser le corps très loin, mais cela se double d'un conflit psychique, la sanction apparaît. Tôt ou tard.

— Avez-vous éprouvé un sentiment de révolte?

— Pas vraiment. J'ai même trouvé ça justifié. Non, j'exagère! Mais, curieusement, je n'ai pas été surpris. C'est une chose qu'il faut accepter et prendre à bras-le-corps. »

L'article connaîtra un grand retentissement. Bernard répondra au courrier réexpédié par *Paris Match*. Plusieurs fois, il rappellera la journaliste:

— Alors, est-ce que vous avez reçu d'autres lettres?

— Il avait voulu faire passer un message d'espoir et il y était parvenu. Je crois qu'il s'était senti boosté par l'article, il avait l'impression que ça avait servi à quelque chose. À l'époque, ma mère souffrait aussi d'un cancer. Moi aussi, ça m'a aidé à y croire, à garder le moral...

En remerciement, il enverra une bouteille d'un excellent cru à la journaliste. Geste d'une rare élégance: les acteurs n'ont pas pour habitude de remercier les journalistes venus les interviewer.

37

Le pacha et le second

Bien sûr, il aurait pu renoncer aux *Marins perdus*. Bien sûr, il aurait pu se consacrer entièrement à sa guérison. Mais reprendre le chemin des plateaux de cinéma, c'était avancer. Mettre, symboliquement, la maladie derrière lui. Et puis, il a aimé le scénario de Claire Devers, cette histoire de cargo bloqué dans le port de Marseille, avec son équipage de marins étrangers, en attente d'un nouvel armateur. Alors que la plupart des matelots décident de rentrer chez eux, le commandant et son second décident de rester à bord.

Début avril, Bernard débarque donc à Marseille pour les prises de vue. Maurice Bernart, le producteur, a payé un surplus à sa prime d'assurance. Claire Devers, la réalisatrice, n'a pas pu travailler avec lui en amont. Elle ne sait même pas qu'il a été marin dans une autre vie. Elle ignore donc tout ce que le film réveille en lui d'émotions, de frustrations, de nostalgie, de rêverie.

« Est-ce que c'est nous qui les conduisons ou eux qui nous conduisent? Il y en a qui portent des noms d'hommes et qui sont féminins, l'inverse aussi. C'est compliqué, un bateau, ça a une âme, vous savez. Pourtant, on les appelle tas de rouille, veille taule, foutue ferraille. Et puis, il y en a qui vous détestent. Vous posez le

pied dessus et ça ne veut pas de vous, ça vous repousse. Des écorchures, des plaies. Et puis y en a d'autres qui vous acceptent, là, tout de suite, allez savoir pourquoi. Ils font de vous l'une de leurs vis, un rivet, vous faites corps avec eux... »

Pour Bernard, le cancer a été un coup de semonce. Il a compris qu'il devait, désormais, être un autre homme. Un acteur qui devait lâcher du lest. Se pacifier avec lui-même et les autres. De là à le mettre en pratique, c'est une autre histoire.

Dès le premier jour, la réalisatrice sent une tension entre Bernard – qui joue le second – et Miki Manojlovi, interprète fétiche d'Emir Kusturica – qui joue le capitaine.

— La rivalité n'a pas cessé de monter entre eux, raconte Claire Devers. Il était extrêmement dur avec lui, à tel point qu'à un moment j'ai cru qu'ils allaient en venir aux mains. C'est allé très loin car un jour il m'a dit : « Je ne supporte pas d'être le second, je voudrais être le capitaine. » Il voulait ses dialogues, mais aussi ceux de Miki et des autres personnages... Il voulait tout. Il aurait même voulu être le cargo !

Pour les besoins du tournage, la production a affrété un vieux navire de ravitaillement de l'armée soviétique racheté par la marine marchande estonienne. L'*Alexander Haven* est arrivé entièrement remis à neuf. Il a fallu trois semaines pour lui donner la patine d'un bateau abandonné. En le découvrant, Bernard est bluffé. À chaque pause, il l'arpente de long en large. Avec la réalisatrice, il parle longuement des grands écrivains de la mer. Ils se découvrent une passion commune pour *Le Quart*, du Grec Níkos Kavvadías.

Les Marins perdus remue trop de choses personnelles. Bernard a du mal à lâcher prise. Jouer la comédie est sa protection.

— Le personnage de Diamandis est un écorché vif qui s'occupe des autres pour qu'on ne vienne pas vers lui, mais plus le film avance, plus il se livre. Or, plus Bernard devait être dans l'émotion, plus il s'angoissait, alors que je lui demandais d'en faire le moins possible, d'être simplement présent. Il avait peur de perdre pied. Il ne se supportait que dans la composition. Je pense que cela tenait de la pudeur, comme s'il y avait quelque chose d'abîmé chez lui. Une fêlure intérieure…

Un jour, il pique une de ces colères dont il a le secret. Manière, là encore, de se protéger. Le lendemain matin, il rappelle Claire Devers et s'excuse :

— Je sais, ça me pourrit la vie… Je sais qu'il faut que je travaille là-dessus et que j'avance de ce côté-là.

La prise de conscience est amorcée.

Bernard aimera le film et le défendra, aidant même la réalisatrice à trouver un distributeur, alors qu'elle se débat au milieu d'un improbable imbroglio juridique avec son producteur. À cette occasion, il lui livre la clé de son attitude sur le tournage :

— Je ne supportais pas qu'une femme fasse ce film. J'aurais voulu le faire, moi…

— Tu te rends compte de ce que tu viens de dire ?

— Ouais…

Et il éclate de rire.

*

Son retour sur les plateaux ne va donc pas sans douleur. Dans *Cher amour*, il reviendra sur cette expérience qu'il considère comme révélatrice de son rapport au cinéma :

> *J'aime le cinéma, avec si peu de satisfaction sur l'instant et ce trouble sentiment de ratage après chaque expérience. J'ai chaque fois l'impression d'être*

passé à côté du merveilleux, de l'indicible. [...] *L'homme que je suis devrait sans doute explorer d'autres îles que celles du jeu et surtout revisiter cet étrange continent du Je*[1].

Son comportement sur *Les Marins perdus* trahit sans doute l'empreinte inconsciente d'*Une fille dans l'azur*, qu'il a tourné l'été précédent, juste avant de jouer *Becket* au Théâtre de Paris. Un téléfilm inspiré du destin de Nadine Zanatta, première femme pilote de la Marine française qui, pendant la guerre du Kosovo, aux commandes de son Super Frelon, était allée récupérer un pilote américain tombé derrière les lignes serbes. Cinq jours de tournage, une peccadille, mais Bernard avait tout de suite accepté d'incarner le commandant du *Foch*. Cette fois, le pacha, c'était lui.

De la base de Lanvéoc, sur la presqu'île de Crozon, il embarque sur le porte-avions emblématique de la Royale, admis au service actif en 1963 – un an avant son premier tour du monde sur la *Jeanne d'Arc*. Le *Foch* est sur le point d'être désarmé et revendu au Brésil, alors que la 33F – la flottille de Super Frelon qui l'accompagne depuis le début – va être dissoute. Atmosphère de fin d'un monde, adieux à la légende, confrontation avec son propre passé : Bernard est aux anges.

— Il était comme un gamin, se souvient le réalisateur. Il était venu avec une petite caméra numérique et, dès qu'il avait fini une scène, il me demandait : « Je peux y aller ? » Il a visité tous les recoins du bateau.

Ce qu'il attend avec gourmandise, c'est la scène où, sur le pont d'envol, il doit passer les troupes en revue et décorer l'héroïne du film, interprétée par Claire Borotra. La Marine a accordé trois heures seulement au

1. *Cher amour*, Métailié, 2009.

réalisateur : à 13 heures précises, un catapultage doit libérer une horde de Super Étendard. Trois cents membres d'équipage ont été réquisitionnés – en fait, tous ceux qui ne sont pas de quart. Ils sont en tenue d'apparat et Bernard, coiffé de la casquette à cinq galons du capitaine de vaisseau, s'avance vers eux au son de la marche consulaire. Jouissance absolue, pour une fois. Bonheur de l'homme, plus que de l'acteur.

— Très honnêtement, je l'assume, c'était inouï. Vous imaginez : vous avez le pont d'envol, les marins en blanc, en rang, vous les passez en revue… Je me suis cru le commandant. Vraiment[1]…

1. « Vivement dimanche », France 2, 12 octobre 2003.

38

Le tourbillon, de nouveau

Il sait qu'il doit ralentir son rythme, sortir de cette spirale frénétique qui l'aspire depuis des années, échapper à cette manière d'engloutir le temps sans prendre le temps de le digérer, mais c'est impossible. C'est plus fort que lui, il faut qu'il avance.

— Son premier cancer lui a fait très peur, mais il n'a pas changé sa façon d'être, se souvient sa fille Sara. Il a entendu le premier avertissement que lui lançait son corps, mais il ne l'a pas vraiment écouté.

— Je suis retombé dans le piège, avouera Bernard. J'ai laissé mon agenda se remplir à nouveau de manière démesurée, je me suis mis à courir à nouveau après le succès. Et plus je cédais à nouveau aux sirènes, plus j'étais en colère contre moi. Et plus j'en voulais à la terre entière. Je savais que je devais changer de route mais je retombais dans les mêmes ornières. J'acceptais le film que j'aurais dû refuser, l'enregistrement dont je pouvais me passer… Le tourbillon, à nouveau[1]…

Claude Miller lui propose un petit rôle dans *La Petite Lili*, version modernisée de *La Mouette* de Tchekhov? L'envie de tourner avec l'un des meilleurs metteurs en

1. Interview par Bertrand Révillion, *Panorama*, septembre 2007.

scène du moment le convainc de se lancer dans l'aventure. Il n'y trouve que frustration. Le réalisateur s'intéresse peu à son personnage.

— Il n'était pas très heureux sur le tournage, se souvient Nicole Garcia.

Un jeune metteur en scène veut lui confier le rôle principal de *Je suis un assassin*? Il s'en délecte. Il s'en faudra d'un cheveu qu'il ne tourne *Le Cœur des hommes* de Marc Esposito, gros succès populaire.

Mais sa grande aventure cinématographique de ces années-là est *Ce jour-là*, de Raoul Ruiz. Une fille riche et simple d'esprit (Elsa Zylberstein) hérite de la fortune de sa mère. Sa famille tente de la faire assassiner pour récupérer l'héritage, mais le tueur fraîchement sorti de l'asile tombe sous son charme : Bernard Giraudeau. Les personnages sont décalés, les scènes flirtent avec l'absurde, le ton oscille entre fantaisie et surréalisme et Bernard se régale de son personnage d'idiot du village transi d'amour. Entre lui et Raoul Ruiz, le funambule chilien, qui apporte son imaginaire luxuriant et bouscule l'ordre traditionnel des choses, ça colle tout de suite.

— Être avec lui, c'est déjà être riche. Sur le plateau, il vous offre des tremplins, vous ouvre des portes. Il veut que l'acteur bouillonne, apporte sa part de créativité. C'est pour cela que j'aimerais bien rester en « mer de Ruiz ». Parce que ce n'est pas une mer tranquille[1].

Un océan, plutôt, rageur et fiévreux, comme ce Pacifique qui borde Puerto Montt, la ville du Chili austral dont le metteur en scène est originaire…

*

1. *Première*, juillet 2003.

La grande affaire de sa vie d'acteur reste néanmoins le théâtre. L'homme épris de grands espaces aime s'enfermer dans les loges exiguës, les couloirs serpentins, les salles à l'italienne qui sont comme des coquilles – encore un de ses paradoxes.

Il a vécu la fin de *Becket* comme une déchirure. Il envisage, un temps, de reprendre en tournée le spectacle avec son vieux complice Jean-Pierre Bouvier, en lieu et place de Didier Sandre. Mais c'est pour une nouvelle pièce d'Éric-Emmanuel Schmitt qu'il va remonter sur les planches.

Petits crimes conjugaux est l'histoire d'un amnésique qui cherche à reconstituer son passé avec celle qui dit être sa femme. Au fil de l'entreprise, le couple dévoile ses hauts, ses bas, ses petits et grands secrets.

En faisant appel à Bernard Murat, Bernard recrée le trio gagnant du *Libertin.* Charlotte Rampling, qui n'a pas fait de théâtre depuis des années, jouera son épouse.

— Elle est comme lui : elle a quelque chose de mystérieux, estime le metteur en scène. Parfois, on n'arrivait pas à savoir ce qu'il pensait. Charlotte est comme cela aussi.

— Il avait quelque chose de féminin, elle avait quelque chose de masculin, les signaux circulaient de l'un à l'autre, ajoute Éric-Emmanuel Schmitt.

Il n'y aura que cent représentations, les deux comédiens ayant, ensuite, d'autres engagements à tenir, mais toutes afficheront complet. L'une manque être annulée et donne lieu à une scène qui résume le Giraudeau se mêlant de tout… pour le meilleur, cette fois. Un samedi, à 17 heures, alors qu'une représentation est prévue en « matinée », Bernard Murat l'appelle :

— Te presse pas. Le rideau de fer est bloqué, on n'arrive pas le remonter… Je te rappelle.

Une demi-heure plus tard, le metteur en scène voit son acteur débouler au théâtre. Bernard jauge la situation et apostrophe un technicien accroché aux cintres :

— Qu'est-ce que vous foutez là-haut ? On ne va pas annuler à cause de ça. Où est le moteur du rideau ?

— Il a mis les mains dans le cambouis et on a fini par remonter le rideau centimètre par centimètre, à temps pour la représentation, se souvient Bernard Murat.

Malgré le succès, *Petits crimes conjugaux* laisse un goût d'inachevé à Bernard.

— Quelque chose ne le satisfaisait pas, se souvient Bernard Murat, mais quoi ? La pièce ? Charlotte ? Sa vie ? Ressentait-il la maladie comme une épée de Damoclès ?

Tout cela sans doute, même si son malaise se cristallise sur la dernière scène. Il a l'impression d'employer des trucs d'acteur pour émouvoir, un rictus, des larmes, là où il devrait être à cent pour cent sincère.

— Il trouvait ce rôle difficile, explique Éric-Emmanuel Schmitt. Je crois que, dans sa tête, il l'avait compliqué, comme toujours. Il y avait chez lui un côté « pourquoi faire simple quand on peut faire compliqué ». Je n'ai jamais compris les plis et replis qui faisaient qu'il était mal à l'aise. Quel ressort psychologique l'empêchait d'être le personnage à ce moment-là ? Il a sacrifié sa personne au personnage : il a donc fait ce qu'il devait faire.

— Parfois, il me disait : « Moi, je ne ferais pas comme ça », ajoute Bernard Murat. Je lui répliquais : « Toi, oui, mais tu n'es pas le personnage. » À l'arrivée, ce qui compte, c'est le mentir vrai. En fait, il était extrêmement pudique et avait toujours du mal avec les scènes d'amour. Il n'aimait vraiment pas ça. Quand je lui disais : « Tu devrais caresser Charlotte », il me répondait : « Tu crois ? »

*

Un tournage peut en cacher un autre : profitant du tournage de *Leclerc, un rêve d'Indochine*, dont il joue le rôle-titre, Bernard Giraudeau réalise son troisième documentaire, *Esquisses philippines*. L'archipel le fascine depuis toujours : n'est-ce pas là qu'en 1521 Magellan a fini taillé en pièces par des guerriers qui le pourchassaient de leurs lances empoisonnées ? On est en pleine mythologie de l'aventure. Caméra au poing, en 4×4 ou en side-car, il va en explorer les contrastes : les rizières en terrasses, les cimetières de bateaux, les bordels, sans oublier la capitale, Manille :

« *J'ai peur des cités, leur tumulte m'encombre, mais celle-ci me fascine, me bouscule. Il faut des heures pour la traverser, c'est une ville rotative, un grand huit à l'infini avec dans la marmite des fortunes diverses*[1]. »

C'est loin d'être la première fois qu'il se rend à Manille. Il a découvert la capitale des Philippines avec la naïveté d'un jeune homme, un bachi sur la tête, lors de son deuxième tour du monde sur la *Jeanne d'Arc*. La même année, Ferdinand Marcos prenait le pouvoir. Vingt ans plus tard, il y est retourné pour un festival de cinéma présidé par sa femme, la terrifiante Imelda, la femme aux trois mille paires de chaussures. Homme de principe, il avait d'abord refusé l'invitation ; il ne se voyait pas serrer la main d'une épouse de dictateur. Mais ne pas y aller était aussi une forme de lâcheté. Compagnon de route d'Amnesty International de longue date, il s'était mis en tête d'être à la hauteur de son engagement. Il entendait remettre à son hôte une liste des prisonniers politiques détenus dans son pays. Pour cela, il fallait user de ruse.

1. *Esquisses philippines*, DVD, éditions Montparnasse.

Trois jours durant, il avait joué l'acteur comblé, dînant avec des officiels, des nantis, des marchands d'armes et leurs épouses, complimentant les uns, embrassant les autres, jusqu'à ce que le « papillon de fer » – comme on la surnommait – s'approche, un soir, de sa table. À ce moment-là, sous les flashs, il avait sorti sa petite enveloppe et la lui avait remise.

— Ne l'ouvrez que plus tard dans vos appartements, lui avait-il lancé, le sourire plus désarmant que jamais.

Puis il s'était éclipsé aussi discrètement que prématurément et avait dormi sur son sac afin que personne ne se pique d'y glisser de la drogue pour le discréditer. Au petit matin, les responsables de la délégation française avaient frappé à sa porte pour lui annoncer que les autorités locales exigeaient son retour immédiat à Paris.

Sacré emmerdeur, ce Bernard ! Emmerdeur courageux, surtout.

39

Écrire

Pour joindre Bernard Giraudeau, c'était la croix et la bannière. La plupart du temps, son portable sonnait dans le vide et, quand il décrochait, ce n'était jamais le bon moment.

— Je n'arrive jamais à t'avoir, s'était plaint un jour Jean-François Lepetit.

— Tu n'as qu'à m'écrire, lui avait-il répondu.

Écrire était sa manière de communiquer avec ses enfants, avec sa famille, avec ses proches. Mais, en bon adepte de la culture épistolaire, il lisait aussi avec attention le courrier que lui adressaient ses admirateurs, auxquels il n'hésitait pas à répondre personnellement. C'est ainsi qu'il rencontre Roland, en 1987.

> *Un jour tu m'as écrit, comme ça, comme on écrit au voyageur, pour savoir. Tu m'as lancé une bouée à laquelle tu étais accroché. Je l'ai saisie au passage entre deux vagues*[1].

Myopathe, il vit sur un fauteuil – que Bernard rebaptisera son « char » – au centre Saint-Jean-de-Dieu, rue Lecourbe, à Paris, où il a longtemps été instituteur. Il ne

1. *Le Marin à l'ancre*, Métailié, 2001.

bouge plus les jambes, ne va pas tarder à perdre l'usage de ses mains, mais il « pille les regards », pour reprendre l'expression de Bernard. Chaque jour gagné sur la maladie est une victoire. Bernard lui rend régulièrement visite, mesure au fil des années l'engourdissement de son corps ; parmi les autres malades, il l'aide à manger ou à fumer.

Autrefois, lorsqu'il pouvait encore se déplacer, Roland a connu Jacques Brel, l'une des idoles de Bernard. Depuis, il rêve d'aller, sur ses pas, aux îles Marquises. Rencontre magique du baroudeur et du voyageur immobile. Désormais, Bernard voyage pour deux, lui écrivant des quatre coins du monde. Quand tout son entourage déplore ses départs incessants, Roland lui dit : « Tire-toi ! » Un reportage en Amérique du Sud, un tournage à l'étranger, une tournée théâtrale, un voyage d'agrément, un aller-retour à La Rochelle : il y a toujours une lettre pour Roland, qui lui répond en frappant les touches de son ordinateur à l'aide d'un bâton calé dans la bouche.

Toujours prêt à financer les équipements du centre Saint-Jean-de-Dieu de Paris, mais aussi du Croisic, où il se lie également d'amitié avec Toufik, un Algérien tombé d'une falaise, Bernard se met en tête d'aider Roland à réaliser l'impossible : voir ces Marquises dont Bougainville disait qu'elles sont « le seul coin de la terre où habitent des hommes sans vices, sans préjugés, sans besoins ». Mais aucune infrastructure ne veut faire voyager un homme aussi handicapé. Elizabeth négocie avec le Sirpa Marine pour organiser la logistique du voyage. Au besoin, Bernard le portera « sur son dos »…

Au moment où les démarches semblent aboutir, fin 1997, Roland décède à l'âge de cinquante-trois ans. Quelques semaines après sa disparition, sa famille retourne à Bernard les lettres qu'il avait précieusement conservées. En les relisant, il a l'idée de les réunir dans un livre. Il en parle à l'éditrice Anne-Marie Métailié, qu'il connaît de vue, puisqu'elle habite le même immeuble qu'Anny Duperey. Ils se sont retrouvés par hasard, en faisant leur marché.

— Je me suis tout de suite mise aux abris en lui disant que je ne publiais que de la littérature sud-américaine, mais je lui ai proposé qu'il m'envoie ses textes pour l'aiguiller vers un confrère. Et ce que j'ai lu était formidable. Je l'ai relancé quand il est tombé malade, après *Becket.* Je ne suis pas intervenue sur l'écriture car il avait un style bien à lui : on a juste travaillé ensemble à organiser les textes et à boucher les trous. Je lui posais les questions qu'un lecteur allait se poser : quel âge aviez-vous à ce moment-là ? etc. Chaque fois, il ouvrait la malle aux trésors de ses souvenirs. Il était très sévère avec lui-même : comme il n'avait pas fait d'études, il avait beaucoup de doutes et craignait de ne pas être à la hauteur.

*

Publié en mai 2001, *Le Marin à l'ancre* – qu'il voulait d'abord intituler *Le Marin à l'encre* – connaît un accueil public remarquable : quarante mille exemplaires vendus. Anne-Marie Métailié n'a pas besoin de le relancer pour qu'il se remette au travail et renouvelle l'expérience. Mais, cette fois, il décide de délaisser le récit autobiographique pour titiller la fiction : il réunit quatre nouvelles dans *Les Hommes à terre*, dont « Indochine », qu'adaptera Laurent Malet en 2011.

— Il a tout de suite développé une relation très particulière avec ses lecteurs qui, au départ, étaient surtout des femmes, commente Anne-Marie Métailié.

Quand j'assistais à ses signatures, elles me disaient : « Il est encore plus beau qu'avant car, désormais, on voit un homme derrière. » Puis les hommes sont venus. Beaucoup de marins. Il était très heureux de ces rencontres-là.

En deux livres, il s'est imposé comme un véritable écrivain du voyage. Peu d'auteurs français célèbrent aussi bien l'appel du large et l'amour de la mer. Du coup, Jean-François Deniau, écrivain aventurier, membre de l'Académie française, lui propose de rejoindre le corps des Écrivains de marine, qu'il vient de fonder en partenariat étroit avec la Marine nationale. Une association composée de vingt membres – dont Michel Déon, Erik Orsenna, Yann Queffélec et Jean-Christophe Ruffin – qui a pour but de promouvoir la dimension maritime de la France. Un club d'écrivains pour un homme qui a toujours voulu échapper aux étiquettes ? Nouvelle contradiction, en apparence, mais cette reconnaissance officielle s'accompagne d'un cadeau qu'il ne peut refuser : les Écrivains de marine peuvent embarquer à loisir à bord des bâtiments de la Marine nationale et sont autorisés à porter l'uniforme d'officier, puisqu'ils sont assimilés au grade de capitaine de frégate.

— Lorsque je l'ai accompagné essayer sa tenue au Cercle militaire, à Saint-Augustin, j'ai vu sa fierté, se souvient Danielle Gain.

L'ancien chouf[1] arborera désormais une casquette et des épaulettes d'officier supérieur. L'ex-« bouchon gras » se fera désormais apostropher d'un respectueux « commandant » ! Belle ironie, quand on se rappelle dans quelles conditions il a quitté la Royale…

Mais ce n'est pas tout. À cette époque, Bernard Giraudeau suit une psychothérapie.

1. Quartier-maître de 1re classe.

— Après ma maladie, j'ai commencé une thérapie. Le fait de parler avec quelqu'un m'a aidé à ouvrir quelques fenêtres closes. Ma thérapeute m'a dit que j'avais déjà beaucoup travaillé sur moi-même. Je crois que c'est vrai, mais vous avez quand même besoin d'aide. Vous ne possédez pas toutes les clés[1].

L'éparpillement dont il fait preuve depuis des années n'est-il pas une quête d'identité ? En ouvrant le couvercle de sa boîte à secrets aux allures de cocotte-minute, n'a-t-il pas pris conscience que son adolescence flouée l'a construit mais aussi déconstruit ? Toute son enfance est en train de remonter à la surface : lui qui ne regardait jamais dans le rétroviseur s'est mis à revisiter son passé. Mieux : il va s'y confronter.

1. *Première*, juillet 2003.

40

La *Jeanne*, le retour

Fort de son titre de « capitaine de frégate littéraire », comme il le résume avec humour, Bernard Giraudeau s'apprête à embarquer sur cette *Jeanne d'Arc* qu'il a quittée avec soulagement près de quarante ans auparavant. « Nous nous sommes tant aimés », ou l'heure des bilans. Voyage en apparence nostalgique mais en réalité cathartique…

20 décembre 2004 : la *Jeanne* est en escale à Tunis, amarrée au port de La Goulette. Il est tard le soir quand Bernard franchit la coupée, accueilli par l'officier de garde.

> *Tu es mon passé, ma jeunesse turbulente. Qu'est-ce que je viens chercher sous tes robes, quels fragments brumeux pourraient aujourd'hui nourrir l'autre versant de ma vie ? Je viens juste faire un bout de route avec toi, comme deux vieux amants qui se tiennent le bras en silence*[1].

Cette fois, il ne descendra pas au cœur de la « matrice d'acier », comme il appelle cette *Jeanne* qui fut sa mère à la mer. À la confortable chambre d'autorité, où s'installent d'ordinaire les sommités de passage, il a préféré la chambre de veille de l'amiral. Une cabine plutôt

1. *Cher amour*, Métailié, 2009.

monacale – ni toilettes ni douche, un simple lit, un bureau, des placards jaunes et des photos d'îles du Pacifique aux cloisons – où se repose l'amiral entre deux opérations, quand il embarque sur le bateau. Mauvaise pioche : elle est située juste au-dessous d'une coursive. Chaque fois qu'un marin y descend, la tôle résonne, comme si l'on sautait à pieds joints sur sa tête ! Mais Bernard en a toujours rêvé car elle est face à la mer, à un étage de la passerelle de commandement qui alimentait tous ses fantasmes, ses rêves secrets, mais où il n'a jamais mis les pieds : l'accès en est strictement interdit aux marins qui n'ont rien à y faire. Cette fois, il vivra l'appareillage au milieu des cartes, des compas, des jumelles.

La *Jeanne d'Arc* est la même – mais pas tout à fait. Désormais, il y a des femmes parmi l'équipage et même une télé intérieure. La tradition du clairon à 7 heures du matin n'est plus : c'est l'officier de quart à la passerelle qui choisit la musique – en l'occurrence, « Il est cinq heures, Paris s'éveille… » de Jacques Dutronc. Petit déjeuner en tête-à-tête avec Marc de Briançon, le pacha, aujourd'hui amiral et patron de l'École navale, alors que les machines sont en chauffe.

— Ça fait bizarre d'être ici, lui lance Bernard, intimidé.

Entre les deux hommes, le courant passe immédiatement.

— C'était un homme incroyable, discret, attachant, profondément soucieux de l'âme humaine, se souvient Marc de Briançon. On a beaucoup parlé de sa révolte contre l'autorité. Il avait vécu la Marine comme un carcan, mais il me disait y avoir appris les fondamentaux. C'était un écorché vif, extrêmement sensible. Il avait bon esprit et beaucoup d'élégance : il était très respectueux de l'organisation militaire. Pas un goujat qui considère que tout lui est dû parce qu'il est célèbre – j'en ai connu…

Durant ces quelques jours sur la *Jeanne*, les deux hommes passent de nombreux moments ensemble dans le carré du commandant avec canapés en cuir et tapis en soie de Chine. On y dîne avec des couverts en argent, des verres en cristal et des assiettes de porcelaine décorées d'une ancre issus du coffre d'amiral. Le pacha dispose d'un cuistot et d'un maître d'hôtel personnel. Il y a quelque chose d'intemporel dans la Royale.

Bernard ne se contente pas de jouir de son nouveau statut. Il fait le tour des postes pour retrouver l'odeur caractéristique de la vieille dame : mélange d'air régénéré, de gasoil remontant de la machine, de cuisine et de sueur. Une odeur qui colle à la peau et aux vêtements : combien de filles lui ont dit jadis : « Ça sent le marin » ?

— Il trouvait toujours la bonne façon d'être dans le ton, sans s'imposer, poursuit Marc de Briançon. Tout l'équipage voulait être pris en photo à ses côtés et lui disait : « Vous êtes des nôtres. »

Il fait même ami-ami avec le redouté « bidel », le flic du bord – c'est dire...

Il se promène sur le pont d'envol ou se réfugie sur le poste de veille, au pied de la cheminée. Souvent, il descend à la machine. Sur la rue de chauffe, il y a moins de bouchons gras à surveiller les brûleurs – même dans la Marine, on a réduit le personnel –, mais il y a toujours ce bruit assourdissant, cette chaleur lourde et torride, cette eau stagnante qui ne se mélange pas aux flaques de graisse et, bien sûr, ces odeurs – encore et toujours les odeurs. Il se lie avec le chef machine, Lionel Bourut, le bien nommé, un vrai Breton d'Ouessant, dont le visage s'éclaire chaque fois qu'on lui parle de chaudière et de diesel deux-temps.

— Un bouffeur de ferraille, résume Marc de Briançon.

— Quand je suis retourné à mon poste, racontera Bernard, je me suis dit : comment tu as pu vivre ça ? Je ne sais pas. Mais c'est une sacrée école. Une école de la vie brutale mais très belle[1]...

Pour le spectacle de Noël, celui-là même où il a effectué ses premiers pas sur scène, Bernard accepte de lire quelques extraits du *Marin à l'ancre*. On lui remet un insigne de surfacier[2] doré – à son époque, ça n'existait pas. Déjà, Port-Saïd approche. Entrée dans le canal de Suez. Fascinant spectacle que celui de ce navire qui s'engouffre dans ce ruban bleu bordé de sable doré qui relie la Méditerranée à la mer Rouge.

— Ça doit être bien, vu de là-haut? a-t-il lancé au pacha en désignant le mât.

Le ton est celui d'une requête. Marc de Briançon accepte qu'il grimpe au sommet de la mâture, à condition d'être accroché. Il stoppe les radars qui tournoient et veille à ce que le vent ne rabatte pas la fumée des cheminées sur son visage. En moins de temps qu'il n'en faut pour le dire, l'escaladeur chevronné se retrouve, caméra au poing, cinquante-huit mètres au-dessus du sol, pour ce qu'il appellera « le plus long travelling avant » de sa carrière.

26 décembre : un séisme au large de Sumatra provoque un raz-de-marée qui ravage l'océan Indien, des Seychelles à la Thaïlande, en passant par le Sri Lanka. Le monde entier découvre avec effarement le mot « tsunami ».

Pour Marc de Briançon, il est inconcevable que la *Jeanne* ne se porte pas au secours des populations en détresse, quitte à bousculer son parcours. L'état-major

1. « Pardonnez-moi », Télévision suisse romande, 5 avril 2009.

2. Membre de l'équipage d'un bâtiment de guerre.

partage son opinion. Il faut rallier Djibouti plus vite que prévu pour embarquer des hélicoptères Puma, des jeeps et une cinquantaine de légionnaires qui dormiront dans le hangar à hélicos.

— Machine avant 140, annonce l'officier de manœuvre.

*

Le 1er janvier, Bernard en a fini de son retour sur la *Jeanne – back to the Sixties.* Il envoie un mail à Valérie Fourrier, du Sirpa, qui a organisé son séjour :

> *Voici une délicieuse fin d'année, un vrai bonheur assombri malgré tout par l'horreur du désastre asiatique. Terrible. J'aurai beaucoup de regrets à laisser la Jeanne partir sans moi pour cette mission humanitaire. Je ne sais comment remercier tout le monde ici. La mer Rouge est un peu grise ce jour. Il faudrait la repeindre. Non, c'est beau comme ça. Il y avait quelques lambeaux de feu ce matin du côté du levant.*
>
> *P S: Marc de Briançon est éminemment sympathique. Généreux et fin. Humain !*

Avant d'emprunter la coupée, où le gabier lui rend les honneurs en sifflant, il est descendu au fond de la machine, « écouter une dernière fois, comme l'écrivait Blaise Cendrars, la respiration des pistons »…

41

L'Everest du théâtre

Le passé n'en finit pas de se rappeler à lui. Après la Thaïlande, où il a tourné *Chok dee*, une histoire d'initiation et de passage de flambeau sur fond de boxe, c'est au Viêtnam qu'il débarque. Gérard Marx y tourne *L'Empire du tigre* pour TF1. Une évocation de la France coloniale : en 1938, aux alentours de Saigon, le maître des Hautes-Terres se retrouve confronté à son concurrent qui veut l'empêcher de développer ses cultures de quinine ; le nouveau responsable de la police croit avoir reconnu en lui un déserteur. Un monde sur le point de s'écrouler… *« J'ai compris que quelque chose était en marche, inexorable, qui allait nous broyer tous. La fin d'une Indochine que j'avais rêvée. »*

Pourquoi a-t-il accepté ce film en deux épisodes de quatre-vingt-dix minutes ?

— Bernard n'a jamais rejeté la télévision quand elle lui proposait des projets qui l'intéressaient, commente Danielle Gain. Il ne faisait pas de hiérarchie.

— Il ne venait pas cachetonner, confirme Gérard Marx. Le personnage l'intéressait vraiment. Il n'a pas fait les choses à moitié, cela a tout de suite collé entre nous. Il a même fait office de réalisateur deuxième équipe pour certains plans. Dans ce tournage complexe, il a été un complice et un appui précieux. Mais j'ai senti que sa recherche de la perfection l'amenait à des frustrations terribles.

Dans les années 1990, la télévision lui a offert quelques rôles mémorables, dont celui de Saint-Exupéry, dans *La Dernière Mission* de Robert Enrico. L'aviateur écrivain a toujours été l'un de ses auteurs fétiches ; il a même été le narrateur du *Petit Prince* dans un livre audio[1]. Juste avant *L'Empire du tigre*, il a joué le général Leclerc dans *Leclerc, un rêve d'Indochine* et le gendarme Jean-François Abgrall dans une évocation du tueur en série Francis Heaulme, intitulée *Dans la tête du tueur*. Il a aussi aimé tourner *La mort est rousse*, où il s'est parfaitement entendu avec la chanteuse Elsa, sa partenaire.

Mais *L'Empire du tigre* a quelque chose de plus. Il se déroule au Cambodge, où une plantation a été recréée sur une terre à riz. Comment ne pas y voir une occasion d'explorer cette Indochine qui a nourri son enfance, et peut-être ses rêves d'ailleurs, à travers les cartes postales que lui envoyait son père ?

— Dès qu'il ne tournait pas, il en profitait pour se balader avec sa caméra numérique, cherchant à comprendre comment les bourreaux et les victimes de l'époque khmère rouge cohabitent aujourd'hui. On ne se promène pas comme ailleurs dans ce pays : il y a des ossuaires dans tous les villages. Il aimait se glisser dans la vie des gens. Il a même assisté au mariage d'un serveur de l'hôtel.

*

1. Double CD, Gallimard Jeunesse, 2006.

Bernard Giraudeau avait prévenu Gérard Marx : fin avril, il devra impérativement se passer de lui. Pour cette raison, le tournage a même été avancé de quelques semaines. Car un autre projet l'attend.

Depuis la fin de *Becket*, Didier Long et lui cherchent à recréer une aventure de troupe. Un jour, après un footing autour de sa maison de Fontainebleau, Didier suggère :

— Et si on faisait *Richard III* ?

Richard III, l'un des plus hauts sommets du théâtre. Une sorte d'Everest qui relate l'ascension et la chute du dernier des Plantagenêts. Un bossu « mal façonné », mais aussi et avant tout un tyran qui n'hésite pas à assassiner ses proches pour accéder au trône. Une incarnation du mal absolu, dont les crimes dénoncent l'absurdité du monde :

> *« Je taillerai ma route à coups de hache*
> *Tant qu'au plus haut sommet de ma difformité*
> *Ne sera déposée la couronne étincelante. »*

— Il y avait chez Bernard un souffle, une énergie de vie, un besoin d'idéal, explique Didier Long. Il était dans la vie un personnage shakespearien, avec ses extrêmes et ses contradictions.

Le spectacle sera joué à partir de septembre 2005 au Théâtre de Paris, mais, coproduction oblige, il sera créé à la Coursive de La Rochelle. Trente-cinq ans après son départ, Bernard revient dans sa ville natale en héros, avec son spectacle le plus ambitieux et une troupe de rêve : dix-huit comédiens.

Depuis des mois, il remâche le texte pour s'en imprégner, le posséder, le dominer. Durant le tournage de *L'Empire du tigre*, Gérard Marx se souvient de l'avoir vu mettre une noix de coco sous sa veste pour simuler la bosse de Richard III. Bernard sait qu'il tient là le rôle d'une vie, celui qui laissera une trace.

Durant les répétitions, il se montre fatigué. Fatigue qu'il veut mettre sur le compte de son précédent tournage, qui l'a exténué. Ce qui ne l'empêche pas d'être plus exigeant que jamais.

— L'idée du dépassement de soi, on l'avait en commun, explique Didier Long. À un moment, il y a eu un plaisir de la surenchère entre nous. Je me souviens d'une conversation où il m'a dit : « Tu crois qu'on pourrait approfondir ? » Je lui ai répondu : « Oui, évidemment. »

Le soir, les deux hommes se retrouvent pour faire du footing.

— Là encore, il voulait être le meilleur.

Parfois ils se promènent sur le port.

— On parlait de la vie et de la mer. Dès qu'on approchait d'un bateau, je voyais un autre Bernard, relié à l'enfance, avec des silences extraordinaires.

Pendant qu'à la Coursive les machinos montent le décor, une structure de coque de bateau renversée, Bernard convie la troupe dans sa maison de l'île de Ré pour un dernier filage, par une fin d'après-midi ensoleillée. Sa terrasse sera la scène, il utilisera un vieux bout de bois ramassé sur la plage comme épée. Dans la bataille finale, Richard III implore : *« Un cheval ! Un cheval ! Mon royaume pour un cheval ! »* À ce moment, Bernard remarque une mouette qui tournoie dans le ciel et semble les surveiller. Et de s'exclamer : *« Mon royaume pour une mouette ! »*

Sept représentations sont prévues à La Rochelle. Dès les premiers jours, Bernard prend son metteur en scène à part :

— J'ai du mal à respirer. Je sens que j'ai quelque chose.

À Elizabeth, il dit :

— J'ai craché du sang. Je suis sûr que j'ai une merde.

Il recule au maximum le moment de consulter un médecin, comme s'il pressentait qu'une nouvelle fois l'aventure collective allait tourner court.

Avant Paris, *Richard III* doit également être joué dans plusieurs festivals d'été. Dans la capitale de l'Anjou, les douleurs s'intensifient. Cette fois, il rentre à Paris où les médecins détectent des nodules douteux au poumon.

Il faut annuler les autres festivals.

Il faudra annuler Paris – même si, tout l'été, Bernard cherchera un acteur disponible pour reprendre son rôle.

Car les médecins ont conclu à une rarissime forme de métastase de son cancer du rein.

42

Autocritique

La ronde des hôpitaux commence. Les blouses blanches, les salles d'attente, l'incertitude du lendemain.

— Je suis un peu tombé dans le trou. Je me suis dit : c'est terminé, je n'ai plus envie, j'étais dans une sorte de dépression[1].

Avec les siens, il répugnera toujours à parler de son état de santé. L'éternel côté protecteur du chef de tribu.

— Après un examen, quand les résultats étaient bons, il appelait, se souvient sa sœur Elizabeth. Sinon, c'était moi qui finissais par rappeler et il me disait : « Je n'ai pas encore les résultats… »

— Il nous a épargné beaucoup de choses dans ses moments de souffrance, confirme Sara.

*

Le baroudeur se prépare au plus grand des voyages : celui au bout de lui-même.

Mais, dans cette aventure, il n'est pas seul. Une femme est à ses côtés.

1. « Vie privée, vie publique », France 3, 30 avril 2010.

Ils se sont rencontrés au printemps 1996, à l'avant-première des *Caprices d'un fleuve*. Issue d'une grande famille iranienne, Tohra Mahdavi a vécu en Allemagne et aux États-Unis, avant de s'installer en France où elle a épousé Fabien Chalandon, fils de l'ancien ministre Albin Chalandon, dont elle a eu des jumelles, Laetitia et Alexia.

Lorsqu'elle fait la connaissance de Bernard, son mariage se désagrège, mais, dans ce monde-là, on préserve les apparences. La journaliste Virginie Le Guay, qui la connaît bien, la décrira ainsi : « *Réservée, s'exprimant toujours d'une voix douce, Tohra aimait que le monde tourne rond, que les choses aient une allure parfaite. Elle-même, toujours très soignée, s'habillait avec une élégance discrète qui faisait merveille dans les dîners mondains où elle aimait se rendre. Sa compagnie, légère et habile, témoignait de l'aisance de ceux qui sont bien nés et bien éduqués*[1]. »

Entre Bernard et Tohra, c'est le choc des mondes. Elle reçoit chez elle des hommes d'affaires, des politiciens, de grands avocats, un monde de pouvoir à l'opposé du sien. Elle l'intrigue : la découverte des beaux quartiers est une nouvelle aventure pour l'éternel baroudeur à la curiosité insatiable.

— Elle lui a permis de confirmer ses capacités intellectuelles en le confrontant à des pointures, commente Osvaldo Torres.

Il la conquiert mais continue de la vouvoyer et de l'appeler « madame », manière de créer de la distance ou, plutôt, de l'autoprotection. Il s'est juré de ne plus tomber amoureux. Cette histoire tout en intermittence lui convient parfaitement.

---

1. *Paris Match*, 29 juillet 2010.

Au cours des premières années, les choses sont loin d'être toujours faciles entre eux, mais ils développent une complicité tranquille, où chacun a sa liberté, qui constituera les fondations de leur couple. Car, à partir de sa rechute, il va s'abandonner à elle – même s'ils n'habiteront jamais ensemble, comme s'ils craignaient l'encrassement affectif.

— Avec lui, je ne me suis jamais ennuyée une seconde, raconte Tohra. Bernard était curieux de tous et de tout, ouvert à tout ce que la vie lui proposait[1].

— Elle a été un bon pilier pour le canaliser, commente Sara. Elle a eu la patience de comprendre son fonctionnement.

— Elle a été sa compagne au sens le plus profond du terme, ajoute son ami Osvaldo. Elle a apprivoisé le lion, sans le bousculer, en le laissant toujours choisir, avec une tendresse énorme. En réalité, ce lion était un agneau, mais il fallait trouver le chemin et elle l'a trouvé.

Avec Tohra, Bernard apprend à exprimer son amour.

> « *Je vous aimerai telle que vous êtes, non telle que je vous ai imaginée.* […] *Ce sera ma force et ma guérison*[2]. »

*

Après son premier cancer, il s'était laissé aspirer par l'infernal engrenage de la boulimie, comme toujours, malgré la conscience qu'il avait de devoir changer et de se poser.

Son cancer, il l'a souvent dit, il se l'est fabriqué lui-même.

---

1. *Paris Match*, 21 juillet 2010.

2. *Cher amour*, Métailié, 2009.

— J'étais engagé dans une spirale de vie totalement folle qui me maintenait en permanence dans un état d'angoisse existentielle, celle qui accompagne souvent notre métier d'acteur. J'ai fait étudier mes tests sanguins, que j'avais conservés depuis 1997, par un ami médecin qui m'a dit : « Chaque fois que tu t'apprêtais à jouer au théâtre, tu avais une montée folle de cortisol et un dérèglement de ton métabolisme. » Je me suis dit : maintenant, tu n'as plus le choix, il te faut très vite changer de comportement et regarder la vie autrement si tu veux encore en profiter[1].

Cette fois, il dit stop et s'y tient. La centrifugeuse en mode pause.

Il doit apprendre à lâcher prise et à se concentrer sur l'essentiel. Ses proches, sa famille, ses enfants, Tohra. Et lui-même.

Depuis des années, comme un gamin, il accumule les pièces d'un puzzle. Il est temps, pour lui, de les assembler pour découvrir une image qui pourrait s'appeler amour, paix et lumière.

Bernard doit s'alléger de tout ce qui lui pollue l'existence. Symboliquement, il commence par se débarrasser de sa maison de l'île de Ré, entourée de pins et de tamaris. Il l'avait achetée au milieu des années 1990, après avoir revendu celle de la Creuse à Anny Duperey. Son frère François avait suivi les travaux. Mais, en fin de compte, il ne s'est jamais senti bien dans cette île qui, depuis l'ouverture du pont la rattachant au continent, n'a plus rien du havre de paix un peu sauvage de son enfance. Elle est devenue une annexe du cinéma français où l'on se reçoit de maison en maison – une foire aux vanités qui l'ennuie profondément.

---

1. *Paris Match*, 1er février 2007.

— Il n'y a pas un film français capable de s'offrir ce casting, ironise-t-il avec son vieux complice Jean-Louis Foulquier, qu'il retrouve un lundi matin dans le TGV les ramenant à Paris.

Aux mondanités de l'île de Ré, il préfère, et de loin, partir au petit matin de la crique de la Chiouse pour titiller le bar au large du phare des Baleines et des Baleineaux, à bord de son bateau, le *Saga*, un pêche-promenade équipé d'un moteur de 40 chevaux. Il chambre ses potes – Gérard Hernandez et des pêcheurs locaux – quand il rapporte plus de poissons qu'eux. Il enrage quand il en a moins. Un jour, il les réunira pour leur offrir un tee-shirt « La flottille de la Chiouse ».

En fait, sa villa n'a pas répondu à ses attentes profondes.

— Il avait voulu recréer une maison de famille, explique son frère François. Retrouver l'atmosphère que nous avions connue en Creuse. Il nous avait tous attribué une chambre. Mais, très vite, la maison s'est révélée moins ouverte que prévu. Il n'a pas réussi à en faire ce qu'il voulait. Il l'a vécu comme une déception, une forme d'échec.

Dans sa vie, il n'y a plus de place pour l'amertume, la frustration, le stress.

— J'étais le perfectionniste de l'impossible. C'est insupportable pour les autres et pour soi-même, puisque, de toute façon, la perfection, vous ne pouvez pas l'atteindre.

Désormais, il vit le moment présent :

— Je ne me projette plus. Avant, j'anticipais tout. De quoi devenir fou[1].

C'en est fini de sa fuite perpétuelle.

— J'ai toujours cru que c'était mieux là-bas. C'est mieux là où l'on est[2].

1. *Paris Match*, 24 avril 2009.

2. « Vie privée, vie publique », France 3, 30 avril 2010.

Un autre Bernard Giraudeau est en train d'émerger.

— Papa a été deux hommes, analyse son fils Gaël. Quelqu'un de passionné, qui ne s'arrête jamais. Puis un homme posé, sage, en permanence à l'écoute. Il a découvert qu'il y avait un bonheur dans l'apaisement.

Le passage de l'un à l'autre ne s'est pas toujours fait sans mal. On ne dompte pas aussi facilement son impatience. Parfois, son naturel reprend le dessus. Quand il s'en rend compte, il en rigole : « Ça te rattrape, Bernard ! » Dans les embouteillages, s'il a un mouvement d'humeur, il se reprend aussitôt : « On n'est pas bien, là ? On n'est pas les plus heureux du monde ? »

— Je l'ai vu faire un travail dément sur lui-même, raconte sa fille Sara. Son plus beau voyage, c'est celui-là.

*

On ne rattrape jamais ses erreurs passées. Mais, en les comprenant, on s'ouvre de nouvelles voies pour se rapprocher de ceux qu'on a pu blesser.

Dans ses interviews, il se reproche beaucoup d'avoir négligé ses enfants.

— Dans sa vie, explique Gaël, il a toujours placé la barre très haut. Dans son autocritique, il a été tout aussi exigeant envers lui-même. Durant la première partie de sa vie, c'était d'abord sa pomme. Il l'a croquée. Il s'en est voulu. Dans la seconde partie, il nous a dit en face ce qu'il nous écrivait avant. En même temps, il savait que culpabiliser ne sert à rien. À travers ses nombreuses lectures, il avait compris qu'on ne peut pas être heureux dans la philosophie du regret.

Quoi qu'il en dise, Bernard a toujours suivi de près l'évolution de ses enfants.

Dans un premier temps, Gaël a développé une « stratégie de l'évitement », pour reprendre l'expression d'Anny Duperey.

— Vers dix-sept ans, je ne savais pas quoi faire de ma vie, alors que lui s'accomplissait dans plein de choses. Le père représente une forme d'idéal. On veut lui ressembler, mais je ne me voyais pas aller dans la même direction que lui. Il m'a laissé faire quatre ans de fac de commerce international, alors qu'il voyait que ce n'était pas ma voie. Il s'est inquiété, mais il ne m'a jamais mis de pression. Et puis, je me suis trouvé une passion pour le jeu vidéo et il m'a encouragé, même s'il n'a jamais très bien compris ce que je faisais.

En fait, au-delà de leurs différences, Gaël et son père sont du même bois.

— Je suis un passionné comme il l'était – mais pas sur le même secteur. Je ne pourrais pas me contenter de vivre, je prendrais les mesures nécessaires pour me sortir d'une vie qui ne me satisfait pas.

Du Bernard Giraudeau tout craché !

Sara, elle, manifeste rapidement l'envie d'être comédienne. D'une certaine manière, c'est lui qui lui a transmis le virus. Dans *Les Caprices d'un fleuve*, il lui a confié un petit rôle. Elle n'a pas oublié la phrase qu'elle devait prononcer, un jeu de l'oie à la main : *« Jean-François, nous ne jouerons plus à l'oie, emportez-le avec vous pour ne plus vous ennuyer. »*

— Une journée géniale, se souvient-elle. On m'a pomponnée, maquillée, déguisée. J'avais une choucroute sur la tête. Tout à coup, j'étais dans un autre monde. Il y avait une magie enfantine au milieu d'une rigueur adulte…

Pourtant, lorsque, à dix-huit ans, elle lui annonce son désir d'être comédienne, il se bloque.

— Ce n'est pas qu'il était contre, il n'était pas, tout simplement. Il refusait d'aborder le sujet. Il se demandait si j'allais être heureuse – car lui-même, sans doute, était à la fois heureux et malheureux dans ce métier. Ça le renvoyait à ses propres angoisses. Il était sans doute terrifié à l'idée que cela ne se passe pas bien pour moi.

Après avoir suivi le cours Jean Périmony, Sara fait ses premiers pas sur les planches en 2005 dans *Les Monologues du vagin*. Bernard assiste à la première.

— Il était dans un état de stress incroyable. Il m'avait apporté une enveloppe avec plein de petits mots qu'il était incapable de me dire. Sa pudeur…

Deux ans plus tard, sa fille est nommée aux Molières, dans la catégorie « meilleur espoir féminin », pour sa prestation dans *La Valse des pingouins*. Dans les coulisses, il lui glisse :

— J'espère que tu ne l'auras pas. Après, c'est l'enfer.

Sa manière, un peu brusque, de la protéger. Il ne veut pas qu'elle soit déçue si la récompense lui échappe, comme elle lui a toujours échappé. Mais Sara obtient le prix.

— J'embrasse très fort mes parents. Mon père qui est ici ce soir. J'en profite pour lui dire que je rêve du moment où il va remonter sur scène.

Dans la salle, la caméra filme en gros plan Bernard Giraudeau. Il joint ses mains autour de son visage pour masquer l'émotion qui le submerge alors.

Il est en larmes.

*

En matière d'autocritique, Bernard Giraudeau va aller très loin.

L'homme qui avait toujours les yeux fixés sur la ligne d'horizon n'hésite plus à revisiter sa propre vie à l'aune de ce qu'il a appris de l'existence. Comme s'il avait besoin de liquider ses culpabilités pour reprendre sa route.

De loin, à travers ses livres et ses interviews, Anny Duperey a observé son évolution, intriguée, interloquée et finalement rassurée.

— Je me suis longtemps demandé ce qui avait pu me prendre de vivre aussi longtemps avec un homme qui s'obstinait à tout gâcher. Mais quand je voyais ce qu'il était en train de devenir, je me disais que ce n'était pas pour rien qu'il avait été l'amour de ma vie. L'amplitude du décrassage de ses mauvais instincts était hallucinante.

Depuis leur séparation, Anny et Bernard ne se sont jamais vraiment parlé. C'est Bernard qui prend un jour l'initiative de renouer – ou peut-être tout simplement nouer – le dialogue.

— La pauvre, je ne l'ai pas aidée, c'est certain, reconnaîtra-il un jour. Ça n'a pas été facile pour elle[1].

Il lui donne rendez-vous dans son appartement de la rue de Ponthieu.

— Après une rechute, il a senti que les choses allaient mal tourner pour lui. On s'est vus trois jours de suite – une soirée, une journée et un déjeuner – pendant lesquels on a parlé, parlé et parlé. On a tout mis à plat. Je lui ai rappelé des mots et des réactions qu'il avait pu avoir et, plusieurs fois, je l'ai vu pleurer. « Ce n'est pas possible que j'aie pu être ainsi, me répétait-il. Comment ai-je pu briser tout cela ? » Il avait l'impression d'avoir été quelqu'un d'autre...

Au terme de cette véritable psychothérapie de couple, Anny lui lâche :

— J'ai eu raison de faire mes enfants avec toi car tu es un mec formidable.

---

1. *Ibid.*

Sur le pas de la porte, alors que l'ascenseur s'apprête à les séparer, Bernard lui demande :

— Vraiment aucun ressentiment ?

— Vraiment aucun, lui répond-elle.

43

Écrire, toujours

Après *Les Caprices d'un fleuve*, Bernard Giraudeau n'a pas renoncé à la réalisation, au contraire. Début 2000, il éprouve un coup de foudre pour *Mirage d'amour avec fanfare*, roman de Hernán Rivera Letelier, un auteur chilien qui a débuté comme mineur dans une exploitation de nitrate. Après en avoir acquis les droits, il s'attelle seul au scénario, qui commence ainsi :

> *Pampa Unión, 1925.*
>
> *Pampa Unión est une mine de salpêtre dans le désert d'Atacama, au nord du Chili, dans laquelle vivent les ouvriers de la mine, les cadres et quelques familles.*
>
> *Il y a une pharmacie, un théâtre ouvrier, une boulangerie, une boucherie, un Chinois qui vend des feux d'artifice et des ballons qui s'enflamment dans les airs.*
>
> *Il y a des commerces dans la rue des commerces. Il y a des bordels dans la rue des bordels. C'est simple à Pampa Unión.*
>
> *Il y a aussi un salon de coiffure tenu par Sixto Pastor Alzamora. C'est un lieu de réunions syndicales. Sixto est anarchiste. À Pampa, il y a aussi des pensions de famille et des bistrots.*
>
> *Il en est ainsi dans toutes les autres mines d'Atacama qui possèdent aussi leur cimetière et leur fanfare, leurs flics pourris et leurs honnêtes gens. Cependant, c'est*

à Pampa Unión que doit passer un jour le président dictateur pour déclarer la mine « ville officielle ». Elle pourra dorénavant être marquée sur les cartes. Mais c'est surtout à Pampa Unión que se déroule l'histoire d'amour que vous allez lire, entre Golondrina del Rosario, la pianiste du muet, et Bello Sandalio, le trompettiste de jazz[1].

Bernard se promet de se consacrer pleinement à ce film d'amour et d'aventure après *Richard III.* Le budget est bouclé par Didier Creste, les repérages planifiés, James Thierrée et Marie Gillain engagés. Quand la maladie le rattrape, il lui apparaît impossible d'assumer seul la réalisation d'un tel projet. Il a d'autres combats à mener. Dans un premier temps, il propose donc à Bernard Rapp de le coréaliser, mais son complice d'*Une affaire de goût* est à son tour victime d'un cancer dont l'évolution sera fulgurante : en août 2006, l'ancien journaliste décède.

Didier Creste suggère alors à Bernard de travailler en tandem avec Hubert Toint, coproducteur belge, qui a réalisé plusieurs documentaires.

— Je pratique les ego des acteurs et des réalisateurs depuis longtemps, mais la façon dont Bernard m'a ouvert son projet pour m'y intégrer m'a énormément touché. Il m'a vraiment donné sa confiance. On a eu de vrais échanges sur un pied d'égalité. C'était un lâcher prise incroyable par rapport à sa personnalité car c'était aussi quelqu'un d'orgueilleux. Je me disais tout le temps : mais qui suis-je pour qu'il soit aussi généreux avec moi?

Hubert Toint part pour le Chili en quête d'un décor. Il en trouve un à Humberstone, une ancienne mine de salpêtre devenue ville fantôme, classée au Patrimoine de l'humanité par l'Unesco. Un véritable studio à ciel ouvert. Mais l'état de santé de Bernard se dégrade.

---

1. Reproduit avec l'aimable autorisation d'Hubert Toint.

— Que fait-on? lui demande Hubert Toint.

— On continue.

De toute évidence, Bernard ne pourra pas assister au tournage: il verra les rushs sur Internet et donnera ses consignes via Skype. *Mirage d'amour avec fanfare* sera « un film de Bernard Giraudeau et Hubert Toint, réalisé par Hubert Toint, écrit par Bernard Giraudeau ». Du coup, James Thierrée se rétracte. Sami Bouajila accepte de le remplacer, mais le montage financier se délite: plus personne ne veut vraiment se mouiller pour un film dont le budget n'a pourtant rien d'excessif: 4,2 millions d'euros.

Aujourd'hui, Hubert Toint continue de travailler au montage du projet. Par fidélité à Bernard.

*

Du jour où il a dû interrompre les représentations de *Richard III*, Bernard a toujours gardé le secret espoir de reprendre son rôle. La télévision lui a même proposé de le jouer pour une seule et unique représentation en direct, mais, au fond de lui, il sait que c'est un rêve impossible.

En fait, depuis sa rechute, il a renoncé à son métier d'acteur.

— Il ne m'a jamais dit clairement: « Je ne ferai plus de cinéma », commente Danielle Gain. Chaque fois que je lui transmettais une proposition, et j'en ai reçu des dizaines, il commençait par me répondre: « Pourquoi pas? » Il était très ému qu'on continue de penser à lui, mais il mettait tellement de barrières qu'il savait sans doute, au fond de lui, qu'il finirait par refuser.

Durant l'été 2009, François Ozon lui proposera un rôle dans *Potiche*. Une fois de plus, il déclinera, au profit de Fabrice Luchini.

Tourner ne lui manque pas. Il trouve le cinéma français « pâlichon, sans imagination ni fantaisie ». Il sait à quel point jouer est pour lui source de stress – et le stress, il n'en veut plus. Tout comme il veut définitivement repousser la tentation du paraître.

— Il était persuadé que ce métier l'avait entraîné sur une mauvaise voie, analyse Anny Duperey. Il n'en avait rien tiré de bon sur le plan personnel. Faire du cinéma avait encouragé ses travers en confortant son côté dominant. Il ne voulait plus retomber dans les travers du faire semblant.

En 2009, il accepte de présider la soirée des Molières.

— Je me suis toujours étonné qu'il n'ait jamais eu de récompense, tant aux Césars qu'aux Molières, témoigne Danielle Gain. Longtemps, on n'a pas vu le grand comédien qu'il était, alors qu'il a pris des risques énormes pour certains rôles. Il n'était pas consensuel et le métier n'aime pas ça. Il s'en foutait, mais quand ils lui ont demandé de présider la cérémonie, il a vraiment été très heureux.

*

Son besoin d'expression artistique, il le reporte entièrement dans l'écriture. Le succès du *Marin à l'ancre* et des *Hommes à terre* l'ayant rassuré, il continue à creuser son sillon. En 2007 paraît *Les Dames de nage*. Le titre désigne les pièces sur lesquelles reposent les avirons, qui permettent d'avancer en regardant en arrière – tout un symbole pour cet homme qui va désormais de l'avant en disséquant son passé.

Le personnage principal, Marc Auster, son double littéraire, conjugue introspection personnelle et récit de voyage. Récit ou roman, comme l'indique cette fois la page de titre ?

— On se fiche de savoir ce qui est vrai ou pas, objecte Anne-Marie Métailié. À partir du moment où vous faites de la littérature, vous êtes un menteur. Ce qui comptait, pour lui, c'était de bien raconter. De choisir ses mots.

Cette fois, la reconnaissance critique est au rendez-vous. *Télérama* titre : « Un écrivain est né. » François Busnel évoque « un des meilleurs écrivains de sa génération » et l'hebdomadaire *L'Express* lui attribue son prix des lecteurs. Au total, le livre s'écoulera à cent cinquante mille exemplaires en édition originale et plus de cent mille en poche.

L'écriture est devenue sa bouée de sauvetage.

— Quand j'écris, dit-il, je suis comme un chien : je commence par tourner en rond dans ma chambre pendant des heures. Je réfléchis, mais je ne fais aucun plan. Et puis je me mets à écrire. Je laisse tout partir. Je ne me censure pas. Puis j'écoute mon éditrice… et je coupe, je retravaille[1].

— Lorsqu'il était en phase d'écriture, il fallait être disponible, se souvient Anne-Marie Métailié. Souvent, il m'appelait pour me lire des passages au téléphone. Je refusais car j'avais besoin de lire moi-même pour prendre le recul nécessaire. Quand il lisait un texte, c'était extraordinaire : il aurait donné du talent au Bottin !

Deux ans plus tard, en mai 2009, paraît *Cher amour*. Un ouvrage dans la même veine, une lettre ouverte aux femmes en général, mais dédié à « Madame T. » – autrement dit Tohra. Par sa simplicité directe, le titre démontre par lui-même toute son évolution personnelle.

> *Où étiez-vous mon amour? Je vous ai cherchée dans le monde entier.*

1. *L'Express*, 28 juin 2007.

Nouveau succès : près de cent vingt mille exemplaires en édition brochée, plus de cent quarante mille en poche.

Parallèlement, Bernard s'est lancé dans la BD. Le dessinateur Christian Cailleaux lui a proposé de concevoir le scénario et d'écrire les textes de *R97*[1], l'histoire d'un jeune marin, Théo, qui part faire le tour du monde à bord de la *Jeanne d'Arc.* Pour préparer leur travail, les deux hommes ont même embarqué, ensemble, sur le navire de sa jeunesse, entre Lisbonne et Brest.

Décidément, il l'aime, cette *Jeanne*...

---

1. Casterman, 2008.

44

Traitements parallèles

La maladie a mis de la lenteur dans la frénésie de son existence, mais Bernard Giraudeau n'entend pas rester passif face au crabe qui le ronge. L'acceptation n'empêche pas l'espoir. Pas question de se contenter des traitements traditionnels que lui prodigue notamment le professeur Bernard Escudier, cancérologue et chef de l'unité d'immunothérapie de l'Institut Gustave-Roussy, à Villejuif.

Il commence par se rapprocher de David Servan-Schreiber. Auteur d'une thèse sur les neurosciences, chef du service de psychiatrie de l'université de Pittsburgh, il a été atteint d'un cancer au cerveau dans les années 1990. De sa lutte contre la maladie, il a tiré un livre, *Guérir*[1], dont le positivisme a tellement enthousiasmé Bernard que celui-ci l'a convié au « Vivement dimanche » que Michel Drucker lui a consacré en 2003.

— Mes chances de survie sont faibles, lui dit-il. On me parle de dix mois, tu te rends compte ?

David Servan-Schreiber racontera :

— Je me souviens encore de son expression lorsque je lui ai expliqué que les statistiques pouvaient

1. Robert Laffont, 2003.

être interprétées autrement. Oui, un malade atteint du même cancer que le sien peut mourir en quelques mois. Mais les autres peuvent parfois vivre dix ans. Ou plus. Tout dépend de la façon dont ils vivent leur maladie. Il ne faut pas s'épuiser à combattre sa maladie, mais la vivre pleinement. La vivre sans réserve[1].

Vivre pleinement ! La formule ne peut que séduire Bernard Giraudeau.

David Servan-Schreiber lui conseille de respecter une stricte hygiène de vie. Il s'y pliera rigoureusement : rien n'est à négliger. Menant désormais une vie ascétique, il se lève et se couche à heure fixe, élimine les viandes rouges, le pain et les laitages, se nourrit de poulet, de poisson et de purée de légumes. Il fait même venir des États-Unis des soupes recommandées par son ami, tout en suivant les conseils d'un naturopathe et d'un phytothérapeute. Pour mettre toutes les chances de son côté, il intègre à son traitement des médecines alternatives et complémentaires issues de pratiques souvent ancestrales.

De son côté, Tohra, qui parle couramment anglais, se révèle d'une curiosité sans faille.

— Elle lisait tout : livres, articles qu'elle cherchait inlassablement sur Internet, poursuit David Servan-Schreiber. Toujours à l'affût, elle avait énormément de bon sens, ne se laissant pas séduire par n'importe quoi, n'importe qui. Quand elle accompagnait Bernard chez les médecins, elle posait toujours les bonnes questions[2].

Tohra lui présente un psychothérapeute, Thierry Janssen, qui sera d'un concours précieux dans son évolution personnelle. Il le pousse notamment à ne pas éluder

---

1. *Paris Match*, 29 juillet 2010.

2. *Ibid.*

la question de la mort. Apprendre à mourir comme on apprend à vivre…

— Je crois que le travail d'apaisement et de recul par rapport à soi qu'il est en train de faire prépare à mourir, commentera Thierry Janssen. Le jour où ce sera son heure, il sera prêt[1].

Lecteur acharné depuis toujours, Bernard délaisse les auteurs qui nourrissaient son imaginaire depuis des années – les grands classiques mais aussi les Louis Brauquier et autres Dan O'Brien découverts plus récemment – pour se consacrer aux ouvrages consacrés à la recherche sur soi-même : *La Solution intérieure* de Thierry Janssen[2], justement, « un livre qui m'a aidé car très clair », ou *Quand la conscience s'éveille* d'Anthony de Mello[3].

Il est en plein voyage immobile.

*

Lors d'une nouvelle rechute, en 2007, les médecins décident de lui retirer deux côtes et de lui implanter une plaque de métal. Il souffre le martyre. Aux calmants de la médecine traditionnelle, il ajoute l'hypnothérapie.

— Elle m'a permis d'atténuer la douleur de 40, 50 parfois 60 %. Elle m'a beaucoup aidé. Pour être très concret, j'ai enregistré des textes avec des imageries précises, symboliques par rapport à la maladie, que j'emmène toujours avec moi. Quand j'ai dix ou vingt minutes, je les écoute, je me concentre, je me détends, cela agit sur l'inconscient de manière extraordinaire. Il faut le faire

1. « Thé ou café », France 2, 20 mai 2007.
2. Fayard, 2006.
3. Desclée de Brouwer, 1995.

régulièrement. C'est une discipline… Vous n'apprenez pas le piano, la peinture ou la comédie comme ça – la maladie non plus[1].

Il a également découvert la « méditation laïque », qui permet de ménager des moments d'intériorité pour se retrouver soi-même.

— Méditer, explique-t-il, c'est à la fois se recentrer et se décentrer. S'oublier et chercher à se trouver. Écouter la profondeur de son être et aller aussi à la rencontre de l'autre qui habite en nous… Méditer m'aide à aller vers le silence intérieur, si difficile à obtenir : nous avons perpétuellement un « film » qui tourne dans notre tête et notre cœur et qui nous empêche de nous mettre à l'écoute de l'essentiel[2]…

Une manière de suspendre le tumulte de la vie, de réconcilier le corps et l'esprit. Tous les matins, il travaille sa respiration pour s'y adonner, cinquante minutes en général, parfois près de deux heures.

— Méditer, dira-t-il, c'est l'inverse de la définition du dictionnaire. Rien de compliqué[3].

---

1. « Pardonnez-moi », Télévision suisse romande, 5 avril 2009.

2. *Panorama*, septembre 2007.

3. *Le Nouvel Observateur*, 22 avril 2010.

45

Le dernier voyage

Il a toujours aimé dire des textes. Donner vie aux mots par la voix. Il s'est régalé à enregistrer les quatre premiers tomes de *Harry Potter* en livre audio. Il a également donné sa voix au *Petit Prince* de Saint-Exupéry et à deux de ses propres livres, *Le Marin à l'ancre* et *Les Dames de nage.*

Pour l'été 2009, il a reçu une invitation du Festival de la correspondance de Grignan. Cette fois, il lira des textes de Cesare Pavese.

— Parfois, il se trompait dans le texte, se souvient Danielle Gain, mais il retombait toujours sur ses pieds grâce à ses réflexes de comédien. Il était beau, il avait un grand sourire, il était heureux d'être là, le public était conquis.

Mais, dès le mois de septembre, il enchaîne rhumes et angines. Son corps répond de moins en moins. Il continue néanmoins de se partager entre son appartement, un duplex avec terrasse avenue de Breteuil où il a emménagé un an plus tôt, et celui de Tohra, près de l'Étoile, tout en se rendant, souvent seul, à Fontainebleau, où il aime se promener en forêt avec ses amis Gaby – un ancien comédien que lui a présenté José Giovanni – et sa femme Cosette.

— Il avait compris qu'il pouvait trouver autant, voire plus de plaisir, en restant assis sur sa terrasse qu'en grimpant les montagnes ou qu'en courant le monde, commente son frère Philippe.

Il n'interrompt pas les rendez-vous téléphoniques à heures fixes qu'il entretient depuis des mois, parfois des années, avec ses plus vieux compagnons. Le jeudi, c'est Osvaldo. Où qu'ils soient dans le monde, ils se débrouillent pour s'appeler sur le coup de 10 heures. Le mardi, c'est le jour de Victoire, la complice de toujours, devenue psy.

— Un pacte s'était établi entre nous : on ne parlait jamais de notre quotidien. Un jour, il m'a dit : « Tu es l'espace où la maladie n'existe plus. Avec toi, je n'ai pas besoin de dire comment je vais. » On avait de grandes conversations sur le sens de la vie et la connaissance de soi.

Au début de l'année, il part en Malaisie avec Tohra, à la découverte des médecines traditionnelles locales. Pour une fois, il n'a pas emporté la caméra numérique dont, d'ordinaire, il ne se sépare jamais en voyage, comme si, enfin, il n'avait plus besoin de placer un écran entre le monde et lui.

— C'était extraordinaire, mais je rentre plus fatigué que je ne suis parti, confie-t-il, à son retour, à Danielle Gain.

Néanmoins, il honore son engagement d'enregistrer un CD accompagnant l'ouvrage *Méditer* de Jon Kabat-Zinn[1], initiateur de la « méditation de la pleine conscience ».

— Nous avions sélectionné les textes au cours de plusieurs rendez-vous, chez lui, où il nous préparait du

1. Les Arènes, 2010.

thé vert en prenant soin de le servir à la bonne température, raconte l'éditrice Catherine Meyer. Il avait tout de suite accepté car il voyait ce projet comme un combat, une manière d'être utile. Dans le studio, au moment de la pause déjeuner, il faisait l'andouille, il imitait des accents étrangers, c'était des bulles de bonheur. Il était content de travailler, je crois que ça lui faisait du bien.

Parallèlement, il poursuit l'écriture de son prochain livre, qui « tenait de la recherche spirituelle », selon Anne-Marie Métailié. La littérature reste la grande aventure de son existence.

En février, il assiste à la « couturière » de *Colombe* de Jean Anouilh qui réunit sur scène Anny Duperey et sa famille Sara. Il reviendra quinze jours plus tard pour l'encourager.

— Tu es la meilleure, lui glisse-t-il à l'oreille.

Fierté d'un père qui sait désormais trouver les mots simples pour dire ses émoitions.

Fin mars, lors du déjeuner des best-sellers de l'année 2009 organisé par *L'Express*, au Fouquet's, il prend le temps d'un long aparté avec Éric-Emmanuel Schmitt.

— On sentait l'ombre de la mort sur son visage ; en même temps, il était lumineux, se souvient l'auteur du *Libertin*. Jusque-là, c'était un rebelle qui semblait fait pour dire non. Tout d'un coup, il acquiesçait avec douceur à la fragilité de la vie et à la mort qui approchait. Il ne vivait pas dans le chaos ou le cynisme. Il avait su tirer son miel de l'épreuve. Il m'est arrivé d'accompagner des proches vers la fin, c'était la première fois que je voyais un tel accomplissement spirituel. Il acceptait la mort sans déprécier la vie. Cette douceur mêlée de courage m'a bouleversé.

Lors d'un séjour à La Rochelle, il rend visite à sa mère, puis à Colette Milner, son ancienne prof de danse. À peine arrivé à Nuaillé-d'Aunis, il fait le « tour du propriétaire ».

— C'est bien, tu n'as rien changé.

Comme une cérémonie des adieux, à l'instar des brunchs que Tohra organise le dimanche, chez elle ou dans sa maison de Fontainebleau.

Bernard Murat est l'un des derniers à être convié :

— Il souffrait, mais il était solaire. Il était comme un nœud défait. Il voulait que j'achète un terrain à côté du sien…

À un moment, Bernard part s'allonger sur le divan et fait signe à son metteur en scène de s'approcher.

— On a parlé une demi-heure, main dans la main. J'ai commencé à lui réciter un poème de Robert Desnos mais, comme ma mémoire me faisait défaut, je me suis mis à le raconter. Il s'est moqué de moi : « Un poème, ça ne se raconte pas. »

« *Comme une main à l'instant de la mort et du naufrage se dresse comme les rayons du soleil couchant, ainsi de toutes part jaillissent tes regards.*

Il n'est plus temps, il n'est plus temps peut-être de me voir,

Mais la feuille qui tombe et la roue qui tourne te diront que rien n'est perpétuel sur terre,

Sauf l'amour,

Et je veux m'en persuader[1]. »

*

En avril, Bernard Giraudeau retrouve les plateaux de télévision. Pour témoigner. Pour soutenir ceux qui sont atteints d'un cancer. Pour aider leurs familles, désemparées.

---

1. *Corps et Biens*, 1926.

Il a acquis la sérénité, mais il est resté un combattant. Un guerrier. L'écho rencontré par ses déclarations lui a fait comprendre qu'il était un porte-voix susceptible de faire avancer les choses. Il accepte donc de parrainer l'Association pour la recherche sur les tumeurs du rein (Artur), fondée par le docteur Escudier et le professeur Méjean. Un simple rôle d'ambassadeur ? Pas son genre : tous les mois, dans la plus grande discrétion, il se rend à l'Institut Gustave-Roussy lire des poèmes aux enfants malades. Avec la Maison du cancer, il lance l'opération « On ira tous à l'hôpital », un site où il témoigne et échange avec les internautes. Dans l'une de ses interventions, il dénonce le gâchis des médicaments jetés à la poubelle, malgré leur prix exorbitant, pour cause de changement de protocole.

Conscient de jouir d'un statut privilégié, il ne rate jamais une occasion de défendre le personnel hospitalier.

— On a une médecine qui est bafouée, attaquée par les pouvoirs publics qui veulent faire des économies à tout prix. On supprime des postes, il y a de moins en moins d'oncologues et pourtant il y a de plus en plus de malades[1].

Dans ses interviews, il évoque sa manière d'appréhender la maladie.

— On ne se bat pas contre un cancer, contre des nodules. Vous coupez, ça réapparaît ailleurs. Il faut apprivoiser sa maladie : cela ne sert à rien de lutter contre, il faut juste l'accepter. Se prendre en charge[2].

Il n'hésite pas à parler des soins qu'il subit. Pas par exhibitionnisme, encore moins pour être plaint, mais

1. *Libération*, 10 mai 2010.

2. « Pardonnez-moi », Télévision suisse romande, 5 avril 2009.

pour fissurer les tabous. Par exemple, il emploie le mot « chimio », quand nombre de patients se contentent de parler de « traitement » pour ne pas effaroucher leurs proches.

— J'ai deux chimios, une par perfusion et une autre par pilule, et elles m'épuisent. C'est le comble, les chimios peuvent finir par tuer le malade. Il y a une grosse fatigue, une asthénie, il y a toujours quelque chose de dérangé : la tête, les intestins[1]...

Mi-avril, il enregistre l'émission de Mireille Dumas « Vie privée, vie publique ». Depuis plusieurs mois, il est en pleine recherche métaphysique.

« Vous êtes croyant ?

— Pas au sens où vous l'entendez.

— Vous croyez qu'il y a une vie après la mort ?

— Je ne sais pas. En général, on a peur de l'inconnu. Moi, j'ai beaucoup été dans l'inconnu et j'ai découvert que l'inconnu était passionnant. Là, c'est un inconnu que j'attends sans impatience, mais, oui, je crois à quelque chose d'autre. »

Le 23 avril, il participe à l'émission de Franz-Olivier Giesbert, « Vous aurez le dernier mot », pour défendre sa participation au livre-CD sur la méditation : toujours cette volonté d'être « utile ».

— Faire en sorte de maîtriser le mental, et non pas que le mental vous maîtrise, c'est ça le secret.

Fin mai, sa santé décline. Il prend, seul, un taxi pour rejoindre l'hôpital Pompidou, dans le service du professeur Oudard. Son état devient inquiétant. Ses amis d'hier (Michel Drucker, Didier Long) et d'aujourd'hui (Gilbert Sinoué, Jean-Loup Chiflet) viennent lui rendre visite. Tohra est là tous les jours, Anny Duperey régulièrement.

---

1. *Libération*, 10 mai 2010.

Il demande à voir Béatrice Agenin. Il s'agrippe à la vie comme autrefois aux parois d'une montagne et réussit un ultime rétablissement : il obtient des médecins la possibilité d'être hospitalisé à domicile, chez Tohra.

La hargne, toujours.

Son frère, François, devenu galeriste aux Portes, sur l'île de Ré, lui apporte le livre du peintre Pierre Cornière, qu'il vient d'éditer. Bernard est en larmes : toute la fierté du patriarche devant la réussite du petit dernier.

Depuis quelques années, François s'est initié au *reiki*, une méthode japonaise de transmission des énergies qui repose sur l'apposition des mains. Il en fait bénéficier son frère.

— Nous restions de longs moments sans rien dire, avec pour seul échange cette communion charnelle et spirituelle. Je ne pouvais pas être à ses côtés sans lui prendre la main, le masser, le caresser, lui « parler » avec mes doigts. Cette communication physique était une suite des aventures que nous avions vécues ensemble. Je suis un peu ours, comme tous les Giraudeau. Ma communication, je l'exprime davantage avec mon corps.

Fin juin, François doit partir pour l'île de Ré, où commence la saison, avec Elizabeth qui l'aide pour l'été.

— J'en ai marre, lui lâche Bernard. À quoi ça sert, tout ça ? Tu sais, c'est difficile de ne jamais être bien.

— Je lui ai demandé de tenir le coup, précise François. Qu'il s'accroche pendant les deux mois suivants car je devais travailler sept jours sur sept et ne pourrais pas venir le voir. Il m'a répondu : « Je vais essayer. » On a parlé de sa mort, il m'a dit que la crémation lui semblait la meilleure solution car il n'avait pas de lieu où être enterré : « Je suis un voyageur. »

*

Depuis le mois d'avril, son frère Philippe est à Paris : il réalise la chorégraphie des *Contes d'Hoffmann* à l'Opéra Bastille. Bernard et lui passent de longs moments ensemble, parfois silencieux, à méditer dans la même pièce, parfois complices et joyeux.

— Ce qui me ferait chier, ce ne serait pas de mourir, même si je ne sais pas comment je le prendrais si un médecin me disait : c'est demain. Non, ce que je n'aimerais pas, c'est de ne pas en savoir davantage sur moi-même.

Philippe veille son frère la journée. Bernard lui dicte les corrections qu'il souhaite apporter à la nouvelle bande dessinée qu'il prépare avec Christian Cailleaux[1].

— On échangeait peu de mots, se souvient Philippe. Il ne parlait plus beaucoup, ça le fatiguait. Il n'éprouvait plus le besoin d'exprimer des choses, des opinions. Il avait juste besoin de ressentir l'amour, la paix intérieure.

Tohra, qui travaille avec sa sœur, designer d'intérieur, s'occupe de lui le soir et la nuit.

— Le courage de celui qui va mourir est bien supérieur à celui de ses proches, commentera-t-elle. Je me devais d'être forte pour nous deux. J'ai toujours considéré le verre à moitié plein plutôt qu'à moitié vide. J'ai toujours vécu dans le moment présent, je n'avais pas la mort comme horizon[2].

*

Le 16 juillet au matin, Osvaldo Torres, complice des bons et des mauvais jours, lui rend visite, comme presque tous les jours.

---

1. *Les Longues Traversées*, Dupuis, mai 2011.

2. *Paris Match*, 21 juillet 2010.

— Viens avec ta guitare, lui a conseillé Tohra.

Le musicien lui joue quelques airs. Bernard réagit avec son pouce à chaque chanson.

— À demain, hein? lui dit Bernard.

Le soir, il demande à être hospitalisé d'urgence. Il étouffe. À son arrivée à Pompidou, les médecins lui proposent un calmant.

Il refuse. Il veut voir ses enfants, qui passent le week-end chez leur mère, dans la Creuse. Ils prennent aussitôt la route pour Paris.

Il les attend.

Il sait que seule leur présence, au côté de Tohra, peut adoucir sa souffrance.

Il est en paix avec lui-même.

*

Il a toujours aimé l'aube.

Pour lui, c'était la promesse de nouvelles aventures.

Ce matin-là, il était comme les explorateurs qui, au XVe siècle, prenaient la mer sans savoir si la Terre était plate comme un disque, au risque de tomber, ou sphérique comme un globe, avec l'espérance de nouveaux territoires à découvrir…

ANNEXES

Annexe 1

Carnet scolaire de Bernard Giraudeau à l'École des apprentis mécaniciens de la Marine de Saint-Mandrier

NOM : GIRAUDEAU
Prénom : Bernard
Matricule : 0563 . 6220
Né le : 18. 6. 47 à : La Rochelle (Ch.te M.ime)
Arrivé le : 5. 3. 63.
Provenance : Civil

RESULTATS DE L'INCORPORATION						
TESTS		DICTEE	REDACTION	MATHS	MOYENNE	CATEGOR. D'INSTRUCT.
NIP	Groupe					
19	III +	16,5	8,5	25	12,5	4

NOTES OBTENUES DURANT LES SEMESTRES

	ATELIER OU T. P.		TECHNIQUE TECHNOLOGIE	DESSIN		ENSEIGNEMENT GENERAL: DICTEE	REDACTION	GEOMETRIE	ARITMETH. ALGEBRE	SCIENCES	FORMATION MILITAIRE	FORMATION MARITIME	FORMATION SPORTIVE
1er SEMESTRE	17,15	16,30	19,5	17,5	16,5	15,50	10	14	10	17,50	15	19,5	11
	16,90	15,75											
	16,65	19,50	18	16	20								
	17,40												
2e SEMESTRE	APPELERE												
3e SEMESTRE	15,68		18,2		17,3	13,5	11	16	14,9	18,5	17,5	16,5	11
EXAMEN FIN D'APPRENTISS.	B.P. 14,5		18	17,2		15		18			NOTE D'EXAMEN : 15,87		
4e SEMESTRE	16,17		18,30	16		15	12	—	17,5	19,5	19	17,5	15

CLASSEMENTS

	Coeff.	1er SEMESTRE		2e SEMESTRE		3e SEMESTRE		Coeff.	4e SEMESTRE	
Atelier ou trav. pratiques	4	17,09	68,36		APPELÉRE	15,68	62,72	2	16,17	32,34
Technique ou Technologie	2	18,66	37,32			18,20	36,4	4	18,30	73,20
Dessin	1		17,50				17,3	1		16
Enseignement Général ...	1		13,40				14,78	1		16
Format. Milit. Mar., Sport.	1		15,16				15	1		17,16
Note du Capitaine	1		18,10				18,5	1		19
MOYENNE (total/10) ..			16,984				16,470			17,376
Classement Compagnie ..		1 / 113		..... /		2 / 111			1 / 207	
Classement Contingent ..		4 / 334		..... /		2 / 308			1 / 213	

NOTE DE FORMATION PROFESSIONNELLE	Coeff.	NOTE	Note×C
Examen de fin Apprentiss.	3	15,87	47,61
Travail 1er Semestre	3	16,98	50,94
Travail 2e Semestre	3	16,47	49,41
Travail 3e Semestre	[illegible]		
Note du Commandant ..	1		19
MOYENNE (total/10)			16,69

Classements Cie : 2 / 111 ; Cgt : 2 / 308

FORMATION DE SPECIALITE	Coeff.	NOTE	Note×C
Note fin form. profession.	5	16,69	83,45
Travail 4e Semestre	2	17,37	34,74
Epreuve de Spécialité . ..	2	19	38
Note du Commandant ..	1		19
Note du B.E. (total/10)			17,519

CLASSEMENT DE SORTIE : 1 sur : 213

	APPRÉCIATIONS	RECOMP. et SANCTIONS	SACS
1er SEMESTRE	Excellents résultats. Élève consciencieux et travailleur doit cependant tenter de s'améliorer en rédaction et Mathématiques. Conduite Excellente. Tenue très bonne. Santé bonne		PA AB.
2e SEMESTRE	ACCÉLÉRÉ		
3e SEMESTRE	Très bon élève consciencieux et travailleur. A donné entière satisfaction. Conduite et tenue excellente		AB
4e SEMESTRE	Excellent élément - doué - a suivi avec fruit l'enseignement de l'E.M.M.F. Doit rendre d'excellents		TB
SORTIE	services à la Marine. Conduite et tenue excellentes		

RÉCAPITULATION

	Points Supplémentaires Points Exceptionnels
Brevet Matelot d'Equipage Mécanicien :	
Brevet Provisoire - Note : 14,50 Classe 3e	15
Note de fin de formation professionnelle 16,69	60
Niveau de culture 2	60
Certificat de : Dessinateur 14,99	44
Brevet Elémentaire - Note : 17,51 Classe 1re	120
TOTAL	

Classement de Sortie " Contingent " : 1e sur 213

Classement de Sortie " Aéro " : .... sur ....

Matelot Mécanicien de 1re classe pour compter du : 1-9-64

DÉCISIONS DIVERSES

(ELIMINATION, RESILIATION D'ENGAGEMENT, DEMISSION, CHANGEMENT DE Cst, etc...)

Annexe 2

Pour mon ami Bernard Giraudeau, par Osvaldo Torres

I

J'enrage ! J'ai ici un ami français que je dois partager avec des milliers d'anonymes. Bien qu'il ait plusieurs visages, tout le monde le reconnaît. Quand ma jalousie atteint son apogée, je le cache dans ma poche gauche, mais une horrible attachée de presse le trouve et le met à l'intérieur d'une baguette pour le montrer à tout le monde plus tard.

Heureusement, mon ami est malin, et comme il sait qu'à l'intérieur de chaque pain bénit il y a toujours un TGV, il achète un billet, va jusqu'à La Rochelle, traverse à la nage vers l'île de Ré, me passe un coup de fil sur mon portable, je saute sur la première colombe venue et, entre deux huîtres, nous continuons le dialogue de l'amitié.

Dans un sens poétique, mon ami a vraiment un cœur énorme et parfois, à moi, il m'en coûte de devoir le partager.

II

Aujourd'hui, je suis heureux.

Le puissant fil de la tempête de son esprit a enfin réuni les deux beautés de mon ami ; ses yeux possèdent cette clarté éternelle du bonheur ; un autre être intérieur prend possession de sa vie d'homme-lumière.

Il a gagné une bataille. Il a franchi le pas nécessaire à son chemin. Les traces éphémères du passé se perdent dans l'émerveillement de ce jour nouveau.

Il est heureux et cette joie nourrit son espérance. Il me chante un *icaro*[1], et sa mélodie navigue sur les pensées sauvages de mes ancêtres. Il sait qu'il m'entraîne au plaisir de mon être intérieur et il persévère. Il m'accompagne au seuil de la porte, nous nous disons à bientôt. Il sait que je suis en lui, comme lui est en moi.

---

1. Chant de chaman.

III

Mon ami !

Loin de toi, mais pensant à toi… voici :

Voyage aux confins de tes rêves et recueilles-en les fruits !

Cultive dans la matrice le royaume des mots, qui est ton univers !

Descends au plus profond et ne crains pas l'abîme de la vie !

Bois aux confins du continent africain attristé ce que tu considères comme essentiel : la générosité !

N'abandonne pas la vérité de ta raison dans cette lutte tenace !

Maintenant tu sais qu'il existe un autre temps, un autre bonheur tangible dans le courage des poètes.

Ne sors pas du cercle de la vie.

Tu sais bien que la poésie est un rêve qui ne meurt pas, et quand la matière abandonne le rêveur, c'est le rêve qui renaît.

Renais ! mon ami…

Annexe 3

FILMOGRAPHIE

ACTEUR :

1973	*La Poursuite implacable* (Sergio Sollima).
	Deux hommes dans la ville (José Giovanni).
	La Porteuse de pain (Marcel Camus, TV).
	Arsène Lupin (Jean-Pierre Desagnat, TV) : épisodes « Le Secret de l'aiguille » et « Le Mystère de Gesvres ».
	L'Éloignement (Jean-Pierre Desagnat, TV).
1974	*Les Oiseaux de Meiji Jingu* (André Michel, TV).
1975	*Le Gitan* (José Giovanni).
	Pourquoi la robe d'Anna ne veut pas redescendre (Armand Ridel, TV).
	Les Mohicans de Paris (Bernard Borderie et Gilles Grangier, TV).
1976	*Jamais plus toujours* (Yannick Bellon).
	Bilitis (David Hamilton).
	Un jeune homme rebelle, d'après Henry James (Paul Seban, TV).
	Histoire de rire (Yves-André Hubert, TV).
1977	*Le Juge Fayard dit « le Sheriff »* (Yves Boisset).
	Moi, fleur bleue (Éric Le Hung).
	Et la tendresse ?... bordel ! (Patrick Schulmann).
1978	*L'Équipage*, d'après Joseph Kessel (André Michel, TV).
1979	*Le Toubib* (Pierre Granier-Deferre).
	Louis XI ou le pouvoir central (Alexandre Astruc, TV).
1980	*La Boum* (Claude Pinoteau).
1981	*Viens chez moi, j'habite chez une copine* (Patrice Leconte).
	Croque la vie (Jean-Charles Tacchella).
	Passion d'amour (Ettore Scola).
	Blanc bleu rouge (Yannick Andréi, TV).
1982	*Le Grand Pardon* (Alexandre Arcady).

Hécate (Daniel Schmid).
Meurtres à domicile (Marc Lobet).
1983 *Le Ruffian* (José Giovanni).
Papy fait de la résistance (Jean-Marie Poiré).
1984 *Rue Barbare* (Gilles Béhat).
L'Année des méduses (Christopher Frank).
1985 *Les Spécialistes* (Patrice Leconte).
Bras de fer (Gérard Vergez).
Moi vouloir toi (Patrick Dewolf).
Les Loups entre eux (José Giovanni).
1986 *Jeux de société* (Raoul Girard).
Les Longs Manteaux (Gilles Béhat).
Poussière d'ange (Édouard Niermans).
1987 *L'Homme voilé* (Maroun Bagdadi).
Vent de panique (Bernard Stora).
1988 *La Face de l'ogre* (Bernard Giraudeau, TV).
1989 *La Grande Cabriole* (Nina Companeez, TV).
1990 *La Reine blanche* (Jean-Loup Hubert).
1991 *Le Coup suprême* (Jean-Pierre Sentier).
1992 *Après l'amour* (Diane Kurys).
Drôles d'oiseaux ! (Peter Kassovitz).
1993 *Une nouvelle vie* (Olivier Assayas).
1994 *Elles ne pensent qu'à ça !* (Charlotte Dubreuil).
Le Fils préféré (Nicole Garcia).
1995 *Confession secrète* (Gianfranco Albano, TV).
1996 *Les Caprices d'un fleuve* (Bernard Giraudeau).
Ridicule (Patrice Leconte).
Saint-Exupéry, la dernière mission (Robert Enrico, TV).
Une ex pas possible (Patrick Jamain, TV).
1997 *La Vie silencieuse de Marianna Ucrìa* (Roberto Faenza).
Marquise (Véra Belmont).
Marthe (Jean-Loup Hubert).
Si je t'oublie Sarajevo (Arnaud Selignac, TV).
1998 *TGV* (Moussa Touré).
La Poursuite du vent (Nina Companeez, TV).

1999 *Le Double de ma moitié* (Yves Amoureux).
Le Double de ma moitié (Yves Amoureux, TV).
Nana (Alberto Negrin, TV).
Sherpa (Marc Angelo, TV).
2000 *Gouttes d'eau sur pierres brûlantes* (François Ozon).
Une affaire de goût (Bernard Rapp).
2001 *Une fille dans l'azur* (Jean-Pierre Vergne, TV).
2002 *La Petite Lili* (Claude Miller).
Ce jour-là (Raoul Ruiz).
La mort est rousse (Christian Faure, TV).
2003 *Les Marins perdus* (Claire Devers).
Mata-Hari, la vraie histoire (Alain Tasma, TV).
Leclerc, un rêve d'Indochine (Marco Pico, TV).
2004 *Je suis un assassin* (Thomas Vincent).
Dans la tête du tueur (Claude-Michel Rome, TV).
2005 *Chok dee* (Xavier Durringer).
L'Empire du tigre (Gérard Marx, TV).

RÉALISATEUR :

1988 *La Face de l'ogre* (TV).
1991 *L'Autre.*
1992 *Un été glacé* (TV).
La Transamazonienne (documentaire TV).
1996 *Les Caprices d'un fleuve.*
1999 *Un ami chilien* (documentaire TV).
2003 *Esquisses philippines* (documentaire TV).

Annexe 4

Théâtre[1]

1971 *Pauvre France*, de Ron Clark et Sam Bobrick, mise en scène de Michel Roux (théâtre Fontaine).

1972 *La Camisole*, de Joe Orton, mise en scène de Jacques Mauclair (Théâtre Moderne).

1973 *La Reine de Césarée*, de Robert Brasillach, mise en scène de Jean-Laurent Cochet (Théâtre Moderne).

1974 *Pourquoi la robe d'Anna ne veut pas redescendre*, de Tom Eyen, mise en scène d'Armand Ridel (Carré Thorigny).

1975 *Sur le fil*, de Fernando Arrabal, mise en scène de Jorge Lavelli (théâtre de l'Atelier).

Le Prince de Hombourg, de Heinrich von Kleist, mise en scène de Jean Negroni (Maison des arts et de la culture de Créteil).

1976 *La guerre de Troie n'aura pas lieu*, de Jean Giraudoux, mise en scène de Jean Mercure (Théâtre de la Ville).

1977 *Attention fragile*, comédie musicale d'André Ernotte et Elliot Tiber, mise en scène d'André Ernotte (théâtre Saint-Georges).

1983 *K2*, de Patrick Meyers, mise en scène de Georges Wilson (théâtre de la Porte-Saint-Martin).

1986 *La Répétition ou l'Amour puni*, de Jean Anouilh, mise en scène de Bernard Murat (théâtre Édouard-VII).

1988 *Les Liaisons dangereuses*, de Christopher Hampton, d'après Pierre Choderlos de Laclos, mise en scène de Gérard Vergez (théâtre Édouard-VII ; théâtre des Célestins, 1989).

1990 *Le Plaisir de rompre* et *Le Pain de ménage*, de Jules Renard, mise en scène de Bernard Murat (Comédie des Champs-Élysées ; théâtre Édouard-VII).

1. À partir de son arrivée à Paris.

1992 *L'Aide-mémoire*, de Jean-Claude Carrière, mise en scène de Bernard Murat (Comédie des Champs-Élysées).

1997 *Le Libertin*, d'Éric-Emmanuel Schmitt, mise en scène de Bernard Murat (théâtre Montparnasse).

2000 *Becket ou l'Honneur de Dieu*, de Jean Anouilh, mise en scène de Didier Long (Théâtre de Paris).

2003 *Petits crimes conjugaux*, d'Éric-Emmanuel Schmitt, mise en scène de Bernard Murat (théâtre Édouard-VII).

2005 *Richard III*, de William Shakespeare, mise en scène de Didier Long (La Coursive, La Rochelle).

Annexe 5

ŒUVRE LITTÉRAIRE

1989 *Contes d'Humahuaca : l'âne et la grenouille* (Nathan ; rééd. Seuil).

1990 *Contes d'Humahuaca : le facteur pigeon* (Nathan ; rééd. Seuil).

1992 *Transamazonienne*, photos de Pierre-Jean Rey (Odyssée).

1996 *Les Caprices d'un fleuve* (Mille et une nuits).

2001 *Le Marin à l'ancre* (Métailié ; rééd. Points Seuil).

2003 *Ailleurs*, commentaire sur les peintures d'Olivier Suire Verley (Éditions PC).

2004 *Les Hommes à terre* (Métailié ; rééd. Points Seuil).

2005 « Holl le marin », in *Nos marins*, ouvrage collectif des Écrivains de marine (Éditions des Équateurs).

2007 *Les Dames de nage* (Métailié ; rééd. Points Seuil).

« Le Retour du quartier-maître », in *Nos mers et nos océans*, ouvrage collectif des Écrivains de marine (Éditions des Équateurs).

2008 *R97*, bande dessinée, avec Christian Cailleaux (Casterman).

2009 *Cher amour* (Métailié ; rééd. Points Seuil).

2011 *Les Longues Traversées*, bande dessinée, avec Christian Cailleaux (Dupuis).

Table

TROISIÈME PARTIE
L'AVENTURIER

QUATRIÈME PARTIE
LE COMBATTANT

ANNEXES

Générique

Ce livre n'existerait pas sans l'aide et le soutien, bref, l'amitié d'Elizabeth Charrier, Philippe et François Giraudeau, sa sœur et ses frères, qui m'ont ouvert leur mémoire et leurs archives avec chaleur et tendresse.

Mes remerciements à ceux qui m'ont fait confiance en me racontant « leur » Bernard :

Sara, sa fille ;
Gaël, son fils ;
Danielle Gain, son amie et agent ;
Osvaldo Torres, son ami ;
Anny Duperey, la mère de ses enfants.

Aux témoins de Saint-Mandrier et de la *Jeanne d'Arc* : Jean-Louis Jullia, Marc Torchon, Patrick Drouard, Jean Galliou, Éric Colmon, Jean-Jacques Lebeaupin, Émile Genin ; à Jean-Jacques Messager, président de l'Association des anciens de la *Jeanne d'Arc* ; et, pour son retour sur la *Jeanne*, à Marc de Briançon et Valérie Fourrier-Malavergne ;

Aux témoins de ses débuts à La Rochelle et Grenoble : Guy Épaud, Colette Milner, Jean-Louis Foulquier, Guillaume Kergoulay.

Aux témoins de ses débuts à Paris : Daniel Russo, Bernard Alane, Frédérique Tirmont, Béatrice Agenin, Jean-Laurent Cochet.

À ses réalisateurs, metteurs en scène, producteurs et partenaires : Yves Boisset, Claude Pinoteau, Patrice Leconte, Ettore Scola, Gilles Béhat, Bertrand Tavernier, Gérard Vergez, Édouard Niermans, Bernard Stora, Olivier Assayas, Nicole Garcia, Véra Belmont, Claire Devers, Gérard Marx, Bertrand Blier, Victoire Thiesmann, Évelyne Dress, Gérard Lanvin, Richard Bohringer, Jean-Pierre Lorit, Alain Terzian, Jean-François Lepetit, Hubert Toint.

À son ancien secrétaire particulier, Richard Grandpierre.

À ses metteurs en scène de théâtre, Bernard Murat et Didier Long.

Au dramaturge Éric-Emmanuel Schmitt.

À son premier agent, Guy Bonnet.

À ses amis de montagne, Caroline Ratier, Jean-Noël et Michèle Berlioz.

À l'organisateur du Raid Gauloises, Gérard Fusil.

À son éditrice, Anne-Marie Métailié.

À l'éditrice de *Méditer*, Catherine Meyer.

Aux journalistes Jean-Pierre Lavoignat, Marc Esposito et Catherine Tabouis.

Mes remerciements vont également à :

Olivier Philipponnat pour sa vigilance ;

Alain Pons, pour sa force de conviction ;

Jean-Pierre Lavoignat, pour ses collections ;

Dominique Charrier, pour sa collaboration ;

Valérie Fourrier, pour sa précision.

Merci à Myriam Brough pour son indéfectible soutien.

FONDS BERNARD
GIRAUDEAU

Le Fonds de dotation Bernard Giraudeau a pour objet principal de soutenir, aider et accompagner les malades atteints d'un cancer ainsi que leur famille.

Il s'engage, dans un esprit familial, à assurer la pérennité des convictions de Bernard Giraudeau qui n'a cessé d'être le porte-voix de la cause des malades du cancer, mais aussi de l'institution hospitalière, bien mal soutenue par les pouvoirs publics.

« S'occuper de soi, aborder certaines thérapies, se prendre en charge demande du temps et souvent de l'argent. C'est parfaitement injuste. J'aimerais que ce ne soit pas un privilège. »

Bernard Giraudeau

CHEZ LE MÊME ÉDITEUR

Bertrand Tessier

BELMONDO L'INCORRIGIBLE

Il a été la plus grande star du cinéma français et ses films continuent de faire les belles heures de la télévision. Les acteurs de la nouvelle génération, Jean Dujardin en tête, ne cessent de clamer haut et fort leur dette envers ce comédien né le 9 avril 1933 à Neuilly-sur-Seine, qui ne s'est jamais pris au sérieux – au risque de ne pas être pris au sérieux.

Avec *À bout de souffle*, il a renouvelé la manière de jouer et les canons de la beauté masculine. Insouciant et turbulent, rebelle, d'un naturel saisissant, intrinsèquement moderne, il est devenu le héros blagueur et intrépide de films dont il n'hésitait pas à exécuter lui-même les cascades.

Comment s'est forgé le mythe Belmondo? Que cache-t-il derrière ses facéties et sa pudeur? Comment cet homme surdoué pour la vie a-t-il surmonté les épreuves – notamment la maladie qui l'a rattrapé en 2002?

Dans cette enquête intime, enrichie de rencontres avec la star, une quarantaine de proches racontent « leur » Belmondo : l'acteur, le pote, le séducteur, le mari... Belmondo, l'incorrigible ou le portrait d'une vie mais aussi d'une époque : l'âge d'or du cinéma populaire français.

ISBN 978-235287-178-1 / H 50-7057-8 / 300 pages / 7,50 €

DANS LA MÊME COLLECTION

1. Roger CARATINI, Hocine RAÏS, *Initiation à l'islam.*
2. Antoine BIOY, Benjamin THIRY, Caroline BEE, *Mylène Farmer, la part d'ombre.*
3. Pierre MIQUEL, *La France et ses paysans.*
4. Gerald MESSADIÉ, *Jeanne de l'Estoille.* I. *La Rose et le Lys.*
5. Gerald MESSADIÉ, *Jeanne de l'Estoille.* II. *Le Jugement des loups.*
6. Gerald MESSADIÉ, *Jeanne de l'Estoille.* III. *La Fleur d'Amérique.*
7. Alberto GRANADO, *Sur la route avec Che Guevara.*
8. Arièle BUTAUX, *Connard !*
9. James PATTERSON, *Pour toi, Nicolas.*
10. Amy EPHRON, *Une tasse de thé.*
11. Andrew KLAVAN, *Pas un mot.*
12. Colleen MCCULLOUGH, *César Imperator.*
13. John JAKES, *Charleston.*
14. Evan HUNTER, *Les Mensonges de l'aube.*
15. Anne MCLEAN MATTHEWS, *La Cave.*
16. Jean-Jacques EYDELIE, *Je ne joue plus !*
17. Philippe BOUIN, *Mister Conscience.*
18. Louis NUCÉRA, *Brassens, délit d'amitié.*
19. Olivia GOLDSMITH, *La Femme de mon mari.*
20. Paullina SIMONS, *Onze heures à vivre.*
21. Jane AUSTEN, *Raison et Sentiments.*
22. Richard DOOLING, *Soins à hauts risques.*
23. Tamara MCKINLEY, *La Dernière Valse de Mathilda.*
24. Rosamond SMITH, *Double diabolique.*
25. Édith PIAF, *Au bal de la chance.*
26. Jane AUSTEN, *Mansfield Park.*
27. Gerald MESSADIÉ, *Orages sur le Nil.* I. *L'Œil de Néfertiti.*
28. Jean HELLER, *Mortelle mélodie.*
29. Steven PRESSFIELD, *Les Murailles de feu.*

30. Jean-Louis CRIMON, Thierry SÉCHAN, *Renaud raconté par sa tribu.*
31. Gerald MESSADIÉ, *Orages sur le Nil.* II. *Les Masques de Toutankhamon.*
32. Gerald MESSADIÉ, *Orages sur le Nil.* III. *Le Triomphe de Seth.*
33. Choga Regina EGBEME, *Je suis née au harem.*
34. Alice HOFFMAN, *Mes meilleures amies.*
35. Bernard PASCUITO, *Les Deux Vies de Romy Schneider.*
36. Ken MCCLURE, *Blouses blanches.*
37. Colleen MCCULLOUGH, *La Maison de l'ange.*
38. Arièle BUTAUX, *Connard 2.*
39. Kathy HEPINSTALL, *L'Enfant des illusions.*
40. James PATTERSON, *L'amour ne meurt jamais.*
41. Jean-Pierre COLIGNON, Hélène GEST, *101 jeux de logique.*
42. Jean-Pierre COLIGNON, Hélène GEST, *101 jeux de culture générale.*
43. Jean-Pierre COLIGNON, Hélène GEST, *101 jeux de langue française.*
44. Nicholas DAVIES, *Diana, la princesse qui voulait changer le monde.*
45. Jeffrey ROBINSON, *Rainier et Grace.*
46. Alexandra CONNOR, *De plus loin que la nuit.*
47. BARBARA, *Ma plus belle histoire d'amour.*
48. Jeffery DEAVER, *New York City Blues.*
49. Philippe BOUIN, *Natures mortes.*
50. Richard NORTH PATTERSON, *La Loi de Lasko.*
51. Luanne RICE, *Les Carillons du bonheur.*
52. Manette ANSAY, *La Colline aux adieux.*
53. Mende NAZER, *Ma vie d'esclave.*
54. Gerald MESSADIÉ, *Saint-Germain, l'homme qui ne voulait pas mourir.* I. *Le Masque venu de nulle part.*
55. Gerald MESSADIÉ, *Saint-Germain, l'homme qui ne voulait pas mourir.* II. *Les Puissances de l'invisible.*
56. Carol SMITH, *Petits meurtres en famille.*
57. Lesley PEARSE, *De père inconnu.*
58. Jean-Paul GOURÉVITCH, *Maux croisés.*
59. Michael TOLKIN, *Accidents de parcours.*

60. Nura ABDI, *Larmes de sable.*
61. Louis NUCÉRA, *Sa Majesté le chat.*
62. Catherine COOKSON, *Jusqu'à la fin du jour.*
63. Jean-Noël BLANC, *Virage serré.*
64. Jeffrey FOX, *Les 75 Lois de Fox.*
65. Gerald MESSADIÉ, *Marie-Antoinette, la rose écrasée.*
66. Marc DIVARIS, *Rendez-vous avec mon chirurgien esthétique.*
67. Karen HALL, *L'Empreinte du diable.*
68. Jacky TREVANE, *Fatwa.*
69. Marcia ROSE, *Tout le portrait de sa mère.*
70. Jorge MOLIST, *Le Rubis des Templiers.*
71. Colleen MCCULLOUGH, *Corps manquants.*
72. Pierre BERLOQUIN, *100 jeux de chiffres.*
73. Pierre BERLOQUIN, *100 jeux de lettres.*
74. Pierre BERLOQUIN, *100 jeux de déduction.*
75. Stuart WOODS, *Un très sale boulot.*
76. Sa Sainteté le DALAÏ-LAMA, *L'Art de la sagesse.*
77. Andy MCNAB, *Bravo Two Zero.*
78. Tariq RAMADAN, *Muhammad, vie du Prophète.*
79. Louis-Jean CALVET, *Cent ans de chanson française.*
80. Patrice FRANCESCHI, *L'Homme de Verdigi.*
81. Alexandra CONNOR, *La Faute de Margie Clements.*
82. John BERENDT, *La Cité des anges déchus.*
83. Edi VESCO, *Le Guide magique du monde de Harry Potter.*
84. Peter BLAUNER, *Vers l'abîme.*
85. Gérard DELTEIL, *L'Inondation.*
86. Stéphanie LOHR, *Claude François, secrets de famille.*
87. Jacqueline MONSIGNY, *Floris.* I. *Floris, fils du tsar.*
88. Jacqueline MONSIGNY, *Floris.* II. *Le Cavalier de Pétersbourg.*
89. Arièle BUTAUX, *La Vestale.*
90. Tami HOAG, *Meurtre au porteur.*
91. Arlette AGUILLON, *Rue Paradis.*
92. Christopher REICH, *Course contre la mort.*
93. Brigitte HEMMERLIN, Vanessa PONTET, *Grégory, sur les pas d'un ange.*
94. Dominique MARNY, *Les Fous de lumière.* I. *Hortense.*

95. Dominique MARNY, *Les Fous de lumière.* II. *Gabrielle.*
96. Yves AZÉROUAL, Valérie BENAÏM, *Carla Bruni-Sarkozy, la véritable histoire.*
97. Philippa GREGORY, *Deux sœurs pour un roi.*
98. Jane AUSTEN, *Emma.*
99. Gene BREWER, *K-pax.*
100. Philippe BOUIN, *Comptine en plomb.*
101. Jean-Pierre COLIGNON, Hélène GEST, *101 jeux Cinéma-Télé.*
102. Jean-Pierre COLIGNON, Hélène GEST, *101 jeux Histoire.*
103. Jean-Pierre COLIGNON, Hélène GEST, *101 jeux France.*
104. Jacqueline MONSIGNY, *Floris.* III. *La Belle de Louisiane.*
105. Jacqueline MONSIGNY, *Floris.* IV. *Les Amants du Mississippi.*
106. Alberto VÁSQUEZ-FIGUEROA, *Touareg.*
107. James CAIN, *Mort à la plage.*
108. Hugues ROYER, *Mylène.*
109. Eduardo MANET, *La Mauresque.*
110. Jean CONTRUCCI, *Un jour tu verras.*
111. Alain DUBOS, *La Rizière des barbares.*
112. Jane HAMILTON, *Les Herbes folles.*
113. Senait MEHARI, *Cœur de feu.*
114. Michaël DARMON, Yves DERAI, *Belle-Amie.*
115. Ed MCBAIN, *Le Goût de la mort.*
116. Joan COLLINS, *Les Larmes et la Gloire.*
117. Roger CARATINI, *Le Roman de Jésus.* I. *De Bethléem à Cana.*
118. Roger CARATINI, *Le Roman de Jésus.* II. *De Tibériade au Golgotha.*
119. Franz LISZT, *Chopin.*
120. James W. HUSTON, *Pluie de flammes.*
121. Joyce Carol OATES, *Le Sourire de l'ange.*
122. Nicholas MEYER, *Sherlock Holmes et le fantôme de l'Opéra.*
123. Pierre LUNEL, *Ingrid Betancourt, les pièges de la liberté.*

124. Tamara McKinley, *Éclair d'été.*
125. Ouarda Saillo, *J'avais 5 ans.*
126. Margaret Landon, *Anna et le roi.*
127. Anne Golon, *Angélique*. I. *Marquise des anges.*
128. Anne Golon, *Angélique*. II. *La Fiancée vendue.*
129. Jacques Mazeau, *La Ferme de l'enfer.*
130. Antonin André, Karim Rissouli, *Hold-uPS, arnaques et trahisons.*
131. Alice Hoffman, *Un instant de plus ici-bas.*
132. Otto Penzler, *Quand ces dames tuent!*
133. Philippe Bouin, *La Gaga des Traboules.*
134. Jane Hamilton, *La Brève Histoire d'un prince.*
135. Jean-Michel Cousteau, *Mon père le commandant.*
136. Judith Lennox, *L'Enfant de l'ombre.*
137. Stéphane Koechlin, *Michael Jackson, la chute de l'ange.*
138. Jeffrey Archer, *Frères et Rivaux.*
139. Jane Austen, *Orgueil et Préjugés.*
140. Kim Wozencraft, *En cavale.*
141. Andrew Klavan, *La Dernière Confession.*
142. Barry Unsworth, *Le Joyau de Sicile.*
143. Colleen McCullough, *Antoine & Cléopâtre.* I. Le Festin des fauves.
144. Colleen McCullough, *Antoine & Cléopâtre.* II. *Le Serpent d'Alexandrie.*
145. Santa Montefiore, *Le Dernier Voyage du* Valentina.
146. Charles Todd, *Trahison à froid.*
147. Bertrand Tessier, *Belmondo l'incorrigible.*
148. Elizabeth McGregor, *Une intime obsession.*
149. Anne Golon, *Angélique*. III. *Fêtes royales.*
150. Anne Golon, *Angélique.* IV. *Le Supplicié de Notre-Dame.*
151. Clinton McKinzie, *La Glace et le Feu.*
152. Edi Vesco, *Soleil d'hiver.*
153. Tariq Ramadan, *Mon intime conviction.*
154. Jean-Dominique Brierre, *Jean Ferrat, une vie.*
155. Dale Brown, *Feu à volonté.*
156. Émile Brami, *Céline à rebours.*

157. Rosamond SMITH, *Œil-de-serpent.*
158. Didier PORTE, *Sauvé des ondes.*
159. Alberto VASQUEZ-FIGUEROA, *Les Yeux du Touareg.*
160. Jane AUSTEN, *Persuasion.*
161. Michaël DARMON, Yves DERAI, *Carla et les ambitieux.*
162. Alexandre DUMAS, *Les Borgia.*
163. Julie GREGORY, *Ma mère, mon bourreau.*
164. Philippa GREGORY, *L'Héritage Boleyn.*
165. Tamara MCKINLEY, *Le Chant des secrets.*
166. Dominique JAMET, *Ces discours qui ont changé le monde.*
167. James PATTERSON, *Rendez-vous chez Tiffany.*
168. Anabelle DEMAIS, *Liaison dangereuse.*
169. Deborah SMITH, *Un café pour deux.*
170. Yann QUÉFFELEC, *Le Piano de ma mère.*
171. Gerald MESSADIÉ, *Jacob, l'homme qui se battit avec Dieu.* I. *Le Gué du Yabboq.*
172. Judith LENNOX, *Des pas dans la nuit.*
173. Colleen MCCULLOUGH, *Les Caprices de Miss Mary.*
174. Jonathon KING, *La Voix des oubliés.*
175. Gerald MESSADIÉ, *Jacob, l'homme qui se battit avec Dieu.* II. *Le Roi sans couronne.*
176. Bernard PASCUITO, *Célébrités : 16 morts étranges.*
177. Tami HOAG, *Contre toute évidence.*
178. Anatole LE BRAZ, *La Légende de la mort.*
179. Jane AUSTEN, *Northanger Abbey.*
180. Ronlyn DOMINGUE, *Le Souffle de l'éternité.*
181. Judy WESTWATER, *Abandonnée !*
182. Donald JAMES, *Vadim.*
183. Heather LEWIS, *Le Second Suspect.*
184. Louis PERGAUD, *La Guerre des boutons.*
185. Lori LANSENS, *Les Filles.*
186. Philippe BOUIN, *Paraître à mort.*
187. Jeffrey FOX, *Comment être un bon manager.*
188. Clinton MCKINZIE, *Au-dessus du gouffre.*
189. Daniel SILVA, *Le Messager.*
190. Simon MAWER, *Faille intime.*
191. STENDHAL, *La Chartreuse de Parme.*

192. Michel TAUBMAN, *Le Roman vrai de DSK.*
193. Joyce Carol OATES, *L'Amour en double.*
194. Gerald MESSADIÉ, *Ramsès II l'Immortel.*
I. *Le Diable flamboyant.*
195. Gilles VAN GRASDORFF, *Le dalai-lama, la biographie non autorisée.*
196. Ann RADCLIFFE, *Les Mystères d'Udolfo.*
197. Deborah SMITH, *La Montagne de l'ours.*
198. Lisa GARDNER, *Jusqu'à ce que la mort nous sépare.*
199. James PATTERSON, *Contre l'avis des médecins.*
200. Robert BELLERET, *Jean Ferrat, le chant d'un révolté.*
201. Gerald MESSADIÉ, *Ramsès II l'Immortel.*
II. *Le Roi des millions d'années.*
202. Siski GREEN, *Faire l'amour à une femme.*
203. Siski GREEN, *Faire l'amour à un homme.*
204. Jacqueline MONSIGNY, *Le Maître de Hautefort.*
205. Bertrand TESSIER, *Bernard Giraudeau, le baroudeur romantique.*
206. Alan FOLSOM, *La Conspiration Hadrien.*
207. Charles DICKENS, *Le Mystère d'Edwin Drood.*

Cet ouvrage a été composé par
Atlant'Communicaton
au Bernard (Vendée)

Impression réalisée par

Blackprint CPI Iberica

en mars 2012
pour le compte des Éditions Archipoche

Imprimé en Espagne
N° d'impression : 205
Dépôt légal : avril 2012